本教材系南京审计大学国家一流专业（行政管理学）
建设项目的研究成果（2021JG133）

大学生调研与竞赛指南

赵军锋　苑　丰　编著

中国海洋大学出版社
· 青岛 ·

图书在版编目（CIP）数据

大学生调研与竞赛指南 / 赵军锋,苑丰编著．－青岛:中国海洋大学出版社,2023.8

ISBN 978-7-5670-3540-9

Ⅰ.①大… Ⅱ.①赵… ②苑… Ⅲ.①大学生－社会调查－调查研究－教材②大学生－竞赛－教材 Ⅳ.①G642.45-62②G644-62

中国国家版本馆 CIP 数据核字（2023）第 117166 号

大学生调研与竞赛指南

DAXUESHENG DIAOYAN YU JINGSAI ZHINAN

出版发行	中国海洋大学出版社	
社　　址	青岛市香港东路 23 号	**邮政编码**　266071
出 版 人	刘文菁	
网　　址	http://pub.ouc.edu.cn	
订购电话	0532－82032573（传真）	
责任编辑	王　慧	**电　　话**　0532－85901092
电子信箱	shirley_0325@163.com	
印　　制	青岛中苑金融安全印刷有限公司	
版　　次	2023 年 8 月第 1 版	
印　　次	2023 年 8 月第 1 次印刷	
成品尺寸	185 mm ×260 mm	
印　　张	12.5	
字　　数	265 千	
印　　数	1～1 000 册	
定　　价	48.00 元	

发现印装质量问题,请致电 0532－85662115,由印刷厂负责调换。

前言

　　"青年强,则国家强。"回首过往,在实现中华民族伟大复兴的征程中,正是一代一代青年"恰同学少年,风华正茂,书生意气,挥斥方遒",接续开创了中国革命和建设事业的新天地;立足当下,"十四五"时期是我国全面建成小康社会、实现第一个百年奋斗目标之后,乘势而上开启全面建设社会主义现代化国家新征程、向第二个百年奋斗目标进军的第一个五年。我国进入新发展阶段,发展基础更加坚实,发展条件深刻变化,进一步发展面临新的机遇和挑战。当代中国青年生逢其时,施展才干的舞台无比广阔,实现梦想的前景无比光明。

　　为了更好地抓住机遇、应对挑战,党的二十大报告指出:"教育、科技、人才是全面建设社会主义现代化国家的基础性、战略性支撑。必须坚持科技是第一生产力、人才是第一资源、创新是第一动力,深入实施科教兴国战略、人才强国战略、创新驱动发展战略,开辟发展新领域新赛道,不断塑造发展新动能新优势"。要"推动创新链产业链资金链人才链深度融合"。《中华人民共和国国民经济和社会发展第十四个五年规划和2035年远景目标纲要》也明确提出,"推进基础学科高层次人才培养模式改革"以及"发展素质教育,更加注重学生爱国情怀、创新精神和健康人格培养"。

　　这些文件为高校人才培养指明了方向。在学科教学和人才培养的实践中,我们"行政管理专业建设和人才培养"课题组感到:通过指导在校大学生积极参与学科竞赛是深化教育改革、着力培养学生的学科和专业素质、激发学生的爱国情怀和创新精神的重要载体和形式;调查研究(简称调研)是大学生了解社会、学以致用的重要途径,也是参与学科竞赛的基础。调查是指通过各种途径,运用各种方式方法,有计划、有目的地了解事物的真实情况;研究则是指对调查材料进行去粗取精、去伪存真、由此及彼、由表及里的加工,以获得对客观事物本质和规律的认识。因此,调查研究可以理解为人们深入现场进行考察,以探求客观事物的真相、性质和发展规律的活动。通过调研和竞赛的实践,不断打磨和完善知识体系,使其成为江苏省甚至全国高校的课程创新的一个特色和亮点。安排与指导大学生参与调查研究和学科竞赛,既为学生增加深度实践学习的机会,又能探索构建实践教学共同体,培养适应新时代要求的应用型、复合型人才。首先,在选题的过程中,学生了解国家、社会、民众的现实关切和需求;其次,拟定项目研究方案的过程是锻炼学生研究和创新能力的具体体现;再次,在项目实施阶段,特别是引导学生到社会中、到群众中、到生产和生活实践中去调研、学习、思考,更是把理论与实践相结合、做到知行合一、提升创业素养、培养健康人格的绝好路径。之后,学生写总结报告,精准描述问题,解释原因,提出有针对性、可落地的"创新对策",参与学科竞赛的全过程,做到"闻过则喜"、精益求精。全过程下来,无论是否获奖,无论在知识、能力、情操的哪个方面,学生的收获都是全面的、立体的、明显的、可喜的!

五年来,本着这样的初衷,我们和学生一道,积极参与"挑战杯"全国大学生课外学术科技作品竞赛、中国"互联网+"大学生创新创业大赛、全国大学生电子商务"创新、创意及创业"挑战赛(简称"三创赛")、江苏省大学生社会实践项目大赛、公共管理案例大赛等,多有斩获,当然更有挫折后的成长。借出版本教材的机会,梳理我们的理念、做法,与同行交流,以期共同进步。通过调研、竞赛引导青年学生怀抱梦想又脚踏实地,敢想敢为又善作善成,立志做有理想、敢担当、能吃苦、肯奋斗的新时代好青年,让青春在全面建设社会主义现代化国家的火热实践中绽放绚丽之花!

赵军锋 苑 丰

2022 年 12 月于南京

目录

★ 案例篇 ★

理论篇

第一章
学科竞赛与调查研究

本章学习目标

1. 理解项目选题的基本原则。
2. 掌握项目选题的主要方法。
3. 了解搜集资料的方法。
4. 明确产出成果的方式。

第一节　如何进行选题

学科竞赛类项目的选题至关重要,一个好的选题是参赛的良好开端。那么,什么是一个好的选题? 好的选题应该从何而来,又该遵循什么样的衡量标准? 这些是十分重要的问题。

一、选题的基本原则

(一)科学性和价值性相结合的原则

科学性原则指所选课题必须有事实依据或科学理论根据,要满足社会和科学发展的需要,具有一定的社会意义和实用价值,具有合理性和可行性,还要具备进行和完成选题所需要的主观、客观条件。对于大学生而言,科学性依靠学生本身的专业素养和知识结构。因此,需要结合团队成员的"知识存量",从现有的专业技能的层面考虑选题的科学性和方向性。要梳理团队成员的专业背景和技术专长,进行整体结构分析,优化团队的知识结构,还要考虑所在学校的专业特色,充分利用所在学校的平台和行业资源。也就是说,好的选题一般兼顾了学校的专业特色和团队的知识结构。组建团队后要进行资源分析,首先要学会挖掘自身潜在资源,分析身边有哪些可以利用的资源,可以利用这些资源做哪些事。要结合自身及周边资源的情况,先给自己一个比较清晰的定位。

从价值性的角度来看,科学研究的目的是更好地认识世界和改造世界,以推动社会不断发展和进步,因而项目的选题必须具备某种价值,或者说必须"值得去做",能够符合社会发展热点,顺应国家政策变化,并紧密结合社会主义精神文明建设和社会主义物质文明建设的需要,以解决现实问题和促进科学事业发展为出发点和落脚点,来服务于人类和社会的发展。例如,伴随着我国经济的发展以及相关政策的出台,"一带一路"、精准扶贫、绿色低碳、大数据、人工智能、健康中国、共享经济、数字经济等热点问题吸引了大量的大学生创业团队的关注和研究。

(二)创新性与可行性相结合的原则

选题必须具有创新性,要具有某种与众不同的地方,才能够脱颖而出。要学会在学术研究的空白处和前沿领域发现问题和感兴趣的地方,填补科学研究的空白之处。大学生以学校为学习、生活中心,因此很多项目会瞄准校园生活的需求,随着大学生的视野扩大和社会经历增加,项目除了与大学生学习、生活场景融合,还增加了新的应用领域,即从校园推广到社会,更加具有新颖性。创新性原则包括理论创新、方法创新、应用创新等方面。这要求在选题时,要根据地域的优势产业以及经济社会特征进行综合考量,使项目选题与当地发展高度融合。在科技创新动力强劲的区域,其项目的科技含量也会较高,因而选题要尽可能往这方面考虑。

在选题创新的同时,必须兼顾选题的可行性。因为项目以学生为主体,所以要考虑项目的知识限制、技术限制和资金限制。一方面,选择自己感兴趣的课题。选择自己感兴趣的课题,可以激发自己研究的热情,调动自己的主动性和积极性,才便于自己在历时较长的竞赛过程中保持专心、细心、恒心及积极的心态。因而选题前的自我定位是十分重要的,它是做项目的开始,有了清晰的自我定位才能进一步考虑自己想做什么。做自己有意愿和有兴趣的事情,才能保证有充足的动力和热情,使自己在竞赛过程中也保持愉快和激情。另一方面,选择具有优势的课题。具有优势的课题指自己擅长的专业领域或学校的优势学科,选题前要结合自身具有的优势和资源进行思想的碰撞,选择能够结合自身的优势、发挥自己的业务专长的课题,往往对顺利完成课题的研究有很大的推进作用。

二、选题来源

从选题的来源看,选题可以分为内源型选题和外源型选题。

(一)内源型选题

内源型选题是指学生根据自身所见、所学和所思设计的选题,包括四种来源。

一是源自生活体验。个人经历是人们参与社会生活的特定记录,也是人们对社会生活的认识和感受的积累与沉淀。这种经历形成了人们观察各种事物、理解各种现象的基本视角与出发点。关于选题的想法、灵感常常可以从学术著作的内容中、报刊文章的标题中、学习笔记和通话记录中得到。参赛项目的内容也可以与当地政府有一些契合度,如参与当地政府的一些活动计划。

二是源自社会问题。形形色色的社会生活是最主要、最丰富的选题来源。各种可以作为选题的社会现象、社会行为、社会问题、社会事件总是客观地存在于我们的周围。捕捉直接影响生产发展和人们生活质量的关键问题进行研究，会具有较大的科学意义和实践价值。同时要学会将社会问题与自己的专业匹配、结合，用专业化的视角研究特定问题，产生一定的学科效应。

三是源自阅读的文献。搜集和查阅相关学科和专门性的相关文献，以了解当前的国内外相关研究状况和发展趋势，并了解相关学者的工作和所取得的成就，由此启发自己的选题。还可以在学科的交叉点上，找出"处女地"，从新的视角来审视相同的问题，这很有意义。阅读文献不但是一种很好的选题方式，而且能奠定坚实的理论基础。

四是源自个人兴趣。参赛者要挖掘自己的兴趣所在，并将其与自己的学科研究方向结合，充分发挥自己的优势与特长。源自兴趣的选题通常是比较好的选择。

（二）外源型选题

外源型选题不是学生思考所得的，而是由老师、校友或学长等直接提供的，主要包括三种来源。

一是指导老师推荐的课题。在研究方面，指导老师提供的一点思路，常常就足够完成一个项目的选题构思了。在理工科学校，可以邀请导师作为指导老师加入项目中，通过导师的小部分研究成果来孵化大学生创新创业项目，这样可以打下良好的项目基础，并有机会冲击竞赛奖项。

二是优秀校友提供的课题。要紧密关注已毕业校友的创业动向，查看历届成功创业的校友的发展方向可以启发自己。在自己准备竞赛项目的时候，一定要及时寻找校友，向其请教。历届成功创业的校友往往具有丰富的社会资源和社会经验，尝试着与他们合作，在他们的成果上进行项目研究，此类项目的质量和实用性往往会比较高。

三是学长的延续性课题。项目选题还可以来源于从学长那里传承下来的项目，这类项目往往已具备一定的研究基础，在此基础上进一步探索，其难度相对较低。例如，有些学长有已经完成了相当一部分的项目，但是由于临近毕业，需要寻找合适的人将项目延续，参赛选手就可以在该项目现有的基础上，增加创新性，使之符合比赛的属性，形成一个新的项目。

三、如何发现选题

（一）总结过往项目经验

参赛者可以看一些往年竞赛的项目，从这些项目中找到机会。大学生很容易将思路局限在大学生活环境中，可能想到餐饮、图书馆、宿舍、共享单车类的选题。试着从过往的项目创意中找灵感，尝试结合最新的科技与热点，再完善一下，形成一个新的项目。还可以了解一下目前市场上模式最新的项目，通过这些项目，能够很好地开拓自己的创意思路，也可以从这些项目中发现存在的问题，再通过调研来论证这些问题的真伪性。如果是真正有价值的问题，再去创新解决方案。这样，一个新的项目也就产生了。近几年国赛金奖的主要项目来源包括如下几大部分：医疗健康、信息技术、数字经济。首先，医疗健康方面包括创新药物、医疗器械设备或新的医疗技术等。其次,信息技术方面包括芯片、人工智能等高科技。再次,数字经济是较为热门的,讲求的是学以致用,将地区产业结构转型与高校人才培养结合起来,实现特色学科的建设,真正做到把知识转变为财富。总之,参赛者要学会总结,从过往的竞赛项目中汲取经验,再结合自己的思考,以形成有竞争力的选题。

(二)关注社会热点、难点问题

参赛者要注意关注生活,发现社会热点、难点问题。社会生活中的众多事件在引起人们关注的同时,也为竞赛选题预留了机会。这就要求参赛者关注时事,思考社会热点、难点问题。选题结合时下热点,才更易受到人们的关注,才能增加竞赛选题的价值。只有关注现实发展,预测未来需求,并尝试解决未来需求问题,竞赛选题才更有意义。所以参赛者日常需要多观察、多思考。在日常生活中,多去观察生活中不便利的事情、冲突的事情,发现自己身边的问题。思考一些有趣的商业模式和新的项目,在自己有创意的时候,随时记录下来。例如,校园兼职服务平台就是大学生结合自身所处校园环境而做的一个数据信息对接的服务平台。可以研发一个二手商品交易平台,借鉴闲鱼的运营模式来方便在校大学生的生活。此外,还有校园文创平台这样的点子,利用自己学校的环境、文化或发展特性,来制作一些与学校有关的纪念品,如书签、挂件、笔记本。总之,大学生要紧跟时事,关注社会热点、难点问题,关注校园,通过自己的观察,结合学科特色,进行灵感的碰撞。

(三)参与学术讲座,阅读学科文献

大学生要积极地参与学校组织的学术讲座,一方面有利于更深入地学习学科知识,另一方面也有利于了解相关前沿领域。通过这类学术讲座,可以积累一定的知识,同时还可以了解到老师的思考,便于激发自己的灵感。此外,充分的阅读量是必不可少的,参赛者要广泛阅读各类文献,并思考与记录,一方面拓展知识面,另一方面能够推动问题的发现,选题往往在丰富的知识积累的基础上产生,这类选题也往往具备一定的科学性,便于展开研究。

第二节　如何搜集资料

围绕选题搜集资料,是进行项目设计和调研的重要基础。参赛者需要围绕选题广泛地查阅资料,这既是科学研究传承的方式,也是开展后续研究的必要前提。这就要求参赛者科学、有效地搜集相关研究资料,使其能够帮助自己全面、正确地掌握所要研究的内容,并为所研究的问题提供科学的方法与依据。

一、资料搜集渠道

（一）普通搜集渠道

1.专家咨询

参赛者可以结合选题和对行业资料的分析,寻找相关研究领域的专家、学者等,向他们请教。对大学生而言,最便利和可行的方式就是向学校内的相关专家、学者进行咨询,听取他们的意见,接受他们的指导,为项目打下一定的基础,确保项目具备一定的合理性与科学性。

2.网站搜索

首先,可以通过在网站上检索项目相关政策、论文、专利等资料,来进行总结分析,衡量项目的可行性并据此制订一定的实施计划。其次,可以通过政府网站或者研究对象所建立的网站来进一步加深对研究内容的了解,丰富自己所掌握的资料。再次,当下自媒体充分发展,也能为参赛者提供一定的资料,但参赛者在面对自媒体渠道上的信息时,要学会甄别与思考,提取有用信息。

3.专业论坛

专业论坛包括行业专家论坛、商业专家论坛等。参赛者要根据选题,寻找相应的专业论坛,了解相关专业的知识,为后续项目的进行提供必要的科学基础。

4.搜索引擎

通过百度、搜狗、谷歌等搜索引擎查询相关资料,包括文件类型搜索、定位于网站搜索、精确匹配搜索、限定性的网页搜索等,使查询内容不断深入,获取行业关键字、企业关键字、核心系统、核心厂商,为项目找准现实依据。

5.数据库

数据库包括学术数据库和商业数据库。学术数据库主要包括中国知网、万方数据库等。国内商业数据库包括万德、恒生聚源、锐思数据库等。参赛者要充分利用数据库搜集资料,尤其是一些经济数据,在研究过程中发现问题并解决问题。

6.共享文库

常用的共享文库包括百度文库、豆丁文库、爱问共享、道客巴巴等。这些共享文库能够帮助参赛者获得一定的二手资料,让参赛者了解其他学者或专家在这方面的思考与成果,便于自己从中汲取经验。参赛者还可以阅读大量的图书与刊物,来获取更多行业特色信息,并形成自己的思考与方案。

（二）特殊搜集渠道

除了普通搜集渠道之外,还可以选择特殊的资料搜集渠道,可采用社会调查和实地调研。社会调查一般依托于自填式问卷法或结构式访问法,这种方法从总体中取出一定数量的样本进行调查研究与资料搜集,再利用可行的统计分析方法对资料进行解读,从而认识到社会现象及其本质规律。实地调研也被称为田野研究,是社会科学研究的一种方法。

社会调查与实地调研分别具有一些资料搜集方法,具体如下。

1. 社会调查

(1)采用问卷调查法。定量分析一般采用问卷调查的方式,根据不同的主体可采用线上、线下相结合发放问卷的方式。定量分析可以通过数据的比较更直观、清晰地反映问题,使得调研结果更具有说服力。问卷调查一般采用自填问卷方式。自填问卷指的是调查者将调查问卷分发给调查对象,让调查对象自行作答,作答完成后再由调查者回收调查问卷。自填问卷能够有效地节省调查者的人力和物力,往往可以在有限时间内使调查对象的数量最大化,因此采用这种资料搜集方法效率较高。此外,自填问卷的匿名性较好,能够保护调查对象的隐私,减轻调查对象的心理压力,提高问卷结果的客观性和真实性,从而搜集到对于调研有效的信息。自填问卷还能通过发放统一设计与印发的问卷来避免一些人为误差。但是,自填问卷不可避免地存在一些缺陷,例如,由于受到问卷发放对象水平的影响,回收的问卷的质量参差不齐。此外还存在问卷回收时效的问题,导致达不到理想的问卷回收率。

(2)采用结构访谈法。结构访谈又称标准化访谈。这种访谈的对象必须按照特定的方法和统一的标准来选取。在结构访谈中,一般采用概率抽样的方法,要求访谈过程高标准化,即要求对所有的访谈对象提出的问题、提问次序以及调查者的记录方式都保持高度一致。结构访谈法包括当面访问法与问卷访问法。当面访问法的优点是调查资料质量好,调查对象适用范围广。缺点是调查者与调查对象之间是否有效互动有时会影响调查结果,当面访问导致匿名性差、调查费用高,同时对调查者的要求也较高。电话访问法的优点是便捷、高效,耗费资金少,有利于监督和控制调查者。缺点是被调查者的选取在代表性方面存在一定困难,调查时间控制困难,所搜集资料的广度和深度不够等。

在访谈前需要准备相关访谈问题,围绕调研目的设计问题,在访谈过程中围绕问题展开访谈。在访谈期间需要与调查对象建立相互信任的关系,通过聊天的方式来获取所需要的信息,避免采取按照问题问话的形式进行访谈,这样有助于获取充分、真实的信息。调查对象讲话时尽量不要打断,但是如果调查对象在阐述过程中某些地方含糊其词,没有介绍到位,就需要及时地打断,去深挖一些内容。有时调查对象在阐述时会下意识地避开他们觉得不重要的地方,而如果这些地方正是自己想要了解的,那么就必须尝试深入询问。

2. 实地调研

(1)采用参与观察法。参与观察法要求研究者融入研究对象的生活背景中,不暴露研究者的真正身份,在研究对象的日常社会生活中以参与者的身份进行隐蔽性的观察。参与观察法具体包括实验室观察、实地观察(又分为局外观察与参与观察)。参与观察法的优点是相对于其他研究方法而言,研究者把自己的看法和观点强加于理想社会的可能性最小,常常在研究者未形成自己的看法或观点的情况下进行探讨,因此参与观察法为获得社会的真实信息提供了最好的方法。缺点是参与观察法的批评者认为,通过该方法所得到的资料往往缺乏可靠性,该方法依赖于观察者对于外部世界的敏锐度,在参与观察的整个过程中会受到主观因素的影响。

（2）采用无结构访谈法。无结构访谈又称非标准化访谈,它是一种半控制或无控制的访谈,不会事先设定问题以及提问方式,而是通过调查者与调查对象关于研究主题的交谈来获取有效信息,因而在这种类型的访谈中,调查的问题、提问的方式与次序以及调查对象回答问题的方式与次序都不是统一的。无结构访谈法与结构访谈法分别适用于不同的情况,但二者相互补充,都是社会研究中可以利用的工具。事实上,在哲学社会科学的研究中,社会调查与实地调研这两种研究方式常常结合起来用于资料的搜集。无结构访谈的优点是灵活性强,有利于充分发挥双方的主动性和创造性。与结构访谈相比,无结构访谈最大的特色是深入、细致。而无结构访谈的缺点是要求调查者具备的水平高,很多人难以达到,对所获得的资料难以进行统计处理和定量分析,耗费时间长,这使得访谈的规模时常受到限制。此外,在进行无结构访谈时,要注意如下几个要点:第一,在访谈前,调查者必须清晰且准确地了解访谈的目标以及访谈的内容;第二,调查者要对调查对象的情况与特征有基本的把握,在脑海里形成一定的访谈大纲;第三,在访谈过程中,调查者掌握说话的艺术,设置好开场白等,以便获取有效的信息,同时,调查者要掌握正确的记录方法,在调查对象回答时认真倾听并及时记录要点;第四,调查者要科学地对访谈获取的信息进行统计处理与分析,形成信息网络。

二、如何整理资料

（一）社会调查的资料整理

1. 资料审核

资料审核是整理调查资料的第一步,对搜集的原始材料(主要是问卷)进行初步审阅,主要包括两方面内容:一方面,要对问卷进行审核,分析问卷中问题的合理性与不足之处,找到问卷存在的误差;另一方面,要重新向调查对象核实情况,确保问卷填写的真实性和有效性,以保证获取资料的有用性。

2. 资料转换

第二步,进行资料转换,将调查对象对问卷中问题的回答转换成供计算机识别与统计的数字,将问卷的价值转移到数字上,便于发现问题,进行下一步的分析统计。

3. 数据录入

问卷结果转化为数据资料后,下一步工作就是将这些数据资料录入计算机中,以便利用专门的统计分析软件来分析这些数据,从而得到更加直观与清晰的分析结果,来提高数据利用的程度,得到更加具有科学性、可靠性的成果。

4. 数据清理

数据清理是整理调查资料过程中必不可少的一步,由于受一些主观、客观因素影响,问卷结果不可避免地存在不足,这时候就需要在整理数据时有意识地剔除无效信息,以避免影响分析结果。在数据录入的过程中也有可能会出现一些小的差错,例如,数据录入错误,因而需要进行数据清理工作,实质上它也是一种检查工作,以减少误差,提高数据的使用效率,以便得到更有效的信息。

（二）实地调研的资料整理

1. 整理笔记与建立档案

整理笔记与建立档案是整理实地调研所获取资料的第一步。在实地调研过程中,由于没有统一的标准,调查者可能会得到一堆凌乱且无序的现场笔记,调查者应对这些笔记进行归类整理,并将笔记有条理地录入计算机中。

2. 资料编码

需要进行资料的编码,调查者要将原始的文字资料转换成概念,创造出主题或概念,然后用这些主题或者概念来分析资料。

3. 形成概念

调查者要对获得的资料提出评论性的问题,例如,"这些是相同或者不同的个案吗",从而对其进行概念化,用以组织资料,使得到的成果更加直观与清晰,便于理解与进行后续的研究。

4. 撰写分析型备忘录

撰写分析型备忘录是调查者对于编码过程中所产生的想法和观点的一种备忘录或讨论纪要。它包含着调查者对资料和编码的主动反应及思考。这种备忘录会成为研究报告中资料分析的基础,体现了调查者的智慧与思考。

第三节　如何产出成果

经过充分、细致的调研后,就需要把调研获得的一手资料和其他相关二手资料相结合,通过对相关信息的提炼、归纳、整理,结合相关理论知识产出相应成果。产出的成果一般可以分成两大部分,分别是理论成果和应用成果。理论成果以调研报告、学术论文、案例分析的形式出现,适用于科研类比赛;应用成果以技术专利、相关服务、创业计划书的形式出现,适用于创新创业类比赛。例如,"挑战杯"全国大学生课外学术科技作品竞赛哲学社会科学类的成果一般是社会调查报告或学术论文。

一、理论成果

在参加学科竞赛前,应该先明确竞赛的要求,选择合适的参赛作品形式。哲学社会科学类提交的最适合的作品为社会调查报告。社会调查报告需要以调研为基础,鼓励跨年级、跨专业团队合作。选题尽量以小见大,社会调查报告要有相应的论据、调研的数据、访谈记录(作为附录),客观分析调研结果,提出有建设性的见解。支撑材料包括反映调研过程的问卷、访谈记录、现场图片、相关调研单位的反馈。哲学社会科学类调查报告的结构:开头包括篇名、摘要、关键词,正文包括绪论、调研设计及实施、调研结果及分析、对策建议或调研启示、结论,结尾包括参考文献、附录。

（一）制订参赛计划

一篇优秀的调查报告一定是经过长期准备,经过一次又一次修改的。在准备阶段就要按照参赛的时间节点,将调查报告的撰写分为数个阶段,一般来说应该包括以下工作。

1.制订研究计划

研究计划应当包括确定自己的选题、阐明想要达到的目标、提出相关假设、确定需要的证据(文献、案例、访谈提纲、问卷)、确定获得证据的方法、规划研究进程和时间表(包括获取资料的时间、形成初稿的时间、每次修改时间)、研究预算表(如果有需要)、阐明研究可能的价值。

2.可行性评估

对自己的选题进行可行性评估,包括评估资料的可获得性、确定工作环节和时间节点、确定团队成员和成员的分工、明确成员的责任。

3.建立报告进程时间表

一般以提交报告的截止时间为截止时间,在制订计划时适当提前,以免出现突发状况导致错过时间节点。在时间允许的情况下,尽量多安排几遍报告的修改,一般以修改三次以上为宜。

（二）撰写调查报告

调查报告的写作需要有新鲜的一手资料。一手资料往往是作者亲自获得的,同以往的资料相比该资料具有显著的差异性或者相似性。因而,能够从资料中发现特征、现状、趋势、变化等。还需要阐述上述发现说明了什么重要问题,并提出改进对策。对于学生来说,一手资料的获取是难点,学生在调研的过程中往往走马观花,没有搜寻和记录信息,回来后写不出东西。许多学生没有掌握资料整理的方法,认为把录音或者笔录整理成电子资料就是整理,这其实只是最初步的记录工作。还应根据想了解的问题,把获得的资料进行归类、梳理,发现要点,注明缺失信息等。这些工作应在调研中进行,以便及时发现问题,在第二天调研时进行补救。

在撰写调查报告的过程中需要注意参赛要求。首先是字数要求,参赛作品往往有最高字数限制,因此,语言必须精炼,突出重点和核心内容。其次,要注意封面和报告题目,美观的封面和具有吸引力的题目往往能够让作品脱颖而出,题目要清晰、简明、突出核心,切不可以过大、过于抽象,让人难以从论文中看出重点是什么。再次,注意格式要求,在评审阶段留下第一印象的肯定是格式是否规范。

二、应用成果

针对调研出来的社会问题进行深度剖析,并提出相应的解决方案,或在比较成功的案例当中总结经验教训,形成具有规律性的解决办法,并将该解决办法转化为定制化服务或专利技术,从而成立公司或社会组织来为某一类社会问题提供解决办法。

以应用成果参加比赛以创新创业类比赛为主。此类比赛一般分为不同赛道,重点关注技术所能带来的经济效益或社会效益。以"互联网＋"大学生创新创业大赛为例,该比赛将赛道分为主赛道和红旅赛道。主赛道可以分为创意组、初创组、成长组和师生共创组，总体而言，以公司为主体，主要考虑项目的营利性和提供的就业岗位。在此类比赛中，往往社会需求较为旺盛、竞争产品较少、营利性强、可创造就业岗位多的项目比较有优势。创意组重点关注原始的创新和技术的突破价值，参加这个赛道只需要形成创业计划书。初创组、成长组和师生共创组更加强调商业性，重点关注企业的经营情况。红旅赛道重点关注社会问题，尤其是基层问题和乡村问题，能够形成规律性、普遍性解决方案，有效解决社会热点问题的项目较有优势。

应用成果和理论成果相辅相成。一方面，要在先前理论成果的基础上根据最新的应用成果加以提炼，面向未来，形成新的理论成果。另一方面，应用成果需要建立在理论成果的基础之上。

本章练习题

1. 项目选题的基本原则、来源与主要方法有哪些？
2. 项目的资料来源有哪些？
3. 如何整理搜集的资料？
4. 项目成果的产出有哪几种形式？

第二章
调研理论与调研设计

本章学习目标

1. 了解中国共产党关于调研的经典论述。
2. 了解 20 世纪以来我国学界关于农村调查的代表人物及作品。
3. 掌握进村调研之前的准备工作。
4. 掌握开群众座谈会需要注意的问题。
5. 了解调研报告的写作要求。

第一节 调研的理论指导

一、马克思主义基本原理对于调研的理论指导

（一）马克思主义唯物论

"理论联系实际"是中国共产党调查研究的理论之基,马克思主义唯物论熔铸了调查研究的科学性。马克思主义唯物论清晰地确定了调查研究的对象、方法和方向,要求立足于物质生产考察历史,从而寻找出事物发展的内在规律性。马克思、恩格斯认为考察历史的出发点必须是从事实际活动的人,这就规定了调查研究的对象是实际生活中的人及其活动,而不是其他主观臆造的东西。列宁关于"现象比规律丰富"[①]的观点,进一步要求调查研究去认识和把握丰富的社会生活现象,而非圈阅现成的规律和法则。

---

① 〔苏〕弗拉基米尔·伊里奇·列宁. 列宁全集:第五十五卷 [M]. 中共中央马克思恩格斯列宁斯大林著作编译局,编译 . 2 版 . 北京:人民出版社,2017:127.

（二）马克思主义辩证法和认识论

"具体问题具体分析"是中国共产党调查研究的理论之翼,马克思主义辩证法和认识论形塑了调查研究的实效性。其实效性在于,马克思主义辩证法中的三大基本规律——对立统一规律、质量互变规律、否定之否定规律,为调查研究中认识、把握自然界、社会和思维发展的一般规律提供理论,而马克思主义认识论中关于认识的来源、过程和真理性的系统理论为科学、有效地认识调查研究对象提供了方法。具体而言:第一,利用对立统一规律,全面把握事物发展的两个方面。利用质量互变规律,区分事物所处阶段,积极推进有利量变,促成质变。利用否定之否定规律,把握肯定和否定之间的运动变化,促进事物朝着理想方向发展。第二,认识论将认识分为感性认识和理性认识两个阶段,要求通过充分搜集资料,形成感性认识,在此基础上对资料进行甄别、筛选,再进行交换、对比,直至促成由感性认识到理性认识的跃变。毛泽东在 1936 年写的《中国革命战争的战略问题》中指出,"列宁说:马克思主义的最本质的东西,马克思主义的活的灵魂,就在于具体地分析具体的情况"①。而这也正是中国共产党在调查研究过程中,运用马克思主义辩证法和认识论总结出的策略方针。

二、毛泽东思想对于调查研究理论的贡献

（一）《湖南农民运动考察报告》

1927 年 1—2 月,毛泽东深入湖南湘潭、湘乡、衡山、醴陵、长沙五县,实地考察农民运动,在此基础上,经典著作《湖南农民运动考察报告》于同年 3 月问世,产生强烈的社会反响。这是无产阶级及其政党领导农民革命斗争的纲领性文献,为革命进一步指明了方向,推动了农村大革命运动继续发展。

在对湖南农民运动展开调查研究的过程中,毛泽东坚持"围绕问题、突出重点"的基本原则。毛泽东在调查研究过程中始终紧紧围绕一个突出问题,即农民运动究竟应该被肯定还是被否定。毛泽东通过鲜活真切的样例、扎实可靠的资料,反映农民运动的真实状况。自调查研究之初,毛泽东就明确调查研究的目的,通过实际调查判断方兴未艾的农民运动所带来的社会变化究竟是好还是坏,我们到底是"站在他们的前头领导他们呢?还是站在他们的后头指手画脚地批评他们呢?还是站在他们的对面反对他们呢?每个中国人对于这三项都有选择的自由,不过时局将强迫你迅速地选择罢了"②。

毛泽东在《湖南农民运动考察报告》中并未直接铺陈开展调查研究的方法,但字里行间可以发现,高效的分析方法与谨慎的工作态度使他的调查研究事半功倍。例如,毛泽东在报告中描述了社会对于农民运动的三种不同议论,分别是国民党右派认为"农民运动是痞子运动"、国民党右派及中层以上社会认为农民运动"糟得很"、中派认为"过分"。③以此分析方式,毛泽东关于调查研究的理论方法跃然纸上,首先是自觉遵循并巧妙运用马

① 毛泽东.毛泽东选集:第一卷[M].北京:人民出版社,1991:187.

② 毛泽东.毛泽东选集:第一卷[M].北京:人民出版社,1991:13.

③ 毛泽东.毛泽东选集:第一卷[M].北京:人民出版社,1991:15-18.

克思主义阶级学说来剖析农民运动所面临的难题,使反动势力中的利益保护者和利益既得者清晰可辨。其次是语言风格力求符合密切联系群众的工作方针,如"痞子运动""糟得很"通俗易懂,能够拉近与群众的距离,也可为后面的工作打下良好的基础。

(二)《兴国调查》

土地革命时期,毛泽东三次到兴国实地调查,并获得了大量的一手材料,为党制定土地革命的正确战略策略奠定了可靠基础。毛泽东形成了对调查研究规律的基本认识,集中体现为1931年初整理的《八个家庭的典型调查》,此文弥补了《寻乌调查》中的不足,后称《兴国调查》。《兴国调查》的内容十分丰富,包括八位同志的家庭状况、兴国县永丰区的旧有土地关系及剥削情况、土地斗争中各阶级的表现、当时的土地分配状况和土地税、永丰区苏维埃政权建设和农村军事化情况。此文不但为当时正在进行的土地革命找到了依据,而且其所树立的实事求是、调查研究以及坚持走群众路线的典范,至今仍有重要的价值。

《兴国调查》的成功建立在毛泽东深入农村基层,倾听农民心声,反映农村真实现状的基础上。1930年10月,在新余罗坊镇,毛泽东以座谈会形式召集八位兴国籍红军战士,形成了对兴国永丰区的经济、政治、军事、社会等方面现状的全面了解。此次座谈会历时一周,起初并不顺利,八位同志因首次与领导座谈而畏首畏尾,无人率先开口。毛泽东深刻理解受访者的身份特性,从贴近生活、浅显易懂的话题切入,以随和谦逊的态度、娴熟的调查技巧逐步坦陈心志,逐渐消除与会同志的疑惧感。

(三)《反对本本主义》

《反对本本主义》是毛泽东对多年调查研究活动的理论总结,蕴藏着毛泽东思想活的灵魂三个基本点的思想萌芽,是毛泽东思想形成的重要标志之一。其中,毛泽东提出"调查就像'十月怀胎',解决问题就像'一朝分娩'"[①]的比喻生动论述了没有调查,没有发言权;初步阐释了实事求是的基本思想,倡导"马克思主义的'本本'是要学习的,但是必须同我国的实际情况相结合"[②];初步形成党的群众路线思想,强调共产党正确的政策的形成不是在书斋里憋出来的,"它是要在群众的斗争过程中才能产生的"[③]。这一理论探索的继续,为全党树立了解放思想、实事求是的新风,同时也为马克思列宁主义普遍真理与中国实际相结合第二次历史性飞跃的实现和邓小平中国特色社会主义理论的形成做了直接的思想理论准备和经验准备。

(四)《论十大关系》

中华人民共和国成立初期,随着社会主义改造基本完成,社会主义基本制度初步建立,探索出适合中国国情的社会主义建设道路成为中国共产党面临的主要任务。依据当时国际形势的新变化和党面临的新任务,毛泽东从中国建设的实际出发,通过多种渠道深

---

① 毛泽东. 毛泽东选集:第一卷 [M]. 北京:人民出版社,1991:110.

② 毛泽东. 毛泽东选集:第一卷 [M]. 北京:人民出版社,1991:111-112.

③ 毛泽东. 毛泽东选集:第一卷 [M]. 北京:人民出版社,1991:115.

入各地进行系统而周密的调查研究,调查研究的直接成果就是形成了《论十大关系》。正如毛泽东后来所回忆的:"我在北京经过一个半月,每天谈一个部,找了三十四个部的同志谈话,逐渐形成了那个十条。如果没有那些人谈话,那个十大关系怎么会形成呢?不可能形成。"①

《论十大关系》是对产业结构和生产力布局问题、经济体制问题、在政治思想生活中调动各种积极因素问题、学习外国要同中国实际相结合问题的全局性梳理。概括而言,《论十大关系》研究的一是重工业和轻工业、农业的关系,二是沿海工业和内地工业的关系,三是经济建设和国防建设的关系,四是国家、生产单位和生产者个人的关系,五是中央和地方的关系,六是汉族和少数民族的关系,七是党和非党的关系,八是革命和反革命的关系,九是是非关系,十是中国和外国的关系。针对十大关系问题,毛泽东倡导"更多地利用和发展沿海工业"②,在经济建设和国防建设的关系上,强调"首先要加强经济建设"③,并提出"把党内党外、国内国外的一切积极的因素,直接的、间接的积极因素,全部调动起来,把我国建设成为一个强大的社会主义国家"③,验证了"没有调查,没有发言权"④的著名论断。《论十大关系》开启了从新民主主义革命到社会主义建设的马克思主义中国化理论转型,是对社会主义建设规律的探索与调查研究的紧密结合。

三、中国特色社会主义理论体系中对于调查研究的理论深化

中国特色社会主义理论体系是对马克思列宁主义、毛泽东思想的继承和发展。调查研究的实践贯穿改革开放的进程。

(一)邓小平理论中关于改革开放和现代化建设的调查研究

十一届三中全会以后,"如何建设社会主义、如何巩固和发展社会主义"成为当时的核心问题。邓小平主张在研究问题、制定政策、推进工作的过程中,必须进行全面深入的调查研究,推动社会主义事业顺利进行。邓小平在经济发展层面的调查研究对改革开放伟大决策的制定与出台起到关键作用,政治层面的调查研究为和平解决香港问题奠定基础。改革开放伟大决策的实施与1978年前后的两次大规模调查研究工作密切相关,分别是1977年至1980年间代表团远赴西欧五国进行的经济、技术方面的交流与学习、1979年中央财政经济委员会面向全国各地区的国民经济调查研究。正是通过派团出国考察,邓小平提倡打破封闭自守、抓住发展机遇。为和平解决香港问题,邓小平在《关于港澳工作会议预备会情况的报告》中明确"港澳工作必须深入调查研究,实事求是"⑤,后在审阅《关于解决香港地位问题的初步方案和近期工作的报告》时做出批示:"拟原则同意,具体

① 中共中央文献研究室.毛泽东传(1949—1976)[M].北京:中央文献出版社,2003:471.
② 中共中央文献研究室.毛泽东传(1949—1976)[M].北京:中央文献出版社,2003:484-485.
③ 中共中央文献研究室.毛泽东传(1949—1976)[M].北京:中央文献出版社,2003:485.
④ 毛泽东.毛泽东选集:第一卷[M].北京:人民出版社,1991:109.
⑤ 中共中央党史研究室.中国共产党历史大事记(1919.5—2009.9)[M].北京:中共党史出版社,2010:292.

方案,待与各方人士交换意见之后,再作修改。"① 该报告为中国同英国正面解决香港问题的前期准备工作做出重大贡献。

邓小平理论中的调查研究体现出三个鲜明的特点:一是把实践作为检验决策是否正确的唯一标准。在真理标准问题大讨论中,邓小平始终强调"实践是检验真理的唯一标准,实践是检验路线、方针、政策是否正确的唯一标准"②。二是抓住主要矛盾,果断决策。对于具体问题,邓小平纲举目张,看透问题的本质,从大势分析,因此每次具体的调查研究工作都体现出战略层面的重大意义。三是尊重群众首创精神,践行党的群众路线。邓小平在回顾改革开放以来的成功经验时强调,"家庭联产承包责任制也是由农民首先提出来的。这是群众的智慧,集体的智慧。我的功劳是把这些新事物概括起来,加以提倡"③。

(二)"三个代表"重要思想中的调查研究

党的十四大后,在实行改革开放和发展社会主义市场经济的条件下,"建设什么样的党、怎样建设党"成为直接关系党和国家前途命运的现实问题。江泽民在新的历史条件下大兴调查研究之风,深入全国各地围绕党建专题召开座谈会。十四届四中全会前,为明确党的建设的总目标和总任务,党中央组织 18 个调查研究小组先后到 22 个省、市和有关部委办进行调查研究,同 4 000 多位同志座谈,其中有省部级干部 174 名,厅局级干部 1 300 多名,专家学者 120 多名。2000 年 2 月,江泽民在广东进行调查研究。2000 年 2 月 25 日,江泽民在听取广东省委的工作汇报后,作了重要讲话。在讲话中,他首次完整地提出"三个代表"重要思想:"我们党所以赢得人民的拥护,是因为我们党在革命、建设、改革的各个历史时期,总是代表着中国先进生产力的发展要求,代表着中国先进文化的前进方向,代表着中国最广大人民的根本利益。"④

"三个代表"重要思想从多方面论述了调查研究在我们党工作中的地位和作用。江泽民提出"没有调查就没有决策权",认为"加强调查研究不仅是一个工作方法问题,而且是一个关系党和人民事业得失成败的大问题",要"坚持做好调查研究这篇文章"。⑤ 在党的十五大上,江泽民再次强调"深入实际调查研究,决不能搞官僚主义、形式主义、强迫命令"⑥。进入 21 世纪,面对新的世情、国情、党情,江泽民在加强党的作风建设时,号召全党"大力开展调查研究,领导干部要扎下去、沉下去,切实了解基层的真实情况"⑦。"三个代表"重要思想中关于理论与实际相结合、制定和执行正确的路线方针政策的基本经验,是党领导革命、建设和改革的谋事之基、成事之道,对党领导人民继往开来,实现中华民族伟

---

① 中共中央文献研究室. 邓小平年谱(一九七五——一九九七)[M]. 北京:中央文献出版社,2004:805.

② 邓小平. 邓小平文选:第三卷[M]. 北京:人民出版社,1994:28.

③ 中共中央文献研究室. 邓小平年谱(一九七五——一九九七)[M]. 北京:中央文献出版社,2004:1350.

④ 石仲泉. 关于"三个代表"重要思想的研究[J]. 毛泽东思想研究,2003,20(3):1-10.

⑤ 江泽民. 江泽民文选:第一卷[M]. 北京:人民出版社,2006:306-309.

⑥ 江泽民. 江泽民文选:第二卷[M]. 北京:人民出版社,2006:45.

⑦ 江泽民. 江泽民文选:第三卷[M]. 北京:人民出版社,2006:329.

大复兴具有重要启示。

（三）科学发展观中的调查研究

党的十六大强调发展是党执政兴国的第一要务，"实现什么样的发展，怎样发展"成为中国共产党面临的重大课题。为此，胡锦涛带头深入各地基层和行业进行全方位的调查研究，为科学发展观的完整阐述做了基础性、全面性、科学性的准备。在党的十七大报告的起草工作期间，各课题组一共召开座谈会1 523次，与会人员2万多人次，最终形成了62份调查研究报告，调查研究的广度和深度可见一斑；调查研究结束后，胡锦涛亲自主持召开12次会议，听取有关课题组的汇报。2008年，为了推动灾后恢复重建工作，在四川召开的抗震救灾工作会议上，胡锦涛提出要及时调查了解工农业生产受灾情况，研究制定促进恢复生产的政策措施。调查研究不仅作为优良传统被继承和发扬，还成为一种工作制度和工作作风。

科学发展观中关于构建社会主义和谐社会与区域协调发展的系列论述——"在深入调查研究的基础上，提出切实有效的政策措施，一个一个加以解决"[①] "加强调查研究，改进学风和文风，精简会议和文件"[②]，是对调查研究理论的进一步探索，为党改进工作作风、科学决策、提高执政能力提供重要途径。

四、习近平新时代中国特色社会主义思想关于调查研究的重要论述

实践是理论之源。习近平关于调查研究的论述建立在丰富的社会实践活动基础之上，是对调查研究的重要作用、目标、任务、科学路径和价值取向的阐释与总结，是党在新时代制定符合国情、符合民意的政策决策的理论依据和行动指南。

（一）习近平关于调查研究重要论述的实践基础

1. 第一阶段（1969—1985年）：在陕西梁家河、河北正定工作时期的调查研究经历

1969年，习近平到陕西梁家河插队。[③] 在此期间，习近平对陕北农村地区贫困落后的现实情况有了深刻的认识，也激发了他改善人民生活条件的强烈愿望。被推选为党支部书记后，习近平为解决群众做饭、照明难题，前往四川并走访多地，考察修建沼气池的技术；考虑乡亲们常年饮用河里的浑水，习近平拜访、询问村里老人，实地勘察泉眼位置，成功打出井水。七年的知青岁月，农村生活的淬炼，使习近平与人民群众建立了深厚的感情，练就了通过调查研究处理问题的本领，为其关于调查研究重要论述的形成奠定了坚实的基础。

1982年，习近平到河北正定任县委副书记，1983年任县委书记。他通过外出考察学习、走村入户、走街串巷等形式展开调查研究，经常召开座谈会，听取意见。在正定，习近平集中精力到各乡镇走、看、问，走遍了全县，走访了大量群众。正是基于这样扎实的调查研究工作，习近平对于正定的经济发展面临的主要问题有了深入了解，对于正定的目标定

① 胡锦涛．胡锦涛文选：第二卷[M]．北京：人民出版社，2016：524-525.

② 胡锦涛．胡锦涛文选：第二卷[M]．北京：人民出版社，2016：656.

③ 中央党校采访实录编辑室．习近平在正定[M]．北京：中共中央党校出版社，2019：134.

位和经济发展规划形成了清晰、明确的思路。他提出"二十字"经济发展方针[①];在人才制度上,主持制定出"人才九条"[②]政策;在党风党纪方面,共出台11个文件[③],开启了干部沉下基层调查研究的风气。

2. 第二阶段(1985—2007年):在福建、浙江、上海工作时期的调查研究经历

在福建厦门担任副市长期间,习近平实地考察边远农村的贫困状况,领导制定出《1985年—2000年厦门经济社会发展战略》[④];时任福建宁德地委书记的习近平在两个月内,深入闽东九个县调查研究,并到了邻近的浙南温州等地,在此基础上形成了《弱鸟如何先飞——闽东九县调查随感》[⑤]的调查研究报告。习近平在福州任职期间,在大量调查研究论证的基础上提议并主持制定"福州3820工程"。[⑥]在担任浙江省主要领导期间,习近平用一年多时间走遍全省90多个县市区,通过座谈会形式挖掘各地文化内涵与风土人情,从广泛深入的调查研究中获得了许多一手资料,提出浙江经济社会发展"八八战略"[⑦],为浙江的发展进行了顶层设计和全面规划。在担任上海市委书记的七个月内,习近平赶赴中共一大、二大会址,接受革命传统教育,汲取奋进力量;考察浦东新区时,勉励广大干部群众努力奋斗,使上海继续当好改革开放的排头兵;通过深入杨浦区基层社区调查研究民生保障工作,帮助群众解决切实利益问题。

3. 第三阶段(2007年至今):在中央工作后的调查研究经历

2007年习近平调入中央工作后,调查研究不仅作为优良传统被继承和发扬,也成为一种经常化的工作制度和工作作风。在任期间,习近平多次进行调查研究。治国理政的实践,使得习近平关于调查研究的重要论述愈加成熟和丰富。

(二)习近平关于调查研究重要论述的主要内涵

1. "传家宝":调查研究的重要作用

习近平指出:"重视调查研究,是我们党在革命、建设、改革各个历史时期做好领导工作的重要传家宝。"[⑧]从宏观角度可以理解为调查研究是党贯彻群众路线、增强执政能力的重要法宝。习近平在担任浙江省主要领导期间指出:"调查研究多了,基层跑遍、跑深、跑透了,我们的本领就会大起来,我们的认识就会产生飞跃,我们的工作就会做得更好。"[⑨]可见,从群众生活中汲取经验智慧有利于党了解民情和掌握国情,从根本上发现问

① 中央党校采访实录编辑室 . 习近平在正定[M]. 北京:中共中央党校出版社,2019:4.

② 中央党校采访实录编辑室 . 习近平在正定[M]. 北京:中共中央党校出版社,2019:11.

③ 中央党校采访实录编辑室 . 习近平在正定[M]. 北京:中共中央党校出版社,2019:75.

④ 习近平 . 习近平谈治国理政:第一卷[M]. 北京:外文出版社,2014:432.

⑤ 中央党校采访实录编辑室 . 习近平在宁德[M]. 北京:中共中央党校出版社,2020:15.

⑥ 习近平 . 习近平谈治国理政:第一卷[M]. 北京:外文出版社,2014:433.

⑦ 习近平 . 之江新语[M]. 杭州:浙江人民出版社,2007:32.

⑧ 习近平 . 谈谈调查研究[J]. 西部金融,2012(1):4-7.

⑨ 习近平 . 干在实处 走在前列:推进浙江新发展与思考和实践[M]. 北京:中共中央党校出版社,2006:446.

题和矛盾所在。在微观层面上,调查研究是提高自身综合素质的重要法宝,是做好领导工作的一项基本功。一方面,开展调查研究是提升领导干部工作本领的有效举措。另一方面,领导干部在调查研究中保持谦虚、谨慎的态度,以人民为师,与群众交心,在体悟社情民意的过程中汲取工作智慧,从实践中增长见识、寻找答案。

2. 解决问题:调查研究的目标任务

习近平强调:调查研究的根本目的是解决问题。[①] 习近平具有强烈的问题意识,在调查研究中始终以解决问题为导向,通过深入实际掌握全貌,在分析中把零散的、粗浅的认识上升为系统的、深刻的认识,摸索事物的本质和规律,从而找到切实可行的办法。解决问题是调查研究的出发点和落脚点,带着问题去调查研究,在把握事物本质和规律的基础上研究解决问题的对策。

3. "深、实、细、准、效":调查研究的科学路径

习近平在日常调查研究中,十分注重调查研究的方法,总结出系列行之有效的调查研究方法。他在担任浙江省主要领导时强调:调研工作务求"深、实、细、准、效"。"深",就是要深入群众,深入基层,善于与工人、农民、知识分子和社会各界人士交朋友,到田间、厂矿、群众和社会各层面中去解决问题。"实",就是作风要实,做到轻车简从,简化公务接待,真正做到听实话、摸实情、办实事。"细",就是要认真听取各方面的意见,深入分析问题,掌握全面情况。"准",就是不仅要全面深入细致地了解实际情况,更要善于分析矛盾、发现问题,透过现象看本质,把握规律性的东西。"效",就是提出解决问题的办法要切实可行,制定的政策措施要有较强操作性,做到出实招,见实效。[②]

4. 实事求是:调查研究的价值取向

实事求是是党的优良传统,始终遵循实事求是的原则是开展调查研究工作的价值取向。习近平在担任中央政治局常委时强调:坚持实事求是,最基础的工作在于搞清楚"实事",就是了解实际、掌握实情。[③] 只有把"实事"的情况看完全,弄清楚事物的来龙去脉,这才算真正地认知"实事"。这就要求调查研究必须坚持实事求是的原则,树立求真务实的作风,具有追求真理、修正错误的勇气。

第二节　学界有关调研的论述及实践

一、20世纪前半叶学界有关调研的理论及实践

(一)费孝通社会人类学调查述评

费孝通是著名的社会学家、人类学家,对中国社会学理论的发展做出了重要的贡献。

---

① 习近平. 谈谈调查研究 [J]. 西部金融,2012(1):4-7.

② 习近平. 之江新语 [M]. 杭州:浙江人民出版社,2007:1.

③ 习近平. 坚持实事求是的思想路线 [N]. 学习时报,2012-05-28(001).

费孝通的学术工作开始于农村社区调查,随后又进行了小城镇的研究,后期则专注于区域发展的探索,因此他的学术调研被统称为社区研究实践。探讨费孝通的社区研究思想与实践,对于开展新时期社区调查具有重要意义。

1.构建了"类型比较法"

费孝通认为,社会科学研究的目的"就是人要把自身的社会生活作为客观存在的事物,加以科学的观察和分析,以取得对它正确如实的认识,然后根据这种认识来推动社会的发展。"[①] 因此,要想真正地认识社会,必须实地调查社区中人们的生活。

费孝通在研究之初,便思考怎样解决"从点到面,从个别到一般的问题"。他一心想从实际研究工作中探索出一个从个别逐步进入一般的具体方法。通过对江村的实地调研,费孝通观察到了江村崩溃的手工业、外流的土地权、贫困的农民生活等问题,从而提出了用传统手工业的崩溃和现代工商业势力的入侵来解释以离地地主为主的土地制度等一系列概括性理论问题。但是费孝通觉得单靠江村的材料不足以证实该结论,于是他提出了"类型比较法",即从实际研究工作中探索出一个从个别逐步进入一般的具体方法。费孝通指出"把相同和相近的归在一起,把它们和不同的和相远的区别开来,这样就出现了不同的类型或模式了"[①]。他认为这种方法的科学性在于"我们可以逐步地扩大实地观察的范围,按着已有类型,去寻找条件不同的具体社区,进行比较分析,逐步识别出中国农村的各种类型,也就由一点到多点,由多点到更大的面,由局部接近全体。类型本身也可以由粗到细,有纲有目,分出层次"[①]。

因此,构建应用类型社区比较研究方法是费孝通的重要贡献,不但开阔了社区研究的视野,而且在一定程度上深化了人们对中国社会发展及其现代化道路的认识和了解。

2.开创了从实地社区研究转变为社会结构分析的先河

费孝通在其社会学名著《乡土中国》中对中国传统乡土社会的结构进行了详细的描述与探讨,并从多处进行中西对比分析,以更加清楚地说明中国传统社会的特殊性。当代社会学家郑杭生教授评价说:"《乡土中国》是社区研究的一部比较成熟之作,代表了费孝通早期社会学研究生涯中的一个重要转折点:从实地的社区研究转变为社会结构的分析。在当时的中国社会学界,费孝通所从事的这项工作是开创性的。"[②] 这种方法为人们提供了更全面、更深刻地认识中国基本国情的方法。

3.运用社会人类学的实地调查方法

费孝通运用社会人类学的实地调查方法进行调研并撰写了《江村经济》。《江村经济》被誉为社会学"实地调查和理论工作发展中的一个里程碑"。换言之,在此之前,是没有一个社会学者从中国的一个普通村庄的消费、生产、分配、交换入手,来探讨中国基层社区的一般结构和变迁的。[③] 1979年社会学重建后,费孝通又把他构建的社区研究方法综合

① 费孝通.美好社会与美美与共:费孝通对现时代的思考[M].北京:生活·读书·新知三联书店,2019:415.

② 郑杭生,李迎生.中国社会学史新编[M].北京:高等教育出版社,2000:149.

③ 费孝通.费孝通文集:第二卷[M].北京:群言出版社,1999:214-218.

运用于实践教学和小城镇发展的研究课题,使社区研究的成果与社会主义建设紧密结合起来,既促进了社会学学科的发展,也促进了中国特色社会主义城乡关系一体化的发展。因此,分析费孝通社区研究的成功方法,对于广大社会科学工作者和教育者具有重要借鉴意义与启迪作用。

(二)梁漱溟的乡村建设理论及实践述评

1931年,梁漱溟在山东邹平县成立了乡村建设研究院。经过长达六年的调研,他于1937年出版了《乡村建设理论》。在这部书里,梁漱溟进一步梳理了理论观点,构建了著名的乡村建设理论体系。

1. 乡村建设理论的基本内容

梁漱溟主张通过民族文化之再造总体解决中国问题。他的乡村建设方案主张在坚持中国固有精神的基础上,将西方的科学和民主应用于乡村,建立起新的社会组织结构,救济和复兴农业。从而以农业促兴工业,以合作促成自治,建成文化复兴、经济进步、政治民主的理想社会。[①]

第一,以中国精神为根本,达到中西的融合。乡村建设的重心就是进行乡村组织建设。梁漱溟认为,中国传统社会缺乏团体组织和科学技术,而顶要紧的是缺乏团体组织。为此,他认为根本之计在于培养团体组织,凝聚社会关系。

第二,以乡农学校为依托,培养理想社会的萌芽。新的组织构造是社会改造的系统工程,中国不能自然形成西方式的团体组织,必求助于引导和培育。梁漱溟由此设计了乡农学校。乡农学校是融合了中国根本精神与西方长处的乡村基层组织,它不仅仅是学校,更是集政治、经济、教育于一体的乡村组织机构。

2. 乡村建设的实践

第一,乡村组织建设。梁漱溟在乡村中建立村学、乡学的组织,以"大家齐心学好,向上求进步"[②]为目标。这种乡学组织,由学众、学长、学董、教员所构成。其中,学众起着立法的作用,学董则主要负责行政工作,学长专门用以监督教训大家,教员则起着带头的作用。这四类成员会定期举行集会,当乡村中遇到了任何矛盾或是纠纷,都由这四类成员一起商讨出合理的解决方案。

第二,乡村政治建设。在进行乡村政治建设的过程中,知识分子的力量无疑是巨大的。梁漱溟认为,要想真正发挥知识分子的作用,"那必须先治两个病:一个是'散';一个是'乱'"[①]。要让知识分子拧成一股绳,乡村建设才会有条不紊地进行。梁漱溟认为,中国的乡村建设运动某些程度上来说是一种新型的教育运动,他主张"政教合一"[①],通过教育来滋养政治进步,让人与人相互交往,相互联合,最终形成一股庞大的力量,以建立适合中国发展的政治结构。

第三,乡村经济建设。梁漱溟认为阻碍乡村经济发展的四大障碍是治安问题、运输问

---

① 崔效辉. 现代化视野中的梁漱溟乡村建设理论 [M]. 杭州:浙江大学出版社,2013:40.

② 善峰. 梁漱溟社会改造构想研究 [M]. 济南:山东大学出版社,1996:299.

题、农民负担问题和灾害问题。为了击破这四大障碍,梁漱溟提出了三个要点:"一是流通金融;二是引入科学技术;三是促进合作组织"①。顺着这几个要点,他建立了乡村建设研究院以及乡村教育机关。

综上所述,梁漱溟所倡导的乡村建设运动以及相关的乡村建设理论为实践活动提供了启示。梁漱溟以乡村变革为起点,谋求民族复兴,主张输入现代化因子,注重发掘农村自身潜力,重视科学技术、人才教育和合作组织,谋求城乡关系、工农关系的协调发展。这些真知灼见对新农村建设仍具有现实意义。他从本土出发的现代观、以人为本的发展观、文明取舍的辩证观,都闪耀着超越时代的思想光芒。

二、当代学界有关调查研究的理论及实践

(一)"华中学派"(侧重于乡村治理权力)的研究述评

"华中学派"是中国乡村治理研究中的一股重要力量。早在 20 世纪 80 年代,"华中学派"的开创者张厚安教授即提出要"理论务农",社会科学研究要"面向社会、面向基层、面向农村"。②在 20 世纪 90 年代,徐勇教授进一步提出村治研究要"三实",即"实际、实证、实验"。③2004 年,贺雪峰教授提出了乡村研究的几个目标,一是继续做好乡村建设实验基地的工作,二是建立以解释中国乡土经验为主要目标的乡村研究学派,三是建立一种国家农村政策实践的评估和反馈系统。④在这些理论的影响下,以华中乡村研究为主的学者组成了"华中学派",主张要真正做好农村研究,就必须回到常识,回到农村和中国经验中来,对农村和中国当下的状况与处境做出理解,在中国问题和农村问题的实践语境中建构和提升理论。

自 20 世纪 90 年代始,以张厚安为代表的一批政治学研究者扎根农村田野,研究村民自治的过程与机制。但是在村民自治的实践过程中遭遇很多困难,他们开始思考村民自治是否可以作为乡村研究的整体切入点。因此,很多学者尤其是法学界和人类学界的学者开始关注法律在乡村社会的实践逻辑。苏力指出上层建筑要反映经济基础,倘若不对中国社会本身的结构及运作逻辑进行深入研究,就不可能创造出好的法学理论,也不可能制定出好的法律。⑤这开拓了村民自治研究者的视野,他们不再苦苦追随"村民自治"的脚步,而将研究重心不断下沉,力图摆脱政治学单一学科的束缚,以多学科为依托,来关注农村社会自身的发展逻辑。

徐勇、吴毅等学者仍继续对村民自治进行研究,并将其进一步拓展为村级治理研究,后来简称"村治"研究。他们在重心下沉的同时提出"田野的灵感""野性的思维"和"直

① 梁漱溟.乡村建设理论[M].北京:中华书局,2018:833.

② 张厚安.三个面向,理论务农:社会科学研究的反思性转换——华中师范大学中国农村问题研究中心 20 年回顾[J].华中师范大学学报(人文社会科学版),2001(1):11-15.

③ 徐勇,吴毅,贺雪峰,等.村治研究的共识与策略[J].浙江学刊,2002(1):26-32.

④ 贺雪峰.乡村治理的社会基础:转型期乡村社会性质研究[M].北京:中国社会科学出版社,2003:234.

⑤ 苏力.送法下乡:中国基层司法制度研究[M].北京:中国政法大学出版社,2000:68.

白的文风",进一步强调经验研究和本土关怀的重要性,强调学术共同体对于中国社会科学成长的重要性。① 贺雪峰在 1999 年提出"转型时期乡村社会性质研究",开始乡村社会及其区域差异的研究,希望通过深入、广泛的农村调查,理解自上而下的政策、法律和制度实践的状况。② 学者的研究框架逐渐脱离农村的民主机制,凸现"农村问题的深度描述和深度访谈"③,关注农民负担、乡村财政、税费改革、乡村历史等问题。理论方法上,凸现乡土特色,力图在西方研究的学术基础上打造属于自己的学术取向。

由此可见,"华中学派"的农村研究是在汲取各学科资源的基础之上,不断地丰富充实研究内容,并把研究向纵深推进。

(二)黄宗智(侧重于乡村经济)的有关研究述评

黄宗智是著名的中国近代社会史、经济史和法律史研究专家。他在乡村经济研究领域不但取得了发现悖论现象和提出理论概念的研究成果,而且开创了一种由微观生产实践说明宏观经济逻辑的研究方法,也就是从经验证据出发,由此提炼概念,再返回经验证据的经验式研究方法。这种经验式研究方法也就是黄宗智所说的"从悖论现象出发,对其中的实践做深入的质性调查(当然不排除量性研究,但是要在掌握质性认识基础之上来进行量化分析),了解其逻辑,同时通过与现有理论的对话和相互作用,来推进自己的理论概念建构"④。

黄宗智关于中国乡村经济史研究中构建科学研究方法的主要依据便是历史资料,主要有三个来源:"满铁"调查的统计数据资料、深入实地搜集的访问材料、历史档案材料。黄宗智指出"从实践的认识出发,进而提高到理论,然后再验之于实践"⑤。在这样的思维认识方式下,黄宗智一直遵循着从史实到概念,再回到史实的研究程序。⑥ 黄宗智反对极端的二元对立,一直致力于努力建立适应中国社会的研究方法,他的研究是以经验事实为依据,并与科学的研究方法相结合的典范,他的研究方法值得学习。

(三)曹锦清(侧重于乡村社会和文化)的有关研究述评

《黄河边的中国》是曹锦清深入黄河边农户实地调查,和农民促膝相谈获得第一手资料结集而成的。这本书翔实而全面地记录了 20 世纪 90 年代中期,当地农民及干部社会生活和社会心理的方方面面。

1. 研究视角

曹锦清将自己的调查视点与视角命名为"从内向外看"与"从下往上看"。也就是从

① 吴毅. 村治变迁中的权威与秩序 [M]. 北京:中国社会科学出版社,2002:176.

② 贺雪峰. 乡村治理研究的进展 [J]. 贵州社会科学,2007(6):4-8.

③ 贺雪峰. 新乡土中国 [M]. 北京:北京大学出版社,2013:92.

④ 贺雪峰. 个案调查与区域比较:农村政策基础研究的进路 [J]. 华中科技大学学报(社会科学版),2007(1):112-119.

⑤ 黄宗智. 认识中国:走向从实践出发的社会科学 [J]. 中国社会科学,2005(1):83-93,207.

⑥ 任放. 近三十年中国近代史研究视角的转换:以乡村史研究为中心 [J]. 史学月刊,2011(4):27-40.

实际的社会生活出发,摆脱空洞无物的"官话"和没有根基的"译语",专注于鲜活的"民间言语",并力图从中透射出真实的"社会情绪"和"社会现实"。[①]

2. 进入调查现场

曹锦清认为,由官员陪同进入调查现场极易使调查失实,因而他选择凭借亲戚朋友关系网络进入社会调查现场。通过这种方式,曹锦清拿到了一手的材料,并通过其渊博的学识和出色的才能,使访谈很快从官场汇报过渡为朋友间推心置腹的讨论,使自己顺利地进入了中原农村体系,并且融入这片土地。

3. 理论的悬置

每个人都有自己的世界观,对不熟悉的问题,头脑中可能首先会形成一种刻板的成见。在认识事物时,要将头脑中已有的经验、概念、理论先"悬置"起来,这样才能保持事物的真实性和客观性。曹锦清在调查前就让自己处于一种"透明"状态,排除先入为主的观念,重新直观地感受乡村社会本身,最大限度地贴近社会现实。

4. 研究方法

原有的经验和新近遇到的情况不一致,因而需要在对同类事物的比较中形成问题意识。这其实是人类学的一个重要方法,被称为"他者的眼光"。[②]早期西方发达国家的学者去原始部落进行调查,自己的思想观念里产生巨大的反差。因此,曹锦清指出:"虽然我们在自己国家进行调查,但还是要运用'他者的眼光'这一方法。"[②]

第三节　调研准备和调研设计

"互联网＋"大学生创新创业大赛、"挑战杯"全国大学生课外学术科技作品竞赛等面向在校大学生的学科类专业赛事具有权威性、专业性、紧跟时代主题等特点。这些活动是非常好的激发专业兴趣、提升专业能力、增长专业才干、丰富大学生活的重要机会。古人说"教学相长",参与这些大赛的指导活动对于教师专业能力的提升、创新人才培养的方式、增加与学生的交流等方面是非常重要的。结合我们的研究方向,近年来项目组的选题多围绕"乡村振兴"这一国家战略展开,因此,开展乡村调研就是项目设计和实施的一个基础性环节。大学生如何有效地开展乡村调研呢?

一、做好调研前的准备

参与乡村调研是一次很好的学习和实践机会,需要在准备阶段多下些功夫。

(一)调研的目的

搞清楚调研的目的很重要,最好带一个明确的目标,思考可以细化甚至量化的问题。

---

① 邵倩.《黄河边的中国》调查方法研究[J].传播力研究,2018,2(18):219.

② 曹锦清.问题意识与调查研究[J].社会学评论,2014,2(5):3-9.

比如,调查乡村基础设施发展状况,可以先查资料,看看基础设施是怎么定义的,分为哪几类,有什么评价标准和评价指标。列出想要了解的指标,如何得到信息,得到数据后怎么进行比较和分析,这些数据是否有意义,是否可以给自己提供客观、理性的结果。

(二)调查的对象

考虑要达到调查目的需要调查多大的范围,一个村民组还是一个村。人口和面积也是考察内容,另外调查对象是否有一些特定的特点,比如是城市周边地区还是偏远山区,是不是需要调查几种不同类型的乡村,然后进行比较,如果需要,针对基础设施的不同特点进行分类。

(三)调查的操作形式

清楚调查目的和调查对象后,可以估算调查需要多少人、多长时间,需要准备什么东西。如果调查范围很大,需要计划多次行程,估计花费多少钱,考虑是否需要打印好调查问卷,是否需要为被访村民准备纪念品。做好充分的准备,才不会在调查时慌乱。

(四)与当地的关系

如果只是做一个很简单的走访和观察,或许可以自己私底下前往。如果你要做比较多的工作,在村子里走来走去,又是观察,又是测量,又是访谈,可以想象一下,如果你是村里的住户或者领导,你会怎么想?不管调查规模大还是小,最好都找村里的人配合。比如,联系一两个村民,告诉他们你的想法,看他们是否愿意带你走走。如果要做大规模入户调查,最好联系当地基层领导,如村支书或村民小组组长,让他们帮你组织村民,带你走访各家各户。

(五)对待村民的态度

在进入乡村之前,自己要摆正心态,不管是高高在上的心态,还是同情和怜悯的心态,都是不可取的。应该尽量尊重、真诚、不卑不亢,有不懂的地方可以问,试图去理解别人,多站在别人的立场上考虑,不要随便去插手别人的生活。给别人拍照前要征得别人的同意,适可而止,把别人的任何私人信息公开展示都要征得他的同意。

(六)安全

不管是单独去调研还是组团一起,都要注意安全问题。做好必要的防护措施,比如防晒,多喝水,防蚊虫叮咬。避免大量饮酒或者去一些危险的地方。

(七)寻找更多专业支持

如果想要达到更好的专业水准,建议寻求专业支持,比如找一个靠谱的指导老师,跟他多讨论你们的想法和计划,请他提意见,甚至请他和你们一同前往。关于调研的方法,网上也有很多资料,可以多查阅和学习,也可以多看各种调研报告、论文,了解形成一个调研报告的思路、方法、形式和结果。

二、如何做好入户调研

入户调研的工作任务是要详细了解农户家庭人口、就业、种植和/或养殖情况、收入、经营打算、贷款需求等问题,建立农户个人档案。入户调研的过程是学习的过程、了解情况的过程、构建认同的过程、宣传发动的过程、发现人才的过程、产生思路的过程。入户越深,了解越深。

建议分类调研:一是根据从业情况分类,比如种植户、养殖户、商业户、打工户;二是根据民族分类;三是根据能力和思想分类,比如分为积极户、一般户、消极户。在以上分类的基础上,确定重点访谈户(一般在村里有地位,对调研工作较支持的农户)和一般访谈户。对重点户要重点谈,对一般户一般20分钟左右结束访谈。每一类里也区分出重点户和一般户,这样工作既有重点又不落户。精力不能平均分配。每一天都先跟村干部商量好当天(或第二天)的访谈计划,做到心中有数,提高效率。

入户调研也是走好群众路线的过程。群众路线是思想路线的表现。贯彻群众路线需要我们时刻相信群众、依靠群众、为了群众;需要我们采用协作的、协商的态度,而坚决不能采用命令的、指示的态度;需要我们有经过努力学习和思考所获得的"一般知识"以及经过深入正确调研所获得的"地方性知识",而不能以"形式主义"的态度满足于一知半解。

暑期社会实践是大学生走出校门、接近社会、观察实践的重要一步。入户调研是必要环节,是获得一手资料的重要途径。调研时获得的情境体验和综合感受对于后期写作的影响也是非常大的,也就是贺雪峰教授所说的由田野调查得来的文字具有"虎虎生气"。怎样做好入户调研?

(一)目的明确、胸有成竹

获取调研主题需要的资料。例如,家里有几口人,分别做什么?家里收入多少?支出多少?有什么打算和需求?资金需求怎么解决?对集体有什么期待和建议?做到心中有数。

(二)学习实践、端正心态

大学生要带着学习的心态参加社会实践,从群众的生产、生活中学习,汲取群众的智慧。同时也要有实践的心态,有意识地用所学的专业知识,在生活和实践中求证、取证,也要存疑、求疑,发现问题,进一步求学、解答,使理论与实践相互促进。要从专业的角度发现问题、解释问题,力求解决问题。

(三)自然切入、聊天访谈

调查者的情绪是直接影响调查对象的。调查者要轻松、自然、亲切、好学。说话有礼貌,有热情,对爷爷、奶奶、大婶、叔叔、伯伯要用亲切、热情的话语打招呼。从自我介绍开始,从身边的事切入谈话。比如,正在忙着啊?哇,这只小猫真可爱!你们家房子真漂亮啊。

（四）把握节奏、不要生硬

热情招呼,以聊天切入,既要明确自己的调研目的和心中的问题,又不能像盘查户口一样生硬地一问一答,有些问题可以深入,有些问题可以展开,有些问题可以绕过,要学会随机应变,触类旁通。比如,问到老人的孩子做什么工作的时候,可以顺便问问这份工作的情况。

（五）礼貌得体、要有眼色

假如对方明显不配合甚至躲避和厌烦,要注意避开访谈。假如对方正在忙碌,注意在征求同意访谈的同时,加快进度。当对方很热情和配合的时候,可以适度深入访谈。举止得当,进退有度。

（六）行为端庄、举止得当

不随地扔垃圾,不随地吐痰,不说脏话,不随意打闹、说笑,展现良好的大学生形象。

（七）未雨绸缪、注意安全

不去水边,不单独行动,不逗猫、狗,备足常用药品,如感冒药、止泻药。

三、怎样开好群众"座谈会"

除了入户访谈,有时还离不开各种形式、不同层面干部群众的"座谈会"。根据"座谈"的目的,可以将"座谈会"分为不同的类型。比如,有的是"聊天会",目的是在聊天中增加了解、融洽气氛、获得信息;有的是"宣传答疑会",目的是让群众了解内置金融的理念、做法、成效、管理制度、风险控制等问题;有的是"商讨会",目的是就工作中的问题、原因及其解决办法进行商讨,并拿出行动方案;有的则是"总结会",目的是就上阶段工作的落实成效进行交流总结。座谈会的目的不同,具体的要求当然有所区别,但是一些基本的原则和常识还是一致的。

（一）要有会议准备

座谈的目的是什么?什么时间召开?有谁参加?对于这些基本问题,不仅要自己心里要有数,也要在座谈之前通知到参加座谈的干部群众,使大家也都有所准备。这是提高会议效率、增强会议效果的重要一环。尽量避免"突然开会"和"贸然开会"。

（二）要注意表情

参加会议时,要带着微笑、认真倾听和自然的表情,而不能漫无表情、呆滞、沉闷、做作。

（三）要注意说话

开会不同于写文章,主持人说话要用群众语言,要调动参会群众的积极性,活跃座谈氛围。自己讲的时候要注意逻辑和重点,不能没有逻辑、散乱、想到哪儿算哪儿,也不能没有重点、不分节奏。听群众讲的时候,不能随意打断,也不能缺乏对内容和感情的回应。

（四）要注意行为

不随地吐痰，不对群众吸烟表示厌恶（特殊情况除外），不随便走动，不随便吃东西，也不能过分客气和生硬，等等。

（五）要控制节奏

座谈既要生动活泼、知无不言，也要注意围绕座谈目的和主要议题控制座谈进度。对于泛泛而谈、口若悬河的人要注意及时提醒和调转话锋，不能被"话痨"牵着鼻子走。

四、怎样写调研报告

调研报告的撰写需要把握以下几点。

第一，明确文体特征。写调研报告跟写文章、写文件、做具体工作不一样。文章要求学术化语言和格式，讲求学术传承和材料、方法、观点等的创新。文件要求政策性语言和格式，讲求贯彻上级精神，结合本地实际，突出思路、定位，体现出规范化、建设性和目标导向。做实际工作要求本地化、用群众语言和方式，突出亲和力和建设性。写报告融合了以上几点，首先要用政策性语言，做到规范化。然后得融合群众语言和需求，有亲和力，能引起领导共情、凝聚领导共识。还要适当借鉴学术思路，能够以新理念打破常规，提出有建设性的落地方案，但不能太学术化。

第二，要明确报告目的。要把甲方（或自己）的需求搞明白。要清楚是关于什么的报告，是以总结经验为主的，还是以描述现状为主的，还是以揭示问题为主的？比如，关于某某市乡村振兴典型经验的调查报告，这就明确了方向，它是总结经验的调查报告。需要总结经验以及给出建议。

第三，是要明确阅读对象。一般来说，给省委写的报告和给县（市）委写的报告也不一样。给省委写的报告更宏观化、战略化但又要有落地性、具体性指向。给县（市）委写的报告更要求具体、落地、管用。

第四，把握写作内容。说问题、提建议的决策咨询类报告需要有两部分。第一部分是描述、梳理、拔高、肯定。这一部分主要写前段时间我们（甲方、地方）做了哪些事情，有哪些经验，有什么意义，后面我们还要怎么做，需要上级给什么政策，来形成我们的地方经验（制度模式）。之后写还要进一步深化，提出从哪几部分进行深化。例如，乡镇想搞平台公司，但是没有发展权，把别人的问题放在我们的框架里。第二部分是提建议。在提建议的时候，要明确指导思想。然后结合下一个阶段工作的基本目标，把所提的建议都放到"一、二、三、四、五"的模式里面去。但是要注意抓重点，提那些最重要、最紧迫、最有可行性的建议，把那些需要重大改革协调（超出权限范围的）、有落地难度的建议放在远景目标里。

第五，要把握写作格式。一般的决策咨询类报告的篇幅是 2 500 字左右（可以把有关证明性附录附在报告后面，作为支撑材料），还要参照公文，注意标题和正文的字体、字号、行间距以及对有关主体的正式称谓等。

第六，要注意多修改。包括自己修改，交给小组讨论并修改，邀请专家讨论并修改，提交正式文本之前与甲方初步沟通后再修改，等等。

没有调查，没有发言权。项目组的问题意识的聚焦、"情境式"调研的熏陶、"个案式"

调研材料的获得都离不开扎实、有效的乡村调研。从更为根本的层面来看,要完成一部教材、一个项目、一篇文章……必须正确、充分地发挥创作者(小组)的主观能动性,从创意、材料搜集、分析加工、消化吸收、修改打磨的过程中贯彻精益求精的精神。舍此,作品就缺失了灵魂和温度。从这个意义上来理解的话,扎实、有效的乡村调研恰恰为作品打下良好的基础。

本章练习题

1. 马克思主义关于调查研究有哪些基本理论?

2. 民主革命时期,以毛泽东为代表的中国共产党人是如何开展农村调查的?

3. 中华人民共和国成立后,中国共产党是怎样坚持实事求是的思想路线、开展调查研究的?

4. 入村调研之前,要注意做好哪些准备工作?

5. 撰写调研报告需要注意哪些问题?

第三章
实地调研与资料处理

1. 了解实地调研的具体过程。
2. 掌握处理调研资料的方法。
3. 了解调研报告的写作要求。

第一节　实地调研的过程

一、联系调研单位并获准进入

在调研中,确定调研对象(问卷发放对象)后需要思考如何获得调研对象的允许,即如何使得调研行为合规。通常来说,可以通过正式的身份以及定位或者组织的介绍信来达到这一目的。正式的身份和介绍信能够让调研对象快速了解调研的目的并建立信任关系,能让调研对象根据调研需求安排相关调研行程,如领导座谈会、现场走访、主管部门座谈会。有相关管理部门参与也能提高问卷的回收率,便于推动调研的进行。

一般来说,在正式进入现场进行调研之前,必须与调研单位中的"关键人"或"中间人"以电话、邮件等形式取得联系,就相关问题达成共识,这是此次调研行动能够按计划顺利开展的先决条件。因为这些"关键人"或"中间人"比较熟悉被调研单位,能够最大限度地帮助调研者了解和熟悉调研单位的相关情况。与他们取得联系,一方面,消除了双方的心理负担;另一方面,极大地提高了调研的效率。

事先联系调研单位并获准进入,首先,调研者需要时刻保持真诚、谦逊的态度,以此消除对方的疑虑和困惑,这是尊重调研单位的体现,大幅度提高了调研单位准许自己进入调研现场的概率。其次,在与调研单位联系的过程中,双方能够事先沟通,确定好调研的具体安排,如调研的发生场地、具体时间、行程安排。在此过程中,调研者尽量以调研单位安排的地点、时间为主,还应该就调研的具体次数和时间长短展开相关讨论与磋商,这是开展下一步调研工作的前提条件。在实际调研中,正式的、合法的身份及介绍信并不是保证获准进入的充分条件。调研者要想参与调研对象的实际生活,还常常需要一些"关键人"或"中间人",这些"关键人"或"中间人"能够十分便利地将调研者带入现场从而方便调研者开展研究。例如,受调研的客观性的要求,某调研者曾摆脱"中间人"在苏南某地进行调研。当地老人居多,且大部分村民并不会讲普通话,在没有"中间人"的情况下难以和调研对象进行沟通交流,导致调研任务难以推进。

二、取得信任并建立友善关系

获准进入以及被允许调研在一定意义上只是完成了表面上的流程,或者说只是在调研的群体中明确了公开身份,离进入所调研的群体还有一定的距离。因此,尽快取得信任并建立起友善的关系是进入调研现场后调研者面临的首要任务。接下来就需要进一步拉近与调研单位工作人员的心理距离,使得调研者能最快地从"陌生人"变成"熟人",这在客观上能促进调研活动的顺利开展,有利于数据、资料的快速搜集,也决定着实地调研的前途和命运。而拉近距离的首要选择就是双方要建立相互信任和友善的伙伴关系。因为糟糕的关系会导致调研者与调研单位的工作人员产生隔阂,进而产生不友善的行为,这会直接导致实地调研陷入困境。

需要明白,良好关系的建立也不可能是一蹴而就的。调研者需要时刻保持真诚的态度、朴实的作风,这样调研对象在与调研者接触的过程中才会慢慢习惯调研者的出现和参与,逐渐放下原有的戒备心理,甚至发自内心地接纳调研者。而在这种相互交流的过程中,也会出现一些契机,这些契机会直接拉近双方的心理距离,从而使调研者从"局外人"成为"局内人"。在这种良好的信任和友善关系的基础之上,"局内人"之间的访谈与交流就会变得异常顺利,而一手数据和资料的获取自然而然变得水到渠成,其真实性也会大大提高。在调研之前,可以上网查阅调研对象的具体情况,找相关人员去确认。区别调研对象,有针对性地设计调研问卷。

例如,一个政府委托调研项目由南向北展开,涉及江苏省大部分地级市。在前往调研地点调研之前,政府会提前联系和安排以便顺利开展调研。在调研的形式和流程方面一切都很顺利,但是也存在着只看样板工程,难以全面了解项目,访谈对象读材料的现象,导致无法获得真实的信息。在调研到苏北某城市的一个居委会时,调研者与一位缺少事业编制、快要退休的调研对象建立了信任关系,从该调研对象的访谈内容中了解了社区治理过程中的一些困难和矛盾,在后续的研究和调研报告的撰写中以该调研对象为主,调研报告取得了很好的效果。

在调研过程中也应当遵守学术道德,访谈的录音和使用需经过谈话人的授权和同意。可以在访谈开始之前就告诉谈话人,此次访谈材料可能用于学术研究或科研竞赛,也可以在访谈结束,整理谈话稿之后请谈话人查看谈话稿内容,得到谈话人的授权后方可将访谈材料作为科研资料。在相关材料的使用过程当中要注意遵循谈话人的原意进行研究,切不可断章取义。

三、开展实地调研并进行记录

在取得对方信任并建立友善关系之后,调研者就可以顺利地开展实地调研活动。首先,需要做好调研准备工作,例如,选择适当的调研方式,设计访谈提纲,选择合适的访谈对象,确定准确的时间与地点。其次,需要因地制宜地选择进入调研现场的方式,如自然地进入、直接说明意图后进入、隐蔽地进入。最好自然地、直接地向调研对象表明意图,然后进入调研现场。在此过程中,尽量做好第一印象管理。良好的第一印象对后续调研活动的持续进行具有不可替代的作用,因此每个调研者都需要高度重视第一印象的管理。恰当的开场白也是顺利推进调研活动的关键。选择合适的措辞、礼貌用语。在此基础之上,需要营造融洽的交流氛围。调研者需要主动地寻找话题和突破口,当然,在遇到条件较差或遭遇困境的调研对象时需要怀有同情心理,并且适时地安慰和开导,以保证调研活动继续开展。

调研活动的最终目的就是获取一手数据资料,而记录则是获取数据资料的最基本形式。调研需要记录的内容不仅包括调研对象的原话,还包括调研时间、调研地点、调研环境等基本信息。在调研的过程中需要将调研对象说的内容尽量记录下来,后续进行总结提取,这样不仅可以更方便地获取有用信息,避免遗漏,在进行补充调研的时候也能有更好的方向。在谈话过程中信息量较大,信息较为复杂,因此难以准确把握重要的信息。会议纪要就是对调研的复盘,可以使调研者在众多复杂的信息当中选取最有用的信息,同时也可以发现之前没有注意到的细节。但是在记录过程中,值得注意的是,调研者要尽量避免将自己的主观思维带入记录过程中,坚持实事求是,尽量记录调研对象的原话,减少概括性的记录。记录形式是多种多样的,按照时间先后可以分成事中记录和事后记录,按照工具形式可以划分成笔头记录和机器记录。调研者需要根据具体的现场情况来选择恰当的记录形式。笔头记录时可以采用速记、详记和简记,机器记录时可以选择照相机、摄像机、录音笔等最大限度地还原调研对象的言行举止。当然,笔头记录和机器记录仅仅是辅助手段,关键在于调研者本身的语言编辑能力和数据加工能力,在此基础之上才能得到一份内容充实、数据可靠、客观真实的调研报告。

调研的过程中要多思考。思考如何才能从调研对象处得到自己想要的答案,他们说的和自己想要的有时会有些差异。避免在沟通的过程中泛泛而谈,在沟通过程中要由浅入深,给调研对象良好的回答空间。有时自己的问题可以模糊一些,这也是为了让调研对象能回答出更多的内容。提问的方式可以多种多样,很多时候可以换一种方式去询问。注意调研的方法、调研的技巧、针对调研内容的总结等,将每次的调研进行总结归纳,总结出不足并逐步提升。调研会涉及方方面面的内容,尤其是做访谈,更是细节决定成败,可能不经意的一个动作、一句话就会建立信任关系或者破坏信任关系,调研者需要不断地尝试,不断总结经验教训,才能在调研中取得成功。取得信任和建立合作关系是有价值的,信任关系建立与否会影响到调研对象在交谈过程中透露信息的多少,也能反映调研者对于信息搜集的能力和人际交往的能力。

补充调研是对已经调研的对象再次调研,有别于上一次的调研,针对上一次没有明确的问题或者想要更进一步探询的问题去尝试补充证明。补充调研的内容也未必就是全面的,可以根据上一次调研对象的回答再加以引导和深挖,逐渐丰富调研内容。有时补充调研之后,虽然有些问题还是不够明确,但是可以对这些调研的结果进行分析和总结。

四、实地调研资料的搜集与整理

(一)调研资料的类型

1.定量资料

定量资料没有一个官方的定义,但是可以看出,定量资料是以数字形式表现出来的研究资料。定量资料在某种程度上又可以称为计量资料、数值资料或者尺度资料。它是对调研对象测量或观察指标的数值所得的资料,测量或观察指标是定量的,表现为数值,如身高、体重、个数。定量资料有两个来源——实地来源和文献来源。

2.定性资料

定性资料则是以文字、图片、录音等非数字形式表现出来的研究资料。定性资料的特点主要体现在来源的多样性、形式的无规范性以及不同阶段的变异性。定性资料的来源包括实地来源和文献来源。实地来源包括访谈、案例研究、调查问卷等。文献来源包括与研究课题相关的文献资料、专家的著作以及学术论文。

(二)不同类型资料的搜集与整理

在调研活动结束之后,通常会得到诸多一手资料,但是这些资料大多是杂乱无章的,或者是没有经过整理分析的,不能被调研者"现拿现用",所以调研者要将这些原始资料整合成系统的、直观的"可用数据"。大多数情况下,在调研过程中搜集到的资料可分为定量资料和定性资料。正因为存在不同类型的资料,所以存在不同类型的搜集和整理过程。

1.定性资料的搜集与整理

在调研活动之后,调研者会得到大量的定性资料,但通常是凌乱的、无序的。当面对这些"未加工"的定性资料时,调研者首先要做的就是对它们分类整理。定性资料的搜集与整理通常包括审核、筛选、分类、编码等流程。进入大数据时代后,调研者将计算机技术引入定性资料的处理和加工中,不但降低了时间成本,而且大幅度提升了工作效率。所以在资料的搜集过程中,调研者可以将在调研现场搜集到的数据以最快捷的方式记录到计算机中,便于日后提取和利用,但值得注意的是,在转化文本的过程中不得对原始内容进行随意删减,甚至刻意篡改。如今,计算机不仅有基本的文本储存功能,对原始文本的分析处理能力也逐步增强。

2.定量资料的搜集与整理

定量资料的搜集和整理通常包括问卷审核、编码、数据清理等步骤。而问卷审核的主要内容就是对定量资料的准确性、真实性和客观性进行具体分析,从而确保后续统计工作的顺利进行。但是在具体实施问卷审核时,需要因地制宜,做到具体问题具体分析,灵活、机动地选择不同的方式。在完成问卷审核之后,就必须利用计算机技术对定量资料进行编码与录入,因为编码可以最大限度地将定量资料转化为针对特定项目的数字符号,便于日后调研者随时提取、利用,这是定量资料的搜集和整理过程中的关键一步。而数据清理则是转化和录入调研资料过程中必不可少的一步,通常分成有效范围清理和逻辑一致性清理。在实地调研过程中数据会受到主观因素和客观因素的影响,导致出现一系列的数据偏差,因此要借助计算机技术和网络技术对原始数据进行剔除与清理,不让错误的数据进入运算过程。

第二节　调研资料的处理

在调研过程中,通过各种方法搜集的资料往往是杂乱的,这就需要对资料进行整理和分析,运用一些手段把原本杂乱无章、无法直接分析的原始资料整理成系统的、完整的和较为直观的资料,以便调研者在此基础上进行分析。定性资料和定量资料有着不同的整理方法和分析技术。

一、定量资料的处理

(一)资料的整理与录入

1. 资料审核

资料审核是资料处理的第一步工作。它是指研究者对所搜集的原始资料(主要是问卷)进行初步的审阅,校正错填、误填的答案,剔除乱填、空白和严重缺答的废卷。其目的是使得原始资料具有较高的准确性、完整性和真实性,从而为后续资料整理、录入与统计分析工作打下较好的基础。资料的审核工作包含两方面的内容:一是检查出问卷资料中的问题,二是重新向调研对象核实。在实践中,资料的审核工作有两种做法。一种做法是在搜集资料的过程中进行,即边搜集边审核。一旦发现填答错误,或漏填、误填,或其他一些有疑问的情况,就及时进行核实。这样,资料的搜集工作结束时,资料的审核工作也已完成。这种资料审核的方式称为实地审核。另一种做法是先将资料全部收回,然后再集中时间进行审核。这种资料审核方式称为系统审核或集中审核。实地审核的优点是特别及时,效果较好;其困难是资料搜集工作的组织和安排要特别仔细,调研者处理各种情况的能力要比较强。系统审核的优点是统一组织、安排和管理资料的搜集工作,审核工作也可以统一在调研者的指导下进行,审核的标准比较一致,检查的质量也相对好一些。但整个工作的周期则会相对拉长,少数个案的重新询问和核实工作有时因时间相隔较长或与调研对象相距太远而无法落实。

2. 数据录入

当问卷的答案转化成数据后,接下来的工作就是将这些数据录入计算机,以便于利用专门的统计分析软件(如 SPSS、SAS)进行分析。数据的录入有两种主要的方式:一种方式是直接在 SPSS 软件中录入(关于用 SPSS 软件录入数据的方法,读者可参考各种介绍

SPSS 软件的专门著作）。另一种方式是采用专门的数据库软件（如 Excel、FoxPro）录入（有专门的著作介绍这类数据库软件的使用方法），然后用 SPSS 软件将录好的数据读入（Excel、FoxPro 等软件录入后生成的是 XLSX 格式或 DBF 格式的数据，SPSS 可以直接将这种数据转化成 SAV 格式文件）。两类软件在录入的操作方式上都不太复杂，不同的调研者有不同的喜好。但从两类软件的特点和输入方法上看，专门性的数据库软件往往能较好地保证录入的正确性，能减少录入数据时所产生的误差。由于一项调查的问卷数据总量往往是很大的，录入工作可以分工完成，并做好人员的挑选、培训、分工及检查等。

3. 数据清理

在数据的录入过程中，无论安排得多么仔细，录入人员工作多么认真，还是难免会出现一些小的差错。因而在开始进行计算机统计分析之前，应仔细地进行数据清理工作，不让有错误的数据进入运算过程。数据清理工作是在计算机的帮助下进行的，通常有下列两种方法。

（1）有效范围清理。对于问卷中的任何一个变量来说，它的有效的编码值往往都有某种范围，而当数据中的数字超出了这一范围时，可以肯定这个数字一定是错误的。比如，如果在数据文件的"性别"这一变量栏中，出现了数字 5 或 7，我们马上可以判定这是错误的编码值。因为根据编码手册中的规定，"性别"这一变量的赋值是 1＝男，2＝女，0＝无回答。凡是超出这三者范围的其他的编码值，肯定是错误的。要检查出所有不符合要求的编码值，我们只需在计算机上用 SPSS 软件（或其他软件）执行一条统计各变量频数分布（frequency）的命令。计算机很快就能给出结果，如表 3-1 所示。

表 3-1　某项调查中变量 A5 的频数分布

Value	Frequency	Percent/%	Valid Percent/%	Cum Percent/%
1	316	31.4	31.5	31.5
2	428	42.5	42.6	74.1
3	121	12.0	12.7	86.2
4	128	12.7	12.7	98.9
6	9	0.9	0.9	99.8
7	2	0.2	0.2	100
0	3	0.3	Missing	
……	……	……	……	
Total	1 007	100.0	100.0	
Missing	3			

注：此表是软件导出的，因此显示英文。Value 表示值，Frequency 表示频数，Valid Percent 表示有效百分比，Cum Percent 表示累计的有效百分比，Total 表示总计，Missing 表示缺失。

这是某项调查中变量 A5 的频数分布。其中，有效编码值为 0、1、2、3、4，0 为缺省值。

第一栏为变量的取值。第二栏为所对应的频数(个案数)。第三栏为频数所对应的百分比。第四栏为去掉缺省值以后各频数所对应的百分比(称作有效百分比)。最后一栏为累计的有效百分比。当我们发现频数分布表中变量的取值出现了超出编码手册所规定的赋值范围时(此例中的6、7),可通过计算机将这些个案查找出来,并对原始问卷进行核对和修改。如果一份问卷中错答、乱答的问题不止一处,则可考虑将这个个案的全部数据取消,作为废卷处理。有效范围清理是一种基本的清理方法,特别是对录入错误的查找有较好效果。

(2)逻辑一致性清理。逻辑一致性清理则是从另一个角度来查找数据中所存在的问题。它比有效范围清理要复杂一些。其基本思路是依据问卷中的问题之间所存在的某种内在的联系,来检查前后数据的合理性。例如,问卷中有这样一对相倚问题。其过滤性问题:"你们有孩子吗?"答案为"1. 有;2. 没有"。而后续性问题:"请问你们的孩子今年多大了?"那么,对于那些在前一问题中回答"没有"的人(编码为2的人),在后一问题中的回答应该是空白(为缺省值,用0来表示)。如果在这些人中,有的人的第二个答案上出现了4、6或9这样的数字,那么这些个案的数据就一定有问题。其他一些具有前后逻辑矛盾的例子有编码为"男性"的个案数据中,出现了"怀孕次数"的答案数字;编码为"独生子女"的个案中,出现了"哥哥、姐姐的个数与年龄"的答案数字;编码为"未婚"的个案数据中,出现了"配偶文化程度、年龄、职业"的答案数字。要查找和清理有上述错误的个案,需要在SPSS软件中执行条件选择命令(IF)。例如,先用IF命令将所有回答"没有孩子"的个案挑出来,单独做频数统计;再按有效范围清理的方法,找到那些在"孩子的年龄"变量上编码值不为0的个案。同样,先用IF命令将"未婚者"挑出来,单独做频数统计,然后找到那些在变量"配偶年龄"上,出现有非0编码值的个案。再根据这些个案的编号找来原始问卷进行核对,纠正错误。逻辑一致性清理还可以采取SPSS中构成新变量的命令(compute命令)来进行。读者可参考有关SPSS统计分析的著作。

4. 数据质量抽查

尽管采取了上述两种方法对数据进行清理,但是仍会有一些无法查出来的错误数据。举一个很简单的例子:假设某个案的数据在"文化程度"这一变量上输错了,问卷上填答的答案是2(初中),编码值也是2,但数据录入时却错敲成了3(高中及中专)。3这个答案在正常有效的编码值范围内,因此,前一种方法检查不出这个错误。这一变量值与其他变量之间又没有前文所述的"性别"与"怀孕次数""未婚"与"配偶年龄"那样的逻辑联系,因此后一种方法也用不上。查出这类输入错误的唯一办法是拿着原始问卷一份一份地、一个答案一个答案地进行校对。但实际调查中没有一个人这么去做,因为工作量实在太大了。调研者往往采用随机抽样的方法,从样本的全部个案中抽取一部分个案,进行这种形式的校对工作。用这一部分个案校对的结果来估计和评价全部数据的质量。

(二)统计分析

1. 社会统计的几个基本概念

(1)总体和元素:在社会调查和社会统计中,总体和元素是一组相对应的概念,二者一般共同定义。所谓总体,就是指在某些共性基础上由许多个体构成的整体,它是构成它的所有元素的集合。而元素则是总体的基本单位,是构成总体的一个个个体。例如,一项关于某省育龄妇女生育观的调查,该省所有的育龄妇女的集合就是总体,而每一个育龄妇女就是构成总体的元素。

(2)样本:样本就是从总体中按一定方式抽取的一部分元素的集合。例如,在某省育龄妇女生育观调查中,最终按特定的抽样方法抽取 1 000 名育龄妇女,这 1 000 名育龄妇女就构成了调查的样本。

(3)参数值和统计值:参数值是关于总体中某一变量的综合描述,统计值是对应于样本中某一变量的综合描述。前者是总体值,是固定不变的,通常也是未知的;后者是样本值,是可变的,对每一个样本而言,其关于某个变量的统计值往往是有差异的。社会统计的一个重要目的就是用样本关于某个变量的统计值去推测总体中该变量的参数值。

(4)变量:在数学领域中把不断变化的、有不同取值的量称为变量,在社会统计中变量是指有一个以上取值的概念,那些有着固定取值的概念则叫作常量。在社会统计中,按照属性可以把变量划分为诸多类别,如确定性变量和随机变量、连续变量和离散变量。确定性变量是在条件一定时取值是固定的变量,如在一定条件下水的沸点;随机变量是那些即使在相同条件下,其可能实现的值(观测到的实际值)也不止一个的变量,如初婚年龄、学生的身高。两个变量值之间可以连续不断分割的(变量值的域是连续的)变量则称为连续变量;而各变量值之间是以整数断开的那些变量则称为离散变量,如家庭人口数。

(5)变量层次:根据测量层次可以把变量相应地分为定类、定序、定距和定比层次。社会统计实际上也是根据这几个层次的变量开展的。变量的层次越高,其数学性质越丰富。根据研究需要,可以把高层次的变量降低为低层次的变量来使用,但其所包含的信息就会相应地损失。例如,收入变量属于定比测量层次,其可以进行加、减、乘、除运算,我们在实际统计中也可以将其降成定序层次,但此时定序的收入变量就只能考察其等级高低,而不能计算出数量差距。在社会研究中应用的统计方法很少要求达到定比层次。

2. 统计分析的类别

(1)单变量统计分析可分为描述统计和推论统计。前者的目的在于用最简单的概括形式反映出大量数据所容纳的基本信息。它包括集中趋势分析、离散趋势分析等。后者的目的则是用从样本中得到的结果推断总体的情况,它主要包括区间估计和假设检验等。

(2)交互分类是一种专门用来分析两个定类变量(或一个定类变量和一个定序变量)之间关系的方法。交互分类既可以用来对总体的分布情况和内在结构进行描述,又可以用来进行分组比较,还可以用来解释变量之间的关系。但是,要保证从样本中得出的结果具有统计意义,必须对它们进行检验。

(3)相关测量与变量的层次有着密切的关系。定类与定类变量或定类与定序变量的关系常用 λ 系数。定序与定序变量常用 G 系数。定类与定距变量或定序与定距变量常用 E 系数。定距与定距变量则常用 r 系数。

(4)相关分析的目的在于了解两个变量之间的关系强度。回归分析则根据相关关系的形态找出一个合适的数学模型,即建立回归方程,来近似地表达变量间的平均变化关系,以便依据回归方程对未知的情况进行估计和预测。

（5）阐释模式是一种通过引进并控制第三变量，来进一步了解和探讨原来两个变量之间关系性质的统计分析方法。它分为因果分析、阐明分析和条件分析。复相关分析是一种以一个统计值来简化多个自变量与一个因变量之间关系的统计分析方法。复相关系数 R 的平方 R^2 称为决定系数，具有消减误差比例的意义。

（6）多元回归分析是用多个自变量来估计或预测一个因变量的数值，并了解这些自变量中的哪一个对因变量的影响力最大的方法。

二、定性资料的处理

有的学者认为，"定性资料指的是那些以文字、段落、文章或其他记录符号来描述或表达社会生活中的人物，人物的行为、态度，以及各种社会生活事件的资料"[①]。有的学者进一步将定性资料定义为研究者从实地研究中所得到的各种以文字、符号表示的观察记录、访谈笔记以及其他类似的记录材料。定性研究主要指实地研究，定性研究者主要指实地研究者。实地研究者长时间深入实地，在各种生活环境中进行观察，与人交谈以及进行各种访问。他们所得到的基本资料主要是各种观察记录、访谈记录、事件描述。这些资料来自研究者在生活中所看到的、听到的、问到的一切。而且，这些资料中的相当一部分还是研究者对各种事件、谈话、场景和人物行为进行事后追记的笔记。以这些方式形成的定性资料具有一些突出的特点，并与定量资料形成多方面的差别。根据定性资料的不同来源，整理方法略有不同，但总体都要经过审核、筛选、分类和编码。

（一）整理笔记与录音稿

在实地研究的过程中，通过较长时间的观察、访问、交往、闲聊和参与，研究者会得到一堆凌乱、无结构、无顺序的现场笔记。分析定性资料的第一步是对这种凌乱的资料进行整理。与定量资料的整理所不同的是，定性资料整理的工作量更大，难度也更大。它主要包括分类、建档、编码等。传统的做法以手工操作为主，将材料分门别类地写在卡片上，分别标以不同的代码，然后按不同的类别归类放置。现在，随着计算机技术的飞速发展，定性资料的整理工作大大简化，效率大大提高。除了分类框架的确定、类别和代码的设置等工作仍然必须由研究者来做以外，研究者可以越来越多地利用计算机整理和分析定性资料。

通常先将实地记录或现场笔记全部输入计算机，存在磁盘上，变成可以随时调用、不断复制、任意组织和无数次处理的文件。需要特别提醒的是，输入计算机时应完全按照实地记录本上的内容录入，不要做任何修改，使得输入计算机后所形成的文本与原始记录在内容、时间、前后顺序、各种记号等方面都完全一致，就像是实地记录的照片或复印件一样。这份与实地记录完全相同的"原始"文本一定要很好地保留，不要做任何处理。而对其复制出的文本进行各种删改、编排、摘录的处理。国外已经出现了许多专门处理定性资料的分析软件，如 Ethnograph、Nudist，使得研究者分析定性资料的能力大大加强（当然，这些软件目前只能用于处理英文形成的资料）。

---

① 陈登原．国史旧闻［M］．北京：中华书局，2000：29．

（二）建立档案与资料编码

1. 档案分类的几种依据

档案系统是对资料进行归类的具体体现，需要经常调整和完备。有研究者提议将档案系统分成三大类：一般的档案（记录有关人员、地点、组织、文件等资料）、分析档案（搜集在分析中已经出现的码号和主题）、实地工作档案（记载研究者从事研究的方法和个人的反思）[①]。无论采纳什么方式，它反映的都是研究者分析资料的指导思想，受到研究者对资料分析所具有的导向理论的影响。[②] 这个指导思想有可能随着分析的深入而发生变化，但是为研究者在资料的大海中航行起到了导航的作用。

（1）背景档案：特别是对一些研究社会运动或重大社会事件的定性研究，这种背景档案十分重要。

（2）传记档案：这种传记档案的对象是实地研究中的各种人物。将所有有关某个人物的档案放在一起时，可以帮助研究者更加全面地认识这个人，也可以帮助研究者从中发现不同事物之间的联系。

（3）参考书目档案：将资料分析过程中甚至整个研究过程中所查阅、记录下来的各种书目、文献资料都系统地整理和归档。

（4）分析档案：根据分析的主题将各种资料分别集中，这是资料分析过程中最主要的档案类型。

2. 资料编码的几种类型

定性资料分析中的编码具有不同于定量资料分析中的编码的含义。在定量资料分析中，编码可以说只是一种简单的"秘书性质的"工作。但在定性资料分析中，编码则是其中的一个完整的部分。研究者将原始资料组织成概念类别，创造出主题或概念，然后用这些主题或概念来分析资料。这种编码是在研究问题的指导下进行的，而其结果又会导致提出新的问题。它使得研究者摆脱了原始资料的细节，而在一个更高层次上来思考这些资料，并引导研究者概括和形成理论。编码是两种同时发生的活动：资料的机械减少与类别化分析。斯特劳斯定义了三种定性资料的编码类型，他指出，对于无经验的研究者来说，要理解和掌握编码是一项困难的工作。这三种编码类型是开放式编码、轴心式编码、选择式编码。

（1）开放式编码：在初次对所搜集的定性资料进行分析时，研究者常常采用开放式编码。其具体做法是，研究者先设置一些主题，将最初的代码或标签分配到资料中，以便将大量零散的、混杂的资料转变成不同的类别。研究者阅读实地记录，寻找评论的项目、关键的事件或主题，接着标上记号，然后，在记录卡片的边缘写一个初步的概念，并用红笔或其他方式做出明显的标记。在这个过程中，研究者可以不受约束地创造新的主题，也可以

---

① 杜绮文. 参与调查法 [EB/OL]. [2006-03-01]. https://zhidao.baidu.com/question/208338893 2826595468.html.

② 井润田，孙璇. 实证主义 vs. 诠释主义：两种经典案例研究范式的比较与启示 [J]. 管理世界，2021，37（3）：198-216，13.

在后来的分析中改变原来的编码。当然,如果能以一种灵活的方式运用某种理论框架,那将会更有帮助。这种开放式编码将资料深处的主题带到表面。但需要注意的是,此时的主题处于一种比较低的抽象层次上,大部分来源于研究者最初的研究问题、相关文献中的概念、社会背景中人们所用的词语以及研究者在沉浸于资料的过程中的新想法。尽管一些研究者建议用一张概念名单来进行编码,但研究者的大部分编码主题产生于阅读资料和实地记录的过程中。无论开始时是否有概念名单,研究者在开放式编码结束后都应有一张这样的主题名单。这种主题名单有三种主要的作用:① 它可以帮助研究者一眼就看到新出现的主题;② 它可以帮助研究者在今后的开放式编码中发现主题;③ 它可以帮助研究者建立一个容纳研究中全部主题的空间,以便在今后进一步的分析中识别、排列、结合、抛弃和进行扩充。在定性资料编码的过程中,从具体资料中寻找抽象概念以及在特定细节与抽象概念之间不断反复,是十分重要的事情。开放式编码要求研究者以一种开放的心态,尽量排除个人的偏见和研究界的定见,将所有的材料按其本身所呈现的属性分类。

（2）轴心式编码:在开放式编码中,研究者关注于资料本身,不断为资料中所呈现出的各种主题分配编码标签。研究者并不关心主题之间的连接,也不解析主题所代表的概念。轴心式编码从一组初步的主题或初步的概念开始。在这种方式中,研究者更为注重的是主题,而不是资料,即研究者的头脑中带着基本的或初步的编码主题去看待资料、阅读资料。在这样做的过程中,研究者也会产生新的观点、思想,或添加新的编码,并在分析过程中不断将各种观点、主题组织起来,同时识别作为轴心的关键概念。轴心式编码着重于发现和建立类别之间的各种联系,包括因果关系、时间关系、语义关系等。在轴心式编码过程中,研究者思考原因和结果、阶段和过程,并寻找将它们聚合在一起的类别或概念。轴心式编码可以刺激对概念与主题间联系的思考,同时提出新的问题,它可以提示放弃某些主题或更深入地探讨另一些主题。此外,它还加强证据与概念间的连接。通过把多种不同的例子作为经验证据,主题与资料间的连接得到加强。

（3）选择式编码:选择式编码是在浏览资料和开放式或轴心式编码工作的基础上,有选择地查找那些说明主题的个案,并对资料进行比较和对照。研究者在发展出某些概念,并围绕几个核心概念或观点来组织他们的总体分析工作时着手进行这种工作。也就是说,在研究者准备对资料做最后的阅读和分析时,他已识别研究课题中最重要的主题。例如,一个研究小型公司中职员生活的研究者决定把"两性关系"作为其重要的主题之一。在选择式编码过程中,他仔细阅读各种实地笔记,寻找男职员与女职员在谈论找对象、约会、订婚、婚礼、离婚、夫妻角色等方面问题时所存在的差别。然后他对二者在各种涉及婚姻的主题中所存在的态度差别进行比较,以便得出某种概括的模式。在选择式编码过程中,主要的主题或概念始终指引着研究。这种选择式编码的方法比较适合建立"扎根理论"。其他分析方法的阶段性不是如此分明,也不强调一定要将所有的材料都纳入一个分析框架。因为事实上,这种做法有可能将一些无法分类但对回答研究问题十分重要的材料排除在外。

（三）形成概念

定量研究者往往在搜集和分析资料前,就将变量的概念化以及概念的提炼作为变量测量过程的一部分。而定性研究者则是根据资料来形成新的概念,或提炼概念。概念形成是定性资料分析过程中一个完整的部分,并且它在资料搜集时就已经开始。概念化是定性资料分析过程中用以组织资料、概括资料含义的一种主要方式。在定性资料整理的过程中,研究者往往通过对资料提出评论性的问题来进行概念化或者形成概念。概念的形成为定性资料分析提供了很好的基础和框架。定性研究者从资料中发展出新的概念,形成概念化的定义,并考察概念间的关系,最终将概念相互连接,交织到其理论陈述中去。

(四)撰写分析型备忘录

定性研究的一个重要特征是研究者得不停地写笔记。可以说,写实地笔记或做各种观察、访谈的记录,是实地研究者的一项基本功。他们从实地中得到的资料都记在笔记中,他们对研究方法、研究策略的看法也记在笔记中,他们对某些人物和事件的评论等,同样都写在笔记中。他们是积极的记录员,他们在实地研究中的记录形成了不同类型的实地笔记。

分析型备忘录是实地笔记的一个特殊类型。它是实地研究者对于编码过程的想法和观点的一种备忘录或一种讨论记录。这种备忘录是研究者写给自己看的,或者说是研究者自己与自己进行讨论的一种笔记。每一种编码主题或者概念都是形成一个单独的备忘录的基础。这种备忘录包含着对这种概念或主题的相关讨论,而粗略的理论笔记就形成了这种分析型备忘录的开端。

分析型备忘录包含着研究者对资料和编码的主动反应及思考。研究者不断将这些反应和思考添加到备忘录中,当他用其他类型的编码来分析资料时,也使用这种备忘录。这种备忘录还成为研究报告中资料分析的基础。事实上,从高质量的分析型备忘录中修改而成的部分,可以成为最终报告的一个部分。

分析型备忘录的写作方式可以是多种多样的,研究者可能会采用自己所习惯的方式。而其工具也是简单的,可以说只需要纸和笔,再加上笔记本、一叠文件夹以及实地笔记的复印件就行了。例如,有的研究者可能就是将实地笔记复印两份,再根据其内容裁剪成不同的部分,然后添加某些评论和思考,就制成不同的分析型备忘录。

第三节　调研资料的分析

一、定量资料的分析

(一)数据图表展示

从定量资料的定义可以看出,定量资料是以数字形式表现出来的研究资料,需要通过数据图表将其准确无误地表达出来。而数据图表通常指可以直观展示统计信息属性,对挖掘知识和直观地了解信息起关键作用的图形结构,是能将调研资料直观地、形象地"可视化"的手段。数据图表可以使冗长的文字表达变得简洁化,也有利于突出调研资料的重点,使得数据比较或者数据的变化趋势变得一目了然,有助于快速、高效地表达数据关系。研究者可以通过一系列专业化的数据图表,很直接地观察到调研数据的差异和变化趋势。而表格、饼图、柱形图、条形图、折线图和散点图是其主要的表现形式。

(二)单变量统计分析

单变量统计分析是对某一变量的数量特征所进行的描述和推论,是最简单也是最基本的统计方法。它通常包括两大方面,即单变量描述统计和单变量推论统计。确定频数分布和频率分布、集中趋势分析和离散趋势分析是单变量描述统计的三项基本内容。进行区间估计和假设检验则是单变量推论统计的两种具体类型。单变量分析的最终目的就在于通过最通俗易懂的文字来表达调研资料所蕴含的大量信息。

单变量统计分析是数据分析中最简单的形式,其中被分析的数据只包含一个变量。它不处理原因或关系。单变量统计分析的主要目的是描述数据并找出其中存在的模式。可以将变量视为数据所属的类别。例如,单变量统计分析中,有一个变量是"年龄",另一个变量是"高度",就不能同时观察这两个变量,也不能看它们之间的关系。单变量数据中的发现模式有查看平均值、模式、中位数、范围、方差、最大值、最小值、四分位数和标准偏差。显示单变量数据的一些方法包括频率分布表、柱状图、直方图、频率多边形和饼状图。

(三)双变量统计分析

双变量统计分析的最终目的在于确定两个变量之间存在的某种相关性,并进一步测算出两个变量的预测和解释能力。双变量统计分析技术包括交互分类与 x^2 检验、不同层次变量的相关测量与检验(如定类变量与定类变量、定序变量与定序变量、定类变量与定距变量、定距变量与定距变量)以及回归分析。

使用双变量统计分析来找出两个不同变量之间是否存在关系,在笛卡尔平面上(X 和 Y 轴)对两个变量绘图,从而创建散点图。类似简单的操作有时可以让研究者更方便、更快捷地了解到数据蕴含的内容,如果数据似乎符合直线或曲线,那么这两个变量之间就存在某种关系或相关性。

(四)多变量统计分析

多变量统计分析是一种数据统计分析方法,用于对多个变量的多次测量结果进行统计分析,发现变量之间的关联。简单地说,多变量统计分析就是对三个或者更多变量进行的分析。多变量统计分析不但可以研究多个变量之间的关系,而且可以揭示这些变量内在的变化规律,并且使得看似复杂的指标简单化,有利于对研究对象进一步分类与归纳。

根据研究者所选的目标,有多种可以执行多变量统计分析的方法,这些方法包括添加树、典型相关分析、聚类分析、对应分析、因子分析、多元回归分析、偏最小二乘回归、主成分分析和冗余分析等。

二、定性资料的分析

（一）定性资料分析基本过程

定性资料的分析是一个对搜集和处理好的资料进行初步浏览、编码、分析与抽象的过程。这是研究者对非量化调研资料进行系统化分析的过程,而严密的逻辑性将贯穿整个分析过程。

1. 初步浏览

对定性资料进行系统分析的首要步骤就是对搜集和处理好的资料进行初步浏览。这是宏观上对调研资料进行整体认知的过程。此过程有助于研究者回忆起调研活动的整个流程,大幅度提升了后续分析的真实性、熟练性、可靠性,从而对定性资料的阅读编码和分析抽象起到积极的作用。

2. 编码

在初步浏览的基础之上,为了能更快捷地展现定性资料的内容,要将搜集和整理好的资料进行系统的编码。对定性资料多采用后编码处理,其目的在于将琐碎的、庞杂的一手调研资料根据不同的性质进行细致分类。研究者要在仔细阅读调研资料的基础之上,理解与分析资料的具体内容,并将调研资料根据不同的性质和主题进行归纳处理。编码有利于研究者更方便、快捷地提取出相关有效信息,也大幅度提升了资料分析的专业性和针对性。目前对定性资料的编码形式主要有开放式编码、轴心式编码、选择式编码。

3. 分析与抽象

分析与抽象是定性资料分析中难度最大的一环。分析是对调研资料处理的输入阶段加以必要的限制,一次性只分析少许资料,然后进行综合处理,分析的对象一定是调研资料的整体。抽象是对资料的过滤和压缩,是从整体的资料中抽离出值得关注的部分,然后进行处理的过程。

（二）定性资料分析的方法介绍

1. 连续接近法

连续接近法又被称为重复接近法、多次接近法。从字面意思就可以看出,该方法是一种不断循序渐进的研究方法,是研究者不断接近事实真相的过程,能使调研资料从最初的杂乱无章变得条理清晰、结构合理。在整个过程中,研究者需要通过不断搜集相关的资料和证据来重复论证原有的调研资料,使论证过的调研资料与"证据"存在高度一致性。值得注意的是,大多数"证据"只是阶段性正确的,所以研究者需要不断搜寻更加合理的"证据"来进一步佐证原有调研资料的正确性。

2. 举例说明法

举例说明法是指举出实际事例来说明事物,使得所要说明的事物具体化,以便研究者更好地理解其中的规律。在某种程度上,通过举例对研究内容进行说明是通俗易懂的分析方式,可以使原先看似复杂难懂的内容变得易于理解。在举例说明的过程中始终要坚持实事求是的原则,而且例证的选择必须得当,这样才能增强论证的说服力与可靠性。通常举例说明主要有两种具体形式,一种是研究者列举出一种现象的证据,另一种则是研究者列举出几个类似的或者相关的平行个案来表达核心观点。

3. 比较分析法

比较分析法又称对比法,是指对调研资料分析过程中不同的或者相似的特征进行比较分析,用以鉴别异同点,以加深对分析过程和规律的认识。比较分析法的要点就是通过对不同资料或者同一资料在不同阶段的情况等进行比较,从中找出共同点、本质的或规律性的东西。这种分析法和等效替代法有很大的相似性,是用来确定认识对象之间异同点的逻辑思维方式,通常采用一致性比较法和差异性比较法。它是定性资料分析不可或缺的一种分析方法。调研者根据不同情况来选择更为合适的比较方法。

4. 流程图法

流程图法通常是使用图形表示研究思路的一种好办法。它是使用特定图形符号加上文字说明的一种框图,通俗地讲就是"流程"＋"图"。它是调研者对目标问题解决思路的一种直观表现。流程图通常采用简单、规范的符号,使得分析思路变得通俗易懂、结构清晰、逻辑性较强,便于调研者对定性资料的详细描述和深度理解。流程图在产品设计、软件开发、工艺生产中得到广泛应用,一般存在三种基本结构:顺序结构、选择结构、循环结构。

✎ 本章练习题

1. 实地调研开展之前需要做哪些准备工作?
2. 处理调研资料的方法有哪些?
3. 分析调研资料的方法有哪些?

第四章
大学生调研训练与竞赛指导课程

第一节 课程的开发与建设

一、相关课程的建设现状

大学生调研训练与竞赛指导课程主要面向公共管理类大学生。实践教育在公共管理教育中具有特殊的作用,这是由学科特点及人才培养的目标所决定的。公共管理是一门实践性很强的应用社会科学学科。[①] 在政府改革更频繁、更复杂的背景下,为了更好地培养高素质的公共管理人才,公共管理教育的发展必须面向实践。在实践课程的设置上,国外公共管理实践教育模式概略地分为三类:感知/体察型、适应/经验型和分析/研究型。[②] 感知/体察型是指学生通过参观、考察和见习的方式来了解公共管理的实际状况。适应/经验型强调职业导向,以积累工作经验、增强适应性为目的。分析/研究型是以提高分析及解决问题的能力为目标的实践教育模式。美国作为公共管理教育发展较为成熟和完善的国家之一,在课程设置上特别强调理论和实践的结合。[③] 在如何构架理论和实践的桥梁的问题上,美国公共管理教育机构有着自己的特色。例如,亚利桑那州立大学的Campell 和 Tatro 教授就为公共管理教育实践设计了一种"将真实世界的情景与学生的学习进程相结合"的课程。

---

① 薛澜,彭宗超,张强. 公共管理与中国发展:公共管理学科发展的回顾与前瞻[J]. 管理世界,2002(2):43-56,153.

② 沈勇,王有强. 国外公共管理实践教育:模式、特点及借鉴[J]. 学位与研究生教育,2006(4):72-76.

③ 娄成武,杜宝贵. 中美 MPA 教育课程体系与教学内容比较分析[J]. 比较教育研究,2002(2):16-20.

而现阶段,国内公共管理教学中仍存在理论教学与实践教学中更重视理论教学[①]的问题,学生缺乏对现实问题的敏感性,理论与实践的结合缺乏中转站。鉴于此,国内一些大学率先发起改革,例如,清华大学就在重视基础理论传授与研讨的基础上,加大实践应用方面的研讨交流,鼓励教师更多地运用案例研讨、情景模拟等教学方法;更多地开展现场教学、实习/实地体验、外请专家与领导讲座。[②]一些学者也在积极探讨公共管理实践教育新模式。例如,马静等提出构建虚拟仿真实验、教学案例大赛、科技创新创业类大赛和实地实习见习四个模块有机结合的公共管理类专业"混合式"实践教学体系。[③]左昌盛等基于一流专业建设的背景,提出公共管理实践教学体系构建的思路与对策。[④]公共管理教学机构积极组织和参与案例大赛等。目前,全国性的公共管理类案例分析大赛主要有全国 MPA 教育指导委员会主办的中国研究生公共管理案例大赛、清华大学公共管理学院主办的中国公共政策案例分析大赛、中国人民大学公共管理学院主办的"求是杯"全国公共管理案例大赛及中山大学新华学院主办的中国大学生公共管理案例大赛。

综上所述,公共管理专业的实践属性已经成为基本共识。受国外实践课程设置的影响,国内公共管理课程设置更加强调实践属性,相应竞赛也得到更多的关注。通过课程设置提高大学生的实践能力、创新能力,使其参与国内各大赛事就成为公共管理教育教学改革的重要内容。

二、本课程的建设目标与意义

(一)课程建设的意义

大学生调研训练与竞赛指导是主要面向公共管理类大学生开设的一门竞赛指导类课程。其主要针对国际、国内有重大影响的高水平学科竞赛、创新创业类竞赛。围绕组织流程、知识基础、实用技能、实践指导等环节,整合团队教师和教学资源开设研究性、实践性强的竞赛指导类课程,让学生快速熟悉赛事要求、赛事流程、赛事核心竞争领域等,致力于提升高校学科竞赛的水平,助力高校高质量发展。

(二)课程建设的目标

通过该课程,提高人才培养质量,创新专业人才培养机制,锻炼学生的创新思维和写作能力,培养学生实践能力、创新能力和学术能力,激发学生的创新精神、科学精神和社会责任感,逐步提升学生的科研水平和创新能力,同时为推荐和选拔一批优秀的学生课外学术科技作品参加全省、全国"挑战杯"大学生课外学术科技作品竞赛做准备。

① 徐自强,张静洁,尹雷.公共管理类专业案例大赛嵌入型人才培养模式探索[J].当代教育理论与实践,2019,11(4):70-79.
② 谢矜,王有强.清华大学公共管理学院的人才培养模式探索[J].中国大学教学,2018(7):42-49.
③ 马静,刘千亦,王春.公共管理类专业"混合式"实践教学体系构建研究[J].陕西教育(高教),2022(1):32-33.
④ 左昌盛,后小仙,沈洪澜.基于一流专业建设的公共管理实践教学体系的构建[J].工业和信息化教育,2021(7):84-89.

三、课程的内容简介与创新之处

（一）课程的内容简介

该课程主要发挥公共管理的专业优势，以集训班＋项目组的形式组织，通过设计有针对性的教学环节，采取灵活的上课形式，设置系列研究性、实践性强的且有别于单纯课堂教学的教学模块，强化学生的调查实践能力，为学生带来全方位的调研和竞赛体验。主要内容包括：① 竞赛章程和评审规则；② 选题的标准与设计；③ 访谈问题的设计与技巧；④ 问卷的设计与抽样；⑤ 案例的抽样与分析；⑥ 社会调查的方法与内容；⑦ 资料的搜集与分析；⑧ 掌握参赛作品及类型、参赛作品的写作方法。

（二）课程的创新之处

一是教学观念的创新。改变公共管理学长期仅重视理论授课的方式，强调"老师引导、学生主导"，以学生的小组参与方式培养学生在课题选择、社会调研等方面的能力。

二是教学内容有特色。长期以来，调研已经成为管理学、经济学等社会学科的重要研究方法，将调研与竞赛联系起来是全新的教学领域，这也是该课程的创新点。

三是教学方法的创新。调研和竞赛是提高管理类、财经类专业学生能力和素质的重要手段，调研更是管理类、财经类专业学生在信息时代需要掌握的一项基本技能。该课程通过问卷设计、案例设计、课题设计等实验设计，开发国内第一本面向管理类、财经类专业学生的调研训练和竞赛指导的教材。

第二节　课程的教学设计

一、课程的性质、任务和要求

大学生调研训练与竞赛指导是面向社科类专业大学生开设的一门实验实训课程。通过该课程，提高人才培养质量，创新专业人才培养机制，锻炼学生的创新思维和写作能力，培养学生的实践能力、创新能力和学术能力，激发学生的创新精神、科学精神和社会责任感，逐步提升学生的科研水平，同时为推荐和选拔一批优秀的学生课外学术科技作品参加"挑战杯"全国大学生课外学术科技作品竞赛、"互联网＋"大学生创新创业大赛等学科竞赛做准备。该课程具有高度的可操作性，课程学员积极参与公共管理案例大赛和"挑战杯"等赛事，在竞赛中应用知识，通过竞赛复盘和完善该课程知识体系。

二、课程的教学内容安排

（一）实验一　研究选题与研究设计

（1）掌握选题的目的和标准。

（2）熟悉选题的过程。

（3）掌握研究设计的基础方法。

（4）熟悉研究设计的基本流程。

（二）实验二　调查研究的设计与方法

（1）熟悉调查研究的流程。

（2）掌握问卷和访谈提纲的设计。

（3）熟悉访谈的流程与设计。

（4）掌握案例研究的设计。

（5）了解案例研究的方法。

（三）实验三　案例研究的设计与方法

（1）设计案例研究方案。

（2）学习设计案例研究的一般方法。

（3）研究设计质量的判定标准。

（4）实施案例研究。

（四）实验四　报告撰写与答辩技巧

（1）掌握撰写研究报告的方法。

（2）了解撰写研究报告应注意的问题。

（3）了解撰写研究报告的基本思路。

（4）制作 PPT 与展示作品。

（5）学习答辩技巧。

三、课程的学时分配

课程的学时分配如表 4-1 所示。

表 4-1　学时分配

实验教学内容	实验类型	学时
实验一　研究选题与研究设计	设计型	8
实验二　调查研究的设计与方法	设计型	8
实验三　案例研究的设计与方法	设计型	8
实验四　报告撰写与答辩技巧	综合型	8

四、课程的考核方式

该课程采用五级积分制。总成绩由平时成绩和期末成绩构成,具体比例如下:出勤与参与占 10%,平时成绩占 40%,实训项目成绩占 50%。

五、主要的参考书目

（1）张振刚等：《全国大学生课外学术科技作品竞赛指南：问鼎"挑战杯"》，高等教育出版社 2010 年版。

（2）风笑天：《社会研究方法（第四版）》，中国人民大学出版社 2013 年版。

（3）风笑天：《社会调查中的问卷设计（第三版）》，中国人民大学出版社 2014 年版。

（4）罗伯特·K. 殷：《案例研究：设计与方法（第 5 版）》，重庆大学出版社 2017 年版。

（5）诺曼·K. 邓津、伊冯娜·S. 林肯：《定性研究（1—4卷）》，重庆大学出版社 2007 年版。

第三节　课程的实验指导书

一、实验一　研究选题与研究设计

（一）实验目的与意义

（1）让学生了解各类学科竞赛的规则和流程，理解相应的选题标准。

（2）以"互联网＋"大学生创新创业大赛或者"挑战杯"全国大学生课外学术科技作品竞赛为例，让学生直接参与选题的设计，旨在让学生及时运用学习到的这些技巧，培养学生的团队合作能力，并深刻体会社会责任感和学术精神。

（二）实验内容及要求

1. 组建小组、确定选题

要求：五人或六人一组，自主组队；根据所学专业和研究兴趣确定选题。

2. 围绕研究选题，设计研究方案

要求：给出初步的论证思路、论证大纲和调研方案。

（三）实验用品

其包括网络、多媒体教室或投影仪、纸、笔、电脑。

（四）实验步骤

（1）五人或六人一组，自主组队。要求：确定队名，明确团队成员的分工。

（2）确定与描述问题。要求：围绕专业兴趣和社会热点确定选题。

（3）设计选题。要求：设计论证思路、论证大纲、调研方案。

（4）汇报选题。要求：撰写选题方案；以小组为单位汇报，以 PPT 展示；小组互评，教师点评，修订综合意见。

（5）上交纸质版方案；小组打分。

二、实验二　调查研究的设计与方法

（一）实验目的与意义

（1）根据研究选题,确定调研方案,包括调研时间、调研地点、调研方法、预算和成本。

（2）围绕研究问题,确定调研问题提纲,设计调查问卷。

（3）根据所学到的接案技巧、会谈技巧、心理咨询技巧等,拓宽社会调查的视野和思路,对研究选题有更透彻的理解。

（二）实验内容及要求

内容如下。

（1）根据实际情况,确定调研时间和调研地点。

（2）设计调研方案,计算调研成本。

（3）设计调研访谈大纲和调查问卷。

（4）做访谈和座谈的情景模拟实验。

要求:调研方案设计必须实事求是,关键是要考虑方案的可行性。

（三）实验用品

其包括网络、多媒体教室或投影仪、纸、笔、电脑、圆桌。

（四）实验步骤

（1）以小组为单位,讨论确定调研时间和调研地点。

（2）实事求是,设计调研方案,计算调研成本。

（3）设计访谈大纲(十个问题),设计调查问卷(十个问题)。

（4）模拟访谈情景。

要求:规定情景中,不同小组成员分别扮演调查者和调查对象。

（5）方案评估:小组互评,一组汇报时,由其他小组填写评估表。教师评估,对方案设计的全过程和汇报内容进行评估。

（6）汇报与评估:① 撰写方案。② 制作方案 PPT。③ 课堂上展示 PPT,上交纸质版方案。④ 师生点评后,修订综合意见。

三、实验三　案例研究的设计与方法

（一）实验目的与意义

（1）加强学生搜集资料和分析数据的能力,促进专业价值观、理论知识、服务技巧的有效整合以及其在实际的社区服务工作中的转化。

（2）增进学生对案例研究方法的理解,学习社会调查的技巧和方法,为撰写报告做好准备。

（二）实验内容及要求

（1）设计案例研究草案。

（2）搜集案例资料,进行数据分析。

（3）做案例研究汇报与评估。

（三）实验用品

其包括网络、多媒体教室或投影仪、纸、笔、电脑。

（四）实验步骤

1.案例研究草案的设计

学习设计案例研究的一般方法、研究设计质量的判定标准和案例选择的标准。

2.实施案例:搜集资料

掌握六种证据来源和搜集资料的三大原则。

3.案例研究的证据分析

具体分析技术、分析策略,不仅仅是熟悉证据分析工具。

4.汇报与评估

（1）以小组为单位汇报,展示 PPT。

（2）小组互评,教师点评,修订综合意见。

（3）上交纸质版方案,小组打分。

四、实验四 报告撰写与答辩技巧

（一）实验目的与意义

（1）根据研究选题,确定调研方案,包括调研时间、调研地点、调研方法、预算和成本。

（2）围绕研究问题,确定调研问题提纲,设计调查问卷。

（3）根据所学到的接案技巧、会谈技巧、心理咨询技巧等,拓宽社会调查的视野和思路,对研究选题有更透彻的理解。

（二）实验内容及要求

（1）设计报告提纲。

（2）撰写研究报告（3 000～5 000 字）。

（3）制作 PPT。

（4）展示 PPT,现场答辩。

（三）实验用品

其包括网络、多媒体教室或投影仪、纸、笔、电脑、圆桌。

（四）实验步骤

（1）以小组为单位,讨论报告提纲,明确写作分工。

（2）根据之前的资料和准备,围绕选题,现场分工写作（3 000～5 000 字）。

（3）根据研究报告，制作 PPT。

（4）结合 PPT 展示参赛作品。

（5）现场答辩。

评委成员：授课教师、其他指导教师（一人或两人）和小组代表（每组一人）。

学生汇报六分钟，答辩四分钟，每组至少回答两个问题。

评委根据学生的表现，现场打分。

学生上交纸质版研究报告，评委综合答辩环节打分。

案例篇

第五章
获奖作品范例

　　本章挑选的前三个作品是近年来编著者指导的"挑战杯"全国大学生课外学术科技作品竞赛或中国大学生公共管理案例大赛国家级或省级获奖作品。第一节的作品《新型城镇化进程中乡村文化建设的发展路径与动力机制——基于苏豫两地的个案比较》获得第十五届"挑战杯"全国大学生课外学术科技作品竞赛二等奖、江苏省大学生课外学术科技作品竞赛暨"挑战杯"全国大学生课外学术科技作品竞赛江苏省选拔赛一等奖。第二节的作品《以村社全要素股份合作构建乡村参与国内大循环的微基础——基于五省十村的调研》获第十七届"挑战杯"全国大学生课外学术科技作品竞赛江苏省选拔赛二等奖。第三节的作品《从"凋敝"到"振兴"：内置金融推动乡村振兴的路径研究——以河南信阳郝堂村为例》获江苏高校公共管理案例分析大赛一等奖。第四节的《有机村社——乡村振兴共建共享平台》是理论向实践转化的产物，是以获"力行杯"江苏省大学生社会实践项目一等奖的调研报告为基础，参加"互联网＋"大学生创新创业竞赛主赛道的获奖作品。对以上获奖作品基本保持了原貌，只是根据相关需要，有所改动。

第一节　新型城镇化进程中乡村文化建设的
发展路径与动力机制——基于苏豫两地的个案比较

　　随着新型城镇化进程的加快，乡村经济稳步发展，物质条件逐步改善，村民的生活水平得到很大提高，然而乡村文化却呈现出与经济增长不相匹配的发展态势。例如，一些乡村中人情疏离、民俗文化消亡，这已经影响新型城镇化的建设进程。换言之，大力推进积极健康、适合农民需求的、有主体性的乡村文化建设刻不容缓。基于此，本文选取江苏高淳跃进村和河南信阳郝堂村为典型案例，从物质、精神和生态三个层面分析两地乡村文化建设的现状，结合当地实际情况，运用案例比较分析的方法，引入初始推动力、动力来源两个变量，将乡村文化发展模式分为政府推动－现代文化、政府推动－传统文化、社会推动－现代文化、社会推动－传统文化四种类型。以此为基础,剖析和总结乡村文化的发展模式,并从发展基础和发展机会两个维度提炼乡村文化发展的动力机制,并提出相应的对策建议。

一、案例描述

(一)郝堂村

郝堂村位于河南省信阳市平桥区的最南部,交通便捷,区位优越,总面积约 20.7 平方千米,是平桥区面积最大的村庄,共有 18 个村民组,总户数 620 户,总人口 2 300 人。农作物以水稻为主,主要经济作物有茶叶、板栗等。[①]2011 年,平桥区委、区政府将郝堂村列为可持续发展实验村,引入"资金互助促发展,利息收入敬老人"的发展理念,在传统的孝道文化的基础上结合现代的信用文化,完成了村内资本的积聚,同时凝聚人心,为乡村文化建设夯实经济基础。现代社会的信用文化在传统的郝堂村生根发芽。郝堂村充分挖掘淳厚质朴的民俗文化,培育出独具特色的生态文化,成功地将文化资源转化为经济收入,形成具有郝堂特色的文化兴村之路。随后,专家设计团队对郝堂村进行设计规划,保留其原始村居风貌,深度挖掘乡村美感。郝堂村始终坚持"群众主体、政府主导、专家指导、社会参与"的理念,推动生态文化、信用文化等乡村文化的建设,于 2013 年被评为"美丽宜居村庄示范"。

(二)跃进村

跃进村位于江苏省南京市高淳区桠溪镇西北部,地处国际慢城辐射区域,总面积为 5.8 平方千米,共有 11 个村民小组,总户数 865 户,总人口 2 547 人,农业以种植水稻、小麦为主,经济来源以外出务工和种植为主。[②]跃进村是革命老区重点村之一,在抗日战争时期,"溧高县抗日民主政府"在此设立新四军纺纱厂、兵工厂、国华中学、小学以及组织部、警卫营等多个办事机构,留下宝贵的文化遗产。自 2012 年起,跃进村一直围绕"强富美高"新农村建设要求,充分利用自然资源优势发展优质、高效的富民产业,深度挖掘红色文化,打造红色旅游基地,设计打造"红色堡垒",发扬伟大的革命精神,现已成为南京市党史教育基地,吸引了众多高校学生参观学习。跃进村曾获得三星级康居乡村、南京市民主法治村、南京市文明村镇、南京市"六好"社区(村)等荣誉,连续 8 年被评为新农村建设"强基工程"达标村。

二、案例比较

(一)乡村文化发展的现状比较

新型城镇化背景下,对乡村文化发展现状可以从物质文化、精神文化和生态文化三个层面展开比较。具体见下文。

---

① 郝堂村基本信息源自前任郝堂村村委书记访谈摘录。
② 跃进村基本信息源自跃进村文化艺术团团长座谈摘录。如无特别说明,本文数据均源自调查问卷数据分析。2019 年,撤销桠溪镇,设立桠溪街道。

1. 物质文化

乡村文化的物质层面是指村民长期的生活方式和乡村文化内涵的外在表现,主要包括文化设施、文化服务和文化品牌等(见表 5-1)。乡村文化建设进程中,跃进村和郝堂村大力推进文化基础设施建设,提高公共文化服务的质量,打造独具特色的文化品牌,增强乡村繁荣发展的经济"硬实力",逐步形成最适合本村发展的文化建设新格局。

表 5-1 跃进村、郝堂村物质文化的基本信息

类别		跃进村物质文化的基本信息	郝堂村物质文化的基本信息
文化设施	艺术表演设施	东平戏台、芮氏祠堂	村民礼堂、村民大戏台、小广场
	学习阅览设施	课外辅导站、电子阅览室、图书室、广播站	郝堂宏伟小学、岸芷轩书吧、图书馆、张玉衡故居纪念馆、叶楠白桦文学纪念馆
	休闲娱乐设施	老年人活动室	郝堂养老服务中心
	体育运动设施	室外健身设备、篮球场、室外乒乓球台、台球室	室外健身设备、室外乒乓球台、篮球场
	其他	红色革命遗址、传统文化场馆	水厂和污水处理厂等生态基础设施
文化服务	科普教育	政府送戏下乡、送电影下乡、送图书下乡,开展专职演出,在红色场馆开展党日活动	政府送电影下乡、乡村文艺会演、送图书下乡,小学开茶艺课和暑期夏令营
	民间文艺	成立西舍小马灯、西舍村舞蹈队、董家塘舞蹈队、试宅里醒狮队四支文化表演舞蹈队,为村民演出,每年农历七月二十四开始唱三天大戏	组建了民俗文化艺术团,传承舞龙舞狮、大头娃娃、旱船、民歌、腰鼓等民俗艺术,办郝堂"村晚"
	休闲娱乐	看电视、听戏、读书看报、打麻将、打牌、跳广场舞	看电视、听戏、读书,看报、打麻将、打牌、跳广场舞
	其他	开展"和美家庭""最美庭院""五星文明户"的评选活动,设置宣传长廊和文体墙宣传社会主义核心价值观	开展卫生文明户评选活动,分红大会
文化品牌		西舍小马灯、红色文化馆	养老资金互助合作社、特色民居

(1)文化设施:乡村文化建设中,两村均优先考虑文化基础设施的建设,并利用自然资源优势,形成有特色的文化设施建设之路。具体而言,跃进村的文化资源相对丰富,文化设施建设前景广阔,并在政府的扶持下,深入挖掘红色文化资源,原址修复红色场馆,成功打造具有红色元素的文化设施。我们在调查中得知,场馆建成后使用率高达 89.47%,得到村民的认可。而郝堂村虽缺少鲜明的传统文化元素,但能依托村落的原有格局,引入社会专家的指导,将生态文明建设融入文化建设中,修水坝、改民居、修祠堂、建小学,建设生态型乡村文化设施。

（2）文化服务：两村根植本土资源发展文化，以充分使用文化设施为基础，不断创新文化活动形式，在文化互动中逐渐形成文化活动特色。跃进村围绕当地的民俗文化和红色文化，以东平戏台为据点，开展文艺会演、党史教育、时政宣传、旅游观光等活动，小马灯会演更是成为标志性的地方特色；而郝堂村着眼于孝道文化和村民的经济水平，以分红大会为纽带，传承"资金互助促发展，利息收入敬老人"的现代理念，让传统孝道文化成为"特色竞争力"，促进村庄信用经济的发展。

跃进村基于民俗文化和红色文化提供文化服务，发展方向明晰，具有不可复制性。郝堂村与之相比传统资源不丰，难以借助已有资源发展文化服务，转而另辟蹊径，利用现代融资理念提供敬老服务，通过经济发展推动文化进步。

（3）文化品牌：在乡村文化建设进程中，需要立足于乡村文化设施和文化服务，打造乡村特色文化品牌，以弘扬特色文化。跃进村利用自然资源和人文资源的优势，加上政府资金扶持和非遗物质文化的知名度，着力建设红色文化展馆，发展民俗艺术——西舍小马灯，形成红色文化和非物质文化的品牌，吸引大量游客，促进旅游业发展，发展的空间很大。郝堂村整合本村的人文资源和自然资源，凭借社会组织的推动和"美丽宜居村庄示范"的美誉，发展"内置金融"，利用山林种植茶叶，因地制宜改建房屋，形成养老资金互助合作社、特色民居、郝堂毛尖等文化品牌，进一步发展旅游服务业，率先完成经济转型，成为乡村文化建设的先锋。两村的文化品牌建设的侧重点不同，却逐步迈向同一条道路：以文化品牌促进旅游业发展，以文化建设促进经济增长。

2. 精神文化

乡村文化的精神层面是指在意识形态领域中村民所自发形成的共同认知和情感寄托，是乡村发展的"软实力"，主要表现在村民对文化的需求与认同、文化传承的意识以及在此基础上形成的文化自信。[①]

随着农业生产现代化的步伐日益加快，劳动力从耕地解放，村民的农闲时间也大量增加，娱乐方式呈现多样化趋势。如何利用农闲时间、丰富村民的精神世界、发展乡村文化是乡村建设需要考虑的重要方面。在跃进村调研时，可见村民的精神文化现状总体良好，村民积极追求丰富的文化形式，对于文化活动各有偏。42.11%的受访村民喜欢自编自演的文艺演出，23.68%的村民喜欢政府组织的送戏下乡、文艺演出、乡镇文艺会演。政府组织的其他文化活动也往往得到村民的青睐，尤其是非物质文化遗产之一的传统节目——西舍小马灯。我们走访的每一户人家对于小马灯都表现出深厚的感情。虽然小马灯的阵法复杂、排练辛苦，但村民支持自己的孩子在课余时间排练小马灯，希望能为小马灯的传承贡献自己的力量。除了参与、支持由政府牵头组织的文化活动之外，跃进村村民还自发组建文化团队，面向村庄内部开展党日活动，组织每年农历七月二十四的唱大戏，评选"和美家庭"，发放有社会主义核心价值观内容的灯笼等。跃进村村民大都意识到发展和传承本村传统文化的重要性，自觉接受社会主义核心价值观教育，对文化建设有热情，对文化发展现状有较高的认可度。跃进村的精神文化建设以村民作为乡村文化的主

---

① 闫小沛，张雪萍. 城镇化进程中的乡村文化转型：文化变迁与文化重构——基于物质文化、制度文化与精神文化层面[J]. 华中师范大学研究生学报，2014（1）：32-35.

角,围绕村民的需求来提供文化设施、文化服务,扶持乡村文化团队,创造反映跃进村乡俗民情的文艺作品,为乡村文化建设注入动力。

与跃进村的情况类似,郝堂村村民参与乡村文化活动的积极性很高,也具有强烈的保护意识、传承意识,对郝堂村的文化发展现状表示满意,感受到文化发展带给村庄的改变。每年郝堂村都要举办自己的春节联欢晚会,又称"村晚"。在"村晚"举办前一两个月,村委会就在村庄主要道路的墙壁上张贴宣传海报,鼓励村民报名参加。我们通过走访得知,"村晚"的节目除了由郝堂村文化艺术团、上级政府提供之外,还有部分是郝堂村的村民自发排练的。节目形式丰富,包括传统的民间艺术表演、新编话剧、广场舞等。我们还发现,几乎 60 岁以上的村民都加入了夕阳红养老资金互助合作社,充分体现了村民对信用文化、孝道文化的认同。此外,调研适逢夕阳红养老资金互助合作社的年末分红大会,会上中国乡建院专家、郝堂村村委干部与村民互动频繁,关系融洽,调研时可以感受到郝堂村村民对文化建设充满信心。也正是这种精神状态的改变,促成了后期郝堂村的民居改建,使得郝堂村成为美丽乡村宜居示范村。可见村民对文化的需求与认同对文化发展有重要的推动作用,调动村民参与文化建设的积极性十分重要。

3. 生态文化

乡村文化的生态层面主要表现为自然环境和传统文化的结合,尊重人与自然的协调关系,统筹文化和经济的发展,形成乡村文化建设的大环境。[①]

跃进村凭借红色文化优势,在政府的推动下,原址修复红色文化展馆,让红色文化价值以物质形态凝结于建筑景观,以传统庙会和高淳四大节庆为契机,大力宣传民俗文化、宗祠文化、社会主义核心价值观等,发挥西舍小马灯和红色展馆的文化品牌效应,促进旅游业的发展。跃进村村民与村委在打造文化、传承人文精神的道路上团结一致,提高了乡村文化建设的效率。当地生活和文化建设深度融合,收到良好的生态效益、经济效益和社会效益。

郝堂村根据自然资源特点,着眼于村民的需求,在原有格局上改建房屋,增加传统豫南风情的建筑文化元素,让民俗特色和生活环境融为一体。郝堂村从高起点规划,改造村内生态环境,建造污水处理厂,分类处理生活垃圾,建设生态型美丽乡村;通过内置金融合作社,以利息收入敬老人,信用文化成为"特色竞争力",推动人文环境和谐发展。郝堂村的建设规划花费小,收益大,保持村庄原有的自然人文环境和空间格局,实现资源的可持续发展,满足村民参与文化建设的需求。

(二)乡村文化的发展模式比较

乡村文化的发展现状受到乡村文化发展模式的影响。社会各界就乡村文化发展模式都做了大量的探索与研究,并从地理位置、推动主体、经济发展水平、资源禀赋等视角将乡村的发展模式进行了单一的归类与划分。尽管这些分类有助于抓住乡村建设的主要问题,但对资源禀赋、经济基础、风俗习惯各异的乡村个体而言,单一化的分类不符合实际,也不

---

① 周小华,张伟. 福建乡村生态文化建设研究[J]. 国家林业局管理干部学院学报,2014(1):23-28.

能指导现实的乡村建设。[①] 本次调研从当地实际情况出发,通过分析两地乡村文化的建设过程,提取关键变量以总结两地发展模式。

1. 跃进村的发展模式

从跃进村乡村文化的发展现状来看,物质层面上,跃进村的文化建设基本满足村民的需求;精神层面上,村民的文化认知水平和传承意识得到提升,文化需求也得到激发;生态层面上,借助政府政策顺势发展红色文化、民俗文化,为文化发展创造良好环境。2012 年以前,跃进村的整体经济状况较差,随着物价水平的不断提升,村中青壮年迫于生活压力多进城务工,老人与孩子留在村中,依靠农耕、养殖的微薄收入与外出务工者的工资勉强维持温饱,村中土地部分荒废且利用率不高。由于缺乏经济建设的劳动力,跃进村的经济发展缓慢,文化生活较为单一,村民没有保护乡村文化的意识与热情,文化建设不得不让位于衣食需求。尽管跃进村拥有优秀的传统文化资源,但未能善加利用,乡村文化逐步衰落。

党的十八大之后,跃进村村委认识到文化建设对于经济建设的重要性,重新审视跃进村的传统文化资源,抓住政策给予的发展机会,在政府的引导与支持下深入挖掘红色文化、传统文化资源。一方面,组织修复新四军创办的纺织厂、兵工厂等文化遗址,创办爱国主义教育基地、跃进村村史馆、张巡纪念馆等红色基地,让红色文化以物质形态凝结于建筑景观;另一方面,弘扬革命先辈们坚若磐石的革命信念、艰苦朴素的工作作风。在此基础上,科学规划红色主题旅游项目,吸引各界人士参观学习,为村民创造经济收入,激发村民参与文化建设的积极性。近年来,在政府的政策和资金支持下,跃进村加大基础设施的资金投入,引进多种文化设施,同时积极开展文化下乡、点赞家园、高淳慢城年货节等活动,鼓励村民表现自我,引导村民参与传统民俗文艺活动,传承非物质文化遗产——西舍小马灯。跃进村通过一系列文化建设投入,逐步搭建村民自己的文化平台,彰显乡风韵味,保障跃进村传统文化的传承,有效地解决了乡村文化阵地严重缺乏、群众文化生活单一的问题。与此同时,跃进村围绕"强富美高"新农村建设要求,合理开发土地,提高土地利用率,依托自然资源优势发展优质、高效的富民产业,建成跃进村秸秆加工厂、纯净水厂、千亩[②] 树苗基地、百亩蔬菜大棚基地等,不断坚实村庄的经济基础,提高村民收入水平,从内部为乡村文化进一步发展创造良好的物质条件。

跃进村以"经济增长与富民惠民同步推进、红色旅游与乡风文明同步建设"为目标,以"三星级康居新村"标准打造美丽乡村。在文化建设过程中着重强调社会主义核心价值观教育,有效提升跃进村村民的文化素养,形成具有跃进村特色的文明新风尚,组织开展"五星文明户""最美家庭""美丽庭院""身边好人"等评选活动;将村民对社会主义核心价值观的朴素理解做成木质挂牌,贴于墙壁上;向村民发放写有社会主义核心价值观的灯笼,作为庭院装饰;在社区墙面绘制社会主义核心价值观宣传图;在民风长廊报道"见义勇为""尊老爱幼"的道德模范……将社会主义核心价值观的教育融入村民生活的方方

① 陈润羊. 新农村模式分类述评及其对西部新农村经济与环境协同发展的启示[J]. 开发研究,2011(6):41-44.

② 1 亩约等于 666.7 平方米。

面面,培育道德文化。此外,跃进村村委关注困难群众的生活,帮助其改造房屋,积极落实民生保障工作;关爱留守儿童,建立校外辅导站;推进村庄环境综合整治工程、土地整治工程等,加强村民与村委的联系,加深村民对村庄的感情,有利于村委组织村民开展乡村文化建设。

总之,跃进村在政府的大力支持下,依靠文化发展带动经济发展,提升村民的文化保护意识,激发村民参与乡村文化活动、建设乡村文化的热情,留住了乡村文化的精粹。在其发展过程中,传统资源占明显优势,村委积极配合政策挖掘文化资源,营造出良好的文化生态,发展前景广阔。但是,跃进村缺乏文化建设的专业经验,存在过度依赖政府的帮扶、新四军文化内容不够丰富、对抗日主题文化教育的挖掘深度不够等问题。应充分利用市场调节作用,吸引社会组织、企业等,提高村级经济活力,以进一步完善旅游文化基地的配套建设、提升旅游文化基地的层次。跃进村的发展演变过程及发展模式见图5-1。

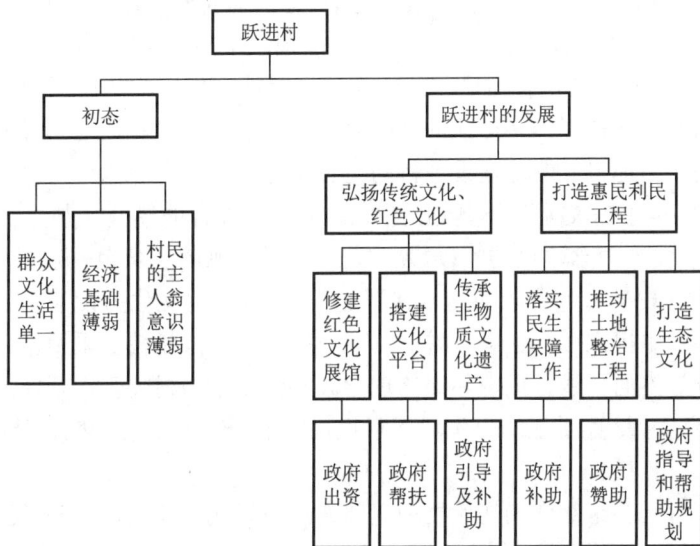

图 5-1　跃进村的发展演变过程及发展模式

2. 郝堂村的发展模式

从郝堂村的乡村文化发展现状来看,物质层面上,郝堂村的文化建设在全国处于领先地位,设施齐备,服务完善,品牌响亮;精神层面上,村民的文化发展意识较强,自主地组织文化活动,促进乡村文化建设;生态层面上,借助社会组织创新引入信用文化,为文化发展打下坚实基础。2011年是郝堂村改革的关键年,在此之前,郝堂村可以说是一个"出门靠吼、交通靠走、治安靠狗"的极度贫穷的村庄。经济落后、交通不便、秩序较差等乡村痼疾使得郝堂村空心化严重,大量村民外出务工导致留守儿童无人照看,老无所养、老无所依。在这样的环境中乡村文化逐渐边缘化,村民无心、无力参与文化活动,更谈不上传承乡村文化、建设乡村。郝堂村村委意识到改变村民精神状态的重要性与迫切性,只有引进新的文化,在精神层面给予村民希望,村民的文化意识才能觉醒,于是一面关注政府政策,一面积极寻找专家、社会组织的协助,最终获得乡村建设专家的关注。专家建议郝堂村引进信用文化,发展农村合作金融以凝聚民心,唤醒村民对未来生活的希望,探索乡村建设的新路径。郝堂村自此开始第一次创业,村委书记挨家挨户亲自走访,给村民讲解信用文化,宣传"资金互助促发展,利息收入敬老人"的理念,利用自身的威信号召有经济实力的年轻人投入资金,鼓励老年人参社,让信用文化在郝堂村扎根,建立起资金互助合作社。资金互助合作社每年给参社的老人分红,为村中老人提供一份保障,红利不多,但让村民看到了文化建设的好处,使信用文化得到村民的认可。村里老人在领取到资金互助合作社的分红时,有的甚至流下激动的泪水。敬老爱老的文化融合了信用文化,焕发新的活力,郝堂村村民对乡村文化也恢复了信心,相信大家一起努力就能建设更好的村庄,纷纷支持村委会与社会专家的建设理念。其后,中国乡建院专家根据郝堂村的生态环境设计民居改造图,组织村民去已完成改建的乡村参观,村民自愿参与建设乡村文化。郝堂村中心组率先建成具有豫南特色的民居。在爱心基金会、企业等社会组织的募捐和资助下,郝堂村加强了文化基础设施和文化公共服务设施建设,建立岸芷轩书吧、叶楠白桦文学馆、郝堂公益站、村民会堂、将军故里、健身跑道等;在专家建议下施农家肥,种植有机毛尖茶,发展绿色产业……郝堂村借助社会力量和政府帮扶出色地完成了物质层面的文化建设,建立了特色文化品牌,为村民提供多样化的文化服务,通过"村晚"等活动引导村民认知文化、传承文化,并利用当地自然资源建设独特的生态文化。

郝堂村不仅是生态文化建设基地,还是新型文化教育的模范。郝堂宏伟小学,是国内首家以可持续发展理念建设的学校,是文化与自然相映衬的典范,被誉为"最美乡村校园"。该小学在开设教育部要求的基本课程之外,根据当地文化另设茶艺、食育、种植、环保等课程,引导学生树立保护生态、珍视文化的意识。此外,学校里采用生态厕所,利用干湿分离技术,从方方面面践行生态环保的理念。宏伟小学与村委合作开展卫生评比活动,组织小学生做评委,培养学生的卫生环保意识,加强学校与家长的交流,让孩子带动家长一起参与村庄文化建设。

郝堂模式中,社会组织作为初始推动主体参与乡村文化建设,改变村民被动参与的旧模式,重视调动村民的积极性,有效地解决了农村人口流动所带来的"治理性困境"。[①] 郝堂村作为全国最美宜居示范村,吸引了大量游客,刺激了旅游业的发展。村委会便顺势而为,通过引导村民建设农家乐、产销当地特产、打造特色民宿等完成配套,合理利用和开发家庭在村级自治中的功能。[②] 上级政府也投入资金,改善村庄的道路,助力郝堂村的文化建设。郝堂村的乡村文化潜藏巨大商机,引起众多投资者的关注,但当地政府始终坚持绿色生态化的理念,不接受大型商家的入驻,不为眼前短期经济利益而牺牲乡村原始生态、长久利益。事实证明郝堂村的尝试是非常成功的,领先于国内其他乡村,率先完成了第一次创业。但旅游业的发展在给村庄带来收益的同时也带来了诸多考验,如何平衡旅游业的发展与当地生态文化,如何进一步以文化发展带动村民经济收入的提高,如何以点带面促进周围村庄的发展等都是郝堂村需要思考的。郝堂村若能坚持"把农村建设得更像农

---

① 徐勇. 挣脱土地束缚之后的乡村困境及应对:农村人口流动与乡村治理的一项相关性分析 [J]. 华中师范大学学报(人文社会科学版),2000(2):5-11.

② 金太军. 村庄治理与权力结构 [M]. 广东:广东人民出版社,2008:20.

村"的核心理念,积极扶持有机绿色农副产品加工产业,精心培育乡村文化产业,在社会关注中不迷失自我,在资金诱惑中坚守本心,相信郝堂村能走出当前发展的瓶颈,实现第二次创业。郝堂村的发展演变过程及发展模式见图5-2。

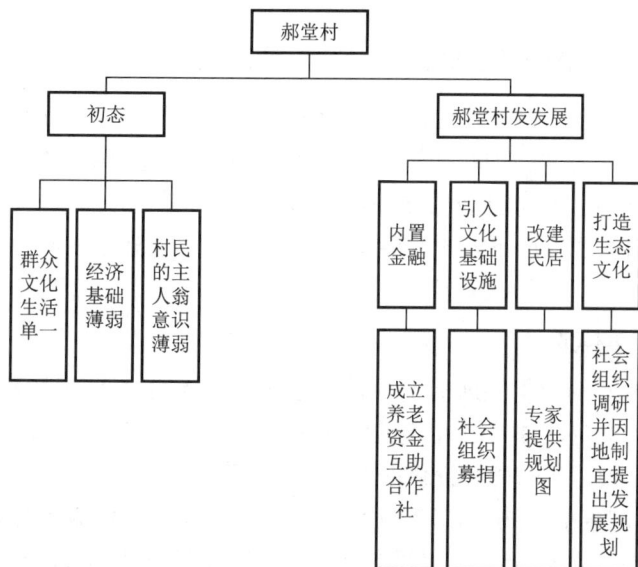

图 5-2 郝堂村的发展演变过程及发展模式

3. 发展模式对比

通过了解跃进村、郝堂村的乡村文化发展路径可知,提高村民的文化素养,打造特色乡村文化,最重要的是选择合适的发展模式。跃进村起初是在政府主导下,挖掘传统文化的发展模式;郝堂村起初是借助社会组织的力量,探索现代文化的发展模式。由此,我们引入初始推动力、动力来源两个变量,将乡村的发展模式分为四个类型,其中初始推动主体包括政府、社会,动力来源包括传统文化、现代文化,具体分类如表5-2所示。

表 5-2 乡村发展模式分类

初始推动力	动力来源	
政府	传统文化	现代文化
社会	传统文化	现代文化

首先,从乡村文化建设的初始推动力谈起,政府推动的好处有优先发展、对接资源丰富、规划有连续性、资金注入有保障、执行力度强等,但其最大的弊端在于从上层政府角度制定的发展政策不一定能够契合当地的实情,群众的反馈意见如果不能得到及时处理,就会削弱政策的执行力度,降低乡村文化建设的效率。而社会组织的推动是由下而上的,在深度调研基础上拟定的建设方案更具有专业性、科学性、针对性,更能反映群众的真实意愿,但其也存在缺乏制度监督、审批程序复杂、发展前景不确定等问题。

其次,从乡村文化建设的推动力来源看,依托传统文化建设乡村文化往往有良好的群众基础,相关举措更易推行。但传统文化的传承需注意取其精华、去其糟粕,以适应时代需求。此外,各乡村传统文化资源的丰厚程度存在差异,对于传统文化资源薄弱的乡村而言,积极探索现代文化十分必要。现代文化产生于新时代的经济基础,形式新颖,潜力无穷,但由于其观念较为先进,可能与村民的一贯认知不符,若无外部力量的介入和推广则其难以被村民认可。

(三)乡村文化发展的动力机制

各个村庄的文化发展路径各具特色,大体形成四种发展模式,不同发展模式之间存在着影响乡村文化发展的共同因素。例如,在乡村文化建设过程中都应当深度挖掘当地特色文化,积极探索增强乡村文化发展的内在动力,借助政府或社会组织的力量,重视村民的能动性等。我们需要透过不同的发展模式,寻找乡村文化建设的共性,总结乡村文化发展的动力机制。

1.动力机制要素构成

乡村文化发展的动力机制即促使乡村文化存在并持续发展、村民整体文化素质和生活水平提高的良性循环机制。在特定的场域中,乡村文化的建设发展水平主要取决于乡村自身所具备的发展基础和外界提供的发展机会。发展基础包括生态基础(自然资源、传统文化资源、组织制度等)、物质基础(文化设施、文化品牌、文化服务等)、精神基础(文化需求、文化认知、传承意识等)。发展机会则包括政府力量(政策支持、资金投入)和社会力量(社会组织、社会企业)。乡村文化四种发展模式的差异也是由发展基础和发展机会决定的,在此以跃进村和郝堂村为例,分析不同发展基础、发展机会对乡村文化建设的影响程度与作用效果,探索乡村文化发展的动力机制。

2.发展基础与发展机会

由自然资源、传统文化资源和组织制度等构成的生态基础是促使两地文化建设走上不同道路的关键因素之一,由于每个乡村所处的地理位置和历史积淀存在差异,每个乡村具备的生态基础往往不同。

跃进村是典型的凭借传统文化资源进行文化建设的乡村。跃进村是革命老区的重点村之一,拥有丰厚的红色文化、民俗文化。但跃进村文化建设的进程一直缓慢,相关文化产业发展止步不前。后来随着经济发展,生产力水平提高以及国家对乡村文化建设指示性文件发布,生态基础良好的跃进村得到政府和社会组织的关注,走上以挖掘传统文化资源为主的文化建设道路。跃进村的乡村文化建设起步晚、见效快,充分利用传统文化资源。传统文化资源是跃进村乡村文化的生态基石。跃进村珍惜和利用历史赋予的红色文化、民俗文化,挖掘其核心精神,结合社会主义核心价值观总结出"吃苦耐劳,艰苦奋斗,奉行忠孝"的文化内核,明确文化建设的方向,形成了浓厚的文化建设氛围。与跃进村不同,郝堂村是凭借自然资源优势发展乡村文化的典型。由于历史积淀欠缺,郝堂村传统文化的可挖掘程度有限,但优美的自然风光、质朴的乡风民情赋予了郝堂村独特的魅力。在中国乡建院的协助下,郝堂村以满足村民的居住需要为基础,保留其原始风貌,统一规划房屋建设,一改乡村破落无序的状况,打造如画郝堂,使其成为全国乡村文化建设的样本。

传统文化资源与自然资源为跃进村与郝堂村提供了发展潜力,是吸引政府与社会外部力量关注的最直接的因素。但要想有效利用文化资源,把属于自己的特色文化资源推广到外界,村"两委"就要协调与规划,它是生态基础中不可或缺的力量之一。在调研过程中,我们对村"两委"的相关人员进行访问,与他们座谈。他们都强调在乡村文化建设中要听取百姓心声,响应国家的号召,利用身边的资源打好发展基础等。从交谈中可以感受到他们充分认识到文化建设的重要性且建设方向明确,对乡村文化拥有深厚的感情。郝堂村的朱主任是这么描述村委会的:"村委会表面上是自治,其实它是国家权力的一种延伸。"①原郝堂村书记胡女士在访谈中对我们说:"村委会是非常关键的,郝堂村发展到现在有政府的支持,有社会各界力量的支持,而如果到了村委会这一级执行不下去,村委会这一帮人没有奉献精神,村庄是建设不起来的。"村"两委"是把控乡村文化建设大局最直接的群体,是基层村民最信赖的领导班子,是沟通百姓与上级政府的桥梁。国家关于乡村文化建设的政策需要他们向百姓传达,百姓提供的建议需要他们向上级政府反馈。因此,上层政府要充分重视村"两委"在乡村文化建设中扮演的角色,鼓励村"两委"改革创新,激发村干部的文化建设热情,肯定村"两委"在乡村文化建设中做出的贡献,及时提供帮助,以村"两委"推动乡村文化发展。

在打造独具特色的生态基础的过程中,跃进村与郝堂村引入系列文化设施,打造本土文化品牌,提供文化服务,坚实了文化发展的物质基础。物质基础是支撑乡村文化建设的重要力量,它为村民提供文化活动场所,供村民从事文娱活动,一定程度上提高了村民参与文化活动的积极性,营造出良好的文化氛围。文化基础设施的不断完善,文化品牌与服务的不断优化,为乡村文化发展创造了更多可能。

乡村文化的发展基础不仅包括生态基础、物质基础,还包括精神基础。精神基础主要是指百姓对文化的需求、认知与传承意识。调研过程中,礼貌文明、大方热情、直率真诚的村民给我们留下了深刻的印象,在谈及文化建设问题时他们都积极地表达想法、建言献策。例如,跃进村的一位老人热爱锡剧,他希望更多的人关注乡村戏剧文化的发展;郝堂村的文化艺术团张先生则向我们表达了他对传统文艺无人继承的担忧。我们还发现在村民集体中一股不可忽视的力量——农村精英,农村精英就是指"那些在村庄中拥有相对资源优势,其社会影响力超过一般村民社会影响力的那类村民"②。郝堂村的农村精英也叫乡贤,在乡村文化建设中往往起到带头和领导作用,他们对文化建设的需求也会带动普通村民,形成一种带动氛围。新型城镇化背景下,乡村的生活水平在不断提高。伴随着物质条件的不断改善,村民对乡村文化的需求也愈加强烈,村民们开始追求更加多元的文化享受与精神层面的富足。在生态基础、物质基础之上,乡村文化得到了一定的发展,但乡村文化发展想要更进一步,就需要充分考虑精神基础的建设。乡村文化共同体的根是生活在农村社会的广大农民群体。③村民反映的需求往往体现了其对生活环境和生活状态最直接、最真实的感受。要重视村民的需求,尊重乡村文化守护者和传承者的地位,积极引导村民树立文化建设意识,加强文化保护意识,并且根据村民的反馈不断修正文化发展路径,调整文化建设路径。

---

① 调研团队于 2017 年 1 月 10 日采访了郝堂村文化建设者之一朱主任。
② 贺雪峰. 新乡土中国:转型期乡村社会调查笔记 [M]. 桂林:广西师范大学出版社,2003:156.
③ 林继富. 民间叙事传统与村落文化共同体建构 [M]. 北京:中国社会科学出版社,2012:18.

发展基础为乡村文化发展提供潜力,发展机会则为乡村文化发展创造机遇。根据跃进村与郝堂村不同的文化发展模式,我们将政府与社会这两种初始推动力归纳为乡村文化建设的发展机会。在跃进村的文化建设中,政府引导起到关键作用,主要体现为政府政策给跃进村的文化建设指明方向。跃进村虽然拥有良好的文化发展基础,但是仅靠自身的力量无法完成文化建设的任务,因为传统文化的建设需要大量的资金投入,公共性较强,不创造直接收益,难以吸引市场的投资,政府政策的引导与支持尤为重要。我们在跃进村文化团芮团长的讲述中得知,跃进村在得到政府拨付的专项资金后,文化场馆等文化设施的建设才起步,文化品牌和文化服务也随之建立起来。与此同时,政府积极组织丰富多彩的文娱活动,与跃进村传统的文娱活动相呼应,使村民的文化需求得到了满足,提高了村民的整体文化素质,增强了村民对文化的认同感。与跃进村不同,在郝堂村的文化建设中,社会组织的介入起到了重要作用。尽管政府出台了相关政策来引导文化建设,但郝堂村较为贫穷落后,政策的支持力度不足以使郝堂村的文化建设焕发活力。中国乡建院根据郝堂村的实际情况,结合郝堂村村"两委"的力量,引入组织信用的新型文化,建立起资金互助合作社,并以此推动郝堂村文化建设的进程,为郝堂村的文化发展提供机会。除此之外,社会企业也为郝堂村的文化发展提供了重要帮助。我们专门走访了郝堂村的宏伟小学,得知学校中的办公设施大多由社会企业捐赠,这是郝堂村利用社会企业力量发展文化教育的体现。关于乡村文化教育,宏伟小学的校长向我们表达了她的看法:"学校是改造乡村生活的中心,甚至是决定乡村未来的中心,而学校的老师便是改造乡村生活的灵魂,也就是实现文化变迁的灵魂。学校培育的不是有城市取向的人,而是培养关注生命和自我成长的人,关注的是生命的进程,是生命的教育,生活的教育,这就是一种文化。"在社会组织、社会企业的支持下,新型的乡村教育、组织信用文化等现代文化生根发芽,进一步丰富了郝堂村的乡村文化,让郝堂村的文化建设更有活力。两村的乡村文化建设的动力机制见图5-3、图5-4。

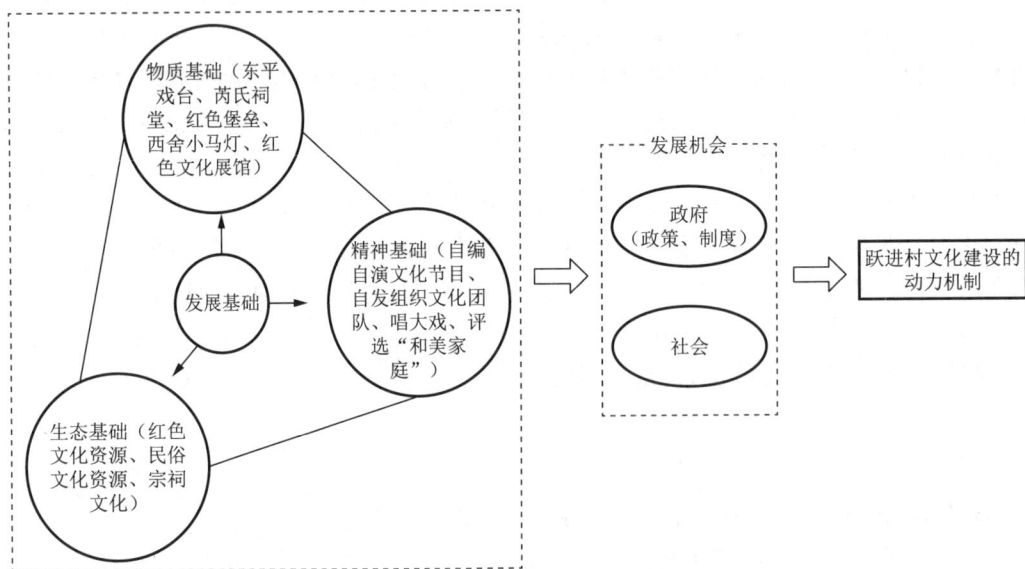

图5-3　跃进村文化建设的动力机制

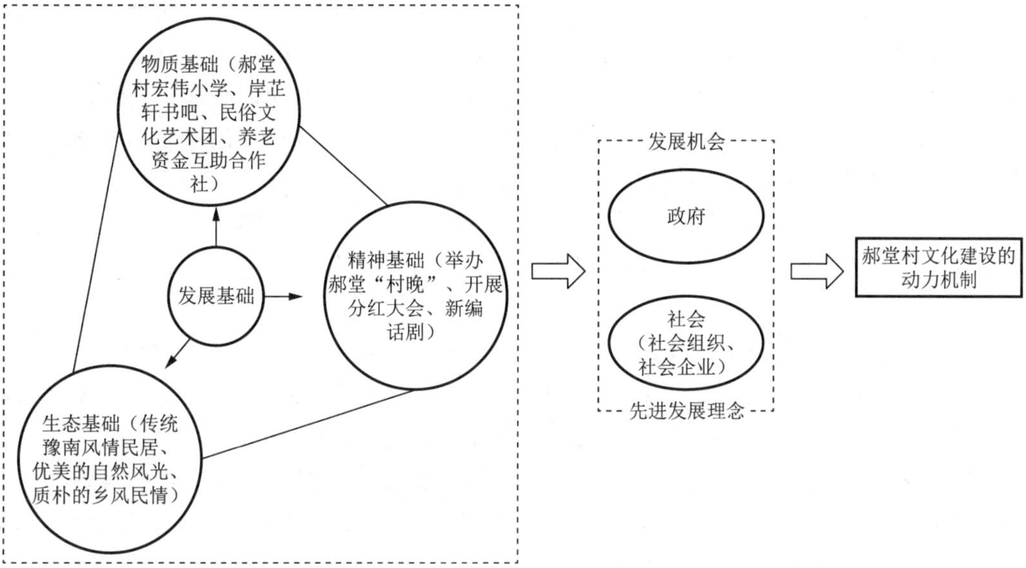

图 5-4 郝堂村文化建设的动力机制

3.两村乡村文化建设的动力机制的比较

每座村庄都拥有一定的发展基础,面临着或多或少的发展机会,夯实发展基础可以增加发展机会,发展机会的增加也能促进发展基础的开发与利用。要想乡村文化建设有所收获,必须从物质、精神和生态等多角度建设乡村文化,充分利用政府和社会的力量寻找发展机会。跃进村所代表的是拥有一定传统文化发展基础的乡村,政府引导往往是这类乡村文化发展的重要渠道,社会主义核心价值观与传统文化的融合有利于社会主义现代化建设。郝堂村代表的是传统文化基础薄弱,但拥有良好自然环境的一类乡村,社会力量往往起重要作用,社会组织与企业不仅具备科学的文化发展理念,还能够提供外部资金支持,他们自身的发展与乡村文化建设是相互促进、彼此成就的关系。

每个乡村的发展基础与发展机会存在差异,因此,文化建设需要充分利用乡村具备的发展基础,学会寻找发展机会。每个乡村只有正确认识并利用自身的发展基础,抓住发展机会才能走出属于自己的文化之路。总之,建设乡村文化有利于保护和传承具有地方特色的民间文艺,提高村民的文化意识、文化素养,引导村民树立社会主义核心价值观,形成社会主义文化新风尚。

三、对策建议

随着新型城镇化的全面推进,乡村经济与社会结构发生了深刻变化,根生于乡村的传统文化与多元澎湃的现代文化进行着前所未有的碰撞与交融,进而演变出乡村文化发展的新格局。乡村文化建设之于城乡统筹发展、社会和谐稳定有着积极的促进作用,故而,探索乡村文化建设新路径及其动力机制,稳健乡村文化发展新格局成为社会转型期中国乡村社会发展的重要任务。

诚然,乡村文化建设路径各有不同,但仍可从落地推动力、需求导向两个角度大体归纳为四种发展路径:政府推动的消费导向型、政府推动的生活导向型、政府借助社会组织推动的消费导向型、政府借助社会组织推动的生活导向型。本次调研选取的跃进村与郝堂村,就是分别按照第一种和第四种建设路径发展起来的。乡村文化建设的发展动力概括起来包括内因层面和外因层面。内因层面即发展基础,包括乡村自身的物质基础、精神基础和生态基础。外因层面即发展机会,包括政府的政策和资金等以及社会(包括组织和个人)的支援服务和援助资金等。新型城镇化背景下的乡村文化建设可从以下四个方面着手推进。

(1)乡村文化建设规划需要从村庄实际出发。不照搬,不硬套,杜绝"南橘北枳"甚至是"削足适履"。我国幅员辽阔,不同区域的乡情、村情千差万别,乡村文化建设必须从自身条件出发,因地制宜,科学规划,同时有选择地借鉴成功的、适宜的经验,扬长避短。

(2)乡村文化建设要不断夯实发展基础,紧紧抓住发展机会。不同乡村具备不同的文化发展基础,如丰厚的传统文化资源、优美的自然景观、良好的物质设施、互相理解和配合的官民关系。要充分认识乡村天然具备或已打造出的发展基础,挖掘自身的文化资源,凝练自身的文化特色。

(3)以物质文化为基础,以精神文化为导向,以生态文化为归宿。乡村文化建设需要以物质(文化设施等)为基础,以精神文化为导向,以生态文化为归宿,"三管齐下",协调发展。乡村文化发展必须在物质基础、精神导向与生态归宿层面上同步推进,构建立体式的乡村文化发展体系。乡村文化建设离不开三者的共同作用,物质基础为精神导向和生态归宿提供了基本发展条件,缺乏物质基础的乡村文化必然成为无本之源,缺乏精神与生态指引的物质基础则失去灵魂。只有物质、精神和生态协调发展才能实现乡村文化的健康、可持续发展。

(4)乡村文化建设还需要政府和社会的合作。政府给予乡村文化建设的支持及其相关政策、制度的导向作用往往是长期的、稳定的、普遍的,是乡村文化建设的基础动力与体制保障。乡村还应积极借助外部力量,社会组织和外部资金,形成乡村文化建设的良性动力机制。

第二节 以村社全要素股份合作构建
乡村参与国内大循环的微基础——基于五省十村的调研

目前,城乡居民的消费结构进入了转型和升级阶段。城市居民的消费已不再停留于富足的物质生活,城市居民将目光转向宜居乡村,寻求更加健康的生活方式;村民也不再局限于农村一隅,开始移居城市,这成为推动国内大循环、实现城乡融合的重要内生动力。但是,由于长期以来形成了城乡"二元"发展格局,我国城乡在人力、土地、资本等要素循环上还存在诸多"堵点",具体表现在城乡深层次人口流动不充分、农村土地利用和要素盘活不足、金融支农产品和服务缺乏、财政资金使用的绩效有待提升等方面。"堵点"的

"成因"在于户籍制度限制了"农民进城"和"人才下乡"、财政支农政策配套措施不健全、"三块地"改革的支撑性制度不充分、农村金融改革滞后。这些问题亟待解决。基于此，本报告选取五省十村的典型案例，采取"解剖麻雀"的方式，对村社全要素股份合作社的试点样本从人力、土地、资金和制度层面进行比较分析，提出从平台搭建、要素盘活、机制畅通、政策配套方面构建农民组织化效益实现的"3+1"模式，推动村庄信用合作、生产合作与供销合作，并增加城乡居民生活和消费福利，夯实乡村参与国内大循环的"微基础"。

一、研究缘起

（一）研究背景与研究意义

随着全球化进程的不断推进，世界经济格局发生了深刻的变化，社会不确定性因素迅猛增长，"我们生活在文明的火山上"[①]。例如，新型冠状病毒感染肺炎疫情[②]始于2019年底，由于一些国家在疫情防控中"不作为"或"乱作为"，目前除我国有效控制疫情外，疫情仍在世界范围内扩散与蔓延，导致全球经济不断恶化，国际、国内经济面临前所未有的挑战。基于此，党的十九届五中全会提出"要加快构建以国内大循环为主体，国内国际双循环相互促进的新发展格局"[③]，并列为"十四五"规划的重点内容，进一步为实施乡村振兴战略、实现乡村治理机制创新指明了方向和前进之路。国内循环层面，除了生产、销售、消费、服务等产业链内部的循环之外，城乡之间的全要素循环无疑是一个非常重要的方面。因此，应该注重城乡要素循环的"堵点"及其背后的结构性因素的研究，并进一步有针对性地疏通"堵点"，以促进国内经济可持续高质量发展。乡村治理既是城乡之间要素配置与流动的基础，也是国家治理的重要一环。党的十九届五中全会对"十四五"期间的"三农"工作做出部署，强调要优先发展农业农村，深化农村改革，健全城乡融合发展机制，推动城乡要素平等交换、双向流动，增强农业农村发展活力。这是中央着眼于开启全面建设社会主义现代化国家新征程，以乡村振兴为着力点，构建以国内大循环为主体的新发展格局做出的重大部署。

近年来，一些地方在实践中发挥"群众首创"精神，探索出改善乡村治理、盘活发展要素的村社全要素股份合作社模式，取得了明显的经济社会效益，受到社会和媒体的关注。[④]其基本做法是在土地集体所有制的基础上，以"敬老、互助"为精神纽带，由村"两委"发起，乡贤倡导，村民入社，通过集资金、土地、房屋等全要素股份合作的方式，重构村

① 〔德〕乌尔里希·贝克. 风险社会[M]. 何博闻，译. 南京：译林出版社，2004：13.

② 国务院应对新型冠状病毒感染肺炎疫情联防联控机制. 国务院应对新型冠状病毒感染肺炎疫情联防联控机制关于印发企事业单位复工复产疫情防控措施指南的通知[J]. 中华人民共和国国务院公报，2020（7）：21-23.

③ 加快构建以国内大循环为主体、国内国际双循环相互促进的新发展格局[EB/OL]. [2020-11-25]. http://www.xinhuanet.com/politics/leaders/2020-11/25/c_1126785254.htm.

④ 有关央视媒体报道见村庄里的中国郝堂村的新生：新农村先建新金融，视频网站为http://tv.cctv.com/2017/02/04/VIDEgViWKAuw96Y9s307NmW7170204.shtml.

集体经济,在服务村民的过程中增强村"两委"的威信,在改善乡村治理过程中促进要素盘活和循环。这些充满群众智慧和首创精神的基层治理创新实践有效地回应了时代需求,探索出了乡村参与国内大循环"微基础"的有效做法和经验,值得深入总结,积极推广。

基于此,本报告站在"十四五"规划开启的新时代、新起点,以夯实乡村参与国内大循环"微基础"为目的,选择我国五个省(自治区)的十个"村社全要素股份合作"改革试点的典型案例,分析和总结典型案例的有效做法和成功经验,系统提炼可操作、可落地的实施方案和对策建议,探寻城乡要素循环的"堵点"及其背后的结构性因素,探索和揭示乡村治理体系与国内大循环之间的要素关联及其互动规律。

本报告的意义主要体现在实践价值和理论创新层面。实践价值层面上,积极探索集体经济新的实现形式,重建乡村社会的信任,构建乡村振兴内生长效机制,以"制度增量"激活"要素存量",有利于提升村级组织的管理服务能力,实现农民的组织化效益,设计乡村建设和农村社会参与国内大循环的新路径和新模式。理论创新层面上,本报告通过经济学、政治学、社会学和公共管理学多学科的交叉融合,引入"产权—治权"的分析框架,瞄准国内大循环内在要素互动的结构与机制,分析其当下遭遇的困境并探寻原因,构建了乡村治理体系创新驱动国内大循环的内在逻辑及其具体路径。

(二)国内外研究综述

学界对乡村治理及其在城乡要素循环中作用的研究主要体现在以下几方面。

一是关于乡村治理促进乡村振兴的实践创新研究。从"亲实践"的多维视角出发,对乡村治理的内部与外部环境、组织形式、运行机制、演变逻辑等展开了多方面富有启发性的重要研究。郎友兴认为中国乡村治理未来的走向应该是总体性治理,需要地方政府及各部门、农村社区、社会甚至市场力量的共同参与。[①] 张大维提出优势治理的理念。[②] 肖滨、方木欢基于广东的创新实践,提出党、政、村、民的领导权、行政权、自治权、经济权、参与权"五权"结构平衡的理论模式。[③] 卢福营、纪晓岚和朱逸分别以浙江省安吉县、上海市九星村等为例研究了村庄的"经营性治理"。[④][⑤]

二是对于构建"以国内大循环为主体、国内国际双循环相互促进"的新发展格局的研究。在党的十九届五中全会之前,学者们关注的重点是新发展格局的科学内涵、现实依据

① 郎友兴. 走向总体性治理:村政的现状与乡村治理的走向[J]. 华中师范大学学报(人文社会科学版),2015,54(2):11-19.

② 张大维. 优势治理:政府主导、农民主体与乡村振兴路径[J]. 山东社会科学,2018(11):66-72.

③ 肖滨,方木欢. 以扩充民主实现乡村"善治":基于广东省下围村实施村民代表议事制度的研究[J]. 中共浙江省委党校学报,2016,32(5):5-13,1.

④ 卢福营. 近郊村落的城镇化:水平与类型——以浙江省9个近郊村落为例[J]. 华中农业大学学报(社会科学版),2013(6):17-25.

⑤ 纪晓岚,朱逸. 经营性治理:新集体化时代的村庄治理模式及其自在逻辑[J]. 西北师大学报(社会科学版),2013,50(2):93-100.

等方面,着眼于阐述和论证新发展格局的合理性。[①②③] 在党的十九届五中全会之后,学界更多地聚焦于如何推动新发展格局的发展,特别是如何更好形成国内大循环。[④⑤]

三是对于农民合作经济组织及其与乡村治理的关联的研究。研究主要集中于在乡村治理中"吸纳"农民合作经济组织的必要性、可能性及措施。学者认为农民在专业经济合作中的"非全程"和"非全要素"参与使得经济合作组织对维护农民经济利益的作用有限,在乡村治理中的功能模糊、作用空间不足。[⑥⑦] 而社区金融合作基于货币的一般等价物特性,在乡村发展和乡村治理中具有纽带作用。通过适当的方式建立农村内置金融,在促进乡村经济发展、重建乡村社会信任和治理机制创新等问题上都具有重要意义。[⑧⑨⑩]

上述研究为本研究提供了重要的学术资源,但也存在着有待拓展的空间。主要表现为当前学界把乡村治理机制与国内大循环关联起来的研究、通过治理机制创新有效整合并优化乡村要素的配置的研究还比较缺乏。关于乡村要素整合的研究又比较集中于农民专业合作社,但是在人才加速外流、产业效益低下等资源紧约束的现实条件下,该怎样构建有活力的新型农村集体经济组织的研究尚缺乏实践的有力支撑。那么,在国内大循环的背景下,如何更加有效地整合和配置乡村社会的存量资源以夯实国内大循环的"微基础"? 这正是本研究要弄清楚的问题。

(三)研究方法

本研究作为一项长期的跟踪调查,历时已近四年。自 2017 年 8 月开始,本团队多次进入河南省郝堂村实地调研,每年均有电话回访,进行跟踪调研。2018 年 8 月,团队开始对内蒙古林原村、山西宋家沟和王家岔、河北石城子村进行调研,累积调研时长达 600 小时。在研究过程中主要采用了以下三种研究方法。

1. 案例分析法

本团队在研究中将理论和实际相结合,通过对河南、内蒙古、山西、河北、广西五个省

① 董志勇,李成明. 国内国际双循环新发展格局:历史溯源、逻辑阐释与政策导向[J]. 中共中央党校(国家行政学院)学报,2020,24(5):47-55.
② 张永亮."双循环"新发展格局:事关全局的系统性深层次变革[J]. 价格理论与实践,2020(7):4-7,12.
③ 李恕佳. 一个重大决策:加快构建新发展格局[N]. 河北日报,2020-11-04(008).
④ 王在全. "双循环"新发展格局下的干部作为[J]. 人民论坛,2020(30):38-41.
⑤ 蒲清平,杨聪林. 构建"双循环"新发展格局的现实逻辑、实施路径与时代价值[J]. 重庆大学学报(社会科学版),2020,26(6):24-34.
⑥ 陈晓莉,徐曦. 统一战线在农村社会管理中的整合协调作用[J]. 重庆社会主义学院学报,2012,15(2):15-18.
⑦ 卢福营. 遭遇社会分化的乡村治理[J]. 学习与探索,2007(5):1-7,2.
⑧ 苑丰,金太军. 从"权力的文化网络"到"资源的文化网络":一个乡村振兴视角下的分析框架[J]. 河南大学学报(社会科学版),2019,59(2):41-48.
⑨ 李昌平. 乡村振兴最核心的任务是增加农民收入[J]. 人民论坛,2018(21):29.
⑩ 王曙光,张棋尧. 制度变革拓宽农村金融发展新空间[J]. 中国农村金融,2013(23):15-17.

(自治区)村社全要素股份合作社案例的典型抽样最终选择了十个案例村庄,它们分别是河南省信阳市平桥区五里店镇的郝堂村,内蒙古自治区鄂尔多斯市达拉特旗树林召镇的林原村,山西省忻州市岢岚县的宋家沟以及王家岔,河北省秦皇岛市青龙满族自治县的石城子村和大森店村,广西壮族自治区靖西市的新灵村、八德村、三西村以及龙臻村。① 受新冠肺炎疫情影响,团队采用了"线上、线下结合"+"一手、二手并重"的案例研究方法,通过前期的实地调研以及远程会话获取第一手材料,同时结合有关媒体报道和政府网站数据获得二手资料,以确保所获得资料的准确性与完整性。

2. 田野调查法

本研究按照马林洛夫斯基提出的田野调查法,根据费孝通先生的田野调查经验,因地制宜地设计我们的田野调查方案。我们选取了"村社全要素股份合作"试点村作为田野调查案例村。2017年8月至2021年1月,团队通过熟人带领的方式三次进入河南郝堂村,每年均有电话回访,进行跟踪调研,累计调研时长达250小时。2018年8月,团队开始对内蒙古林原村、山西宋家沟和王家岔、河北石城子村进行调研,历时近三年,累计调研时长220小时。2019年8月,团队新增了河北大森店村以及广西的案例样本,进行跟踪调研,历时近两年,累计调研时长约120小时。总的来说,团队在大部分案例村进行了田野调查,具体包括观察、访谈、问卷调查与资料搜集等活动。团队在进村居住的过程中实地体验了各村中的生产、生活,对村中的风土人情有深入的感受。

3. 比较研究法

本研究选择具有代表性的案例进行分类整理,对比不同案例之间的相关性、差异性以及比较同一案例在不同时间点上的发展变化,从而总结出乡村治理机制创新与推动要素循环的相关性、创新案例的共性及其优点与缺点,提炼出可操作、可落地的实施方案和对策建议。

(四)本报告的创新之处

"以国内大循环为主体、国内国际双循环相互促进"的新发展格局为本报告的研究背景。其创新之处主要体现在以下三个方面。

其一,研究选题的前沿性。在选题上,站在"十四五"规划开启的新时代、新起点,通过案例研究和对比分析,助力探索和揭示乡村治理体系与国内大循环之间的要素结构及其互动规律。

其二,研究视角的综合性。社会学、政治学、公共管理学、经济学等多学科协同,分析乡村治理体系内在要素互动的结构与机制,分析当下乡村治理遭遇的困境并探寻原因,同时引入"产权—治权"的分析框架。

其三,研究观点的创新性。通过总结试点村改革探索的具体做法及其成效,提出以

---

① 对河南省信阳市平桥区五里店镇的郝堂村已持续跟踪四年,对内蒙古自治区鄂尔多斯市达拉特旗树林召镇的林原村已持续跟踪三年,对山西省忻州市岢岚县的宋家沟以及王家岔已持续跟踪三年,对河北省秦皇岛市青龙满族自治县的石城子村和大森店村已分别持续跟踪三年与两年,对广西壮族自治区靖西市的新灵村、八德村、三西村以及龙臻村已持续跟踪两年。

"村社全要素股份合作社"构建并夯实乡村参与国内大循环的"微基础"这一核心观点。这有利于认识我国乡村治理体系存在的内在结构性困境及其创新思路,便于将乡村治理经验推广至全国其他村庄。

二、"解剖麻雀":村社全要素股份合作的多案例比较

(一)典型案例选择

本报告采用多案例比较研究的方法,遵循典型抽样的基本原则,选取了五个省份的十个典型村社全要素股份合作社,将其作为案例。所选案例的资料来源有三种:一是对案例村社相关负责人、工作人员和村民的访谈,二是调研中搜集的政府部门的相关政策法规、制度细则等,三是相关政府或部门的报告、案例村庄的宣传材料以及政府网站相关工作的报道,具体见表5-3。

表5-3　案例资料来源

案例名称	访谈对象	访谈主题	其他资料来源
郝堂村全要素股份合作社	村支书、理事长、监事长、乡贤、村民	村社全要素股合作社,土地、房屋、山林等的流转与抵押,集体经济	合作社章程、宣传材料、新闻报道、发起人口述
林原村全要素股份合作社	理事长、村民	村社全要素股份合作社、合作社的"资金池"、集体经济	合作社章程、政府部门资料
宋家沟全要素股份合作社	理事长、村支书、村民	易地扶贫搬迁、全国乡村治理示范村	合作社章程、新闻报道
王家岔全要素股份合作社	理事长、村民	岢岚县金融扶贫互助村社体系建设模式	合作社章程、新闻报道、宣传资料
石城子村全要素股份合作社	理事长、乡贤、村支书、村民	村社全要素股份合作社、"一村一品"	合作社章程、新闻报道、宣传材料
大森店村全要素股份合作社	理事长、村民	村社全要素股份合作社、合作社的"资金池"、集体经济	合作社章程、政府部门资料
新灵村全要素股份合作社	监事长、村民	村社全要素股份合作社,农家乐、旅馆等第三产业	合作社章程、专家团队资料、新闻报道
八德村全要素股份合作社	村支书、理事长、乡贤、村民	"要过节到雷屯"的故事、农村产业基础设施、村社统销渠道	合作社章程、专家团队资料、新闻报道
三西村全要素股份合作社	理事长、村书记、村民	村社全要素股份合作社、合作社理念、规划与发展	合作社章程、新闻报道
龙臻村全要素股份合作社	理事长、村支书、村民	村社全要素股份合作社、"村官"话语权	合作社章程、新闻报道、宣传材料

我们试图通过多地区、多类型、多案例的研究增加论证力度,进而探寻村社全要素股份合作社这一创新的乡村治理机制"为何"及"如何"作为国内大循环的"微基础"。选择以上十个村庄的全要素股份合作社作为案例主要有如下考虑。

其一,这十个村庄是乡村治理实践分散在我国各地区的生动缩影,以这十个村社全要素股份合作社案例为研究样本,具备个案研究的代表性和普遍性。

其二,所选取的十个案例村庄已经成为当下我国乡村从凋敝走向振兴的优秀典型(部分典型案例的价值见表5-4)。其丰富的治理情境,为观测村社全要素股份合作如何创新乡村治理机制,从而推动国内大循环提供了绝佳的窗口。

其三,选点的案例既有村、又有镇,还有县(市),在行政单位上体现了多样性,有利于扩展观察的视野。案例类型多样化可以更好地体现"村社全要素股份合作"的乡村治理体系创新对于驱动城乡要素循环的作用及其适用性。

其四,选点的村、镇、县(市)在实行"村社全要素股份合作"改革、进行乡村治理机制创新之前,在经济结构、人口结构上与我国其他普通村庄相比并无特殊之处——村庄人口由密转疏,"半工半耕"成为村民家计模式的主流,村庄治理依赖转移支付的财政资源输入。在我国,这样的村庄甚多。

表 5-4　部分典型案例的价值

选点的村、镇、县(市)	案例所在省区	案例价值
郝堂村	河南省	2013 年被住建部列入全国第一批"美丽宜居村庄"名单,多次被央视报道
石城子村	河北省	2020 年入选农业农村部第十批全国"一村一品"示范村
树林召镇	内蒙古自治区	2020 年进入全国文明村镇候选名单,多次被媒体报道
岢岚县	山西省	2017 年,习近平总书记到岢岚县考察调研
靖西市	广西壮族自治区	2019 年央视新闻联播向全国介绍靖西村社全要素股份合作社

(二)典型案例介绍

1.郝堂村案例

郝堂村全要素股份合作社于2009年建立,距今已有十余年历史,可以说郝堂村是"第一个吃螃蟹"的村庄。2009 年以前,郝堂村村民虽然有土地、山林、房屋等财产,但是无法将其抵押变现,进行投资或再生产,村社全要素股份合作社的建立,为当地村民解决了发展没有资金的问题。

本团队在第一次入村调研时了解到,郝堂村全要素股份合作社的初始资金构成中,政府资金 10 万元,中国乡建院李昌平出资 5 万元,村委会出资 2 万元,7 位乡贤提供 14 万元,15 位老人提供 3 万元,总计 34 万元。

团队成员在与合作社发起人——郝堂村的村支书胡静女士的访谈过程中得知,合作社至今未出现过一笔坏账,参与分红的长者社员人数年年都创新高。通过对郝堂村的持续跟踪调研,团队对历年获取的数据进行了如下整理(见表5-5)。

表 5-5 郝堂村全要素股份合作社 2016—2020 年发展数据

年份	社员总人数/人	年度分红人数/人	盈利/万元	分红/万元
2016	2 270	266	34	11.3
2017	2 270	266	36	14.4
2018	2 292	290	49	19.7
2019	2 316	305	51	26.0
2020	2 325	316	53	26.5

2. 林原村案例

在村社全要素股份合作社建立以前,林原村的集体经济基础十分薄弱,无法支撑村中产业的发展。为了壮大村集体经济,时任村支书的麻三占组织村民于 2017 年 5 月建立了村社全要素股份合作社。

据麻三占介绍,林原村全要素股份合作社的"资金池"构成如下:政府投入种子资金80 万元,乡贤资助 32 万元,长者社员入股 5.2 万元,合计 117.2 万元。2019 年底,团队对林原村进行了回访,麻三占在电话那头欣喜地告诉我们,在 2019 年的分红大会上,合作社社员每人分到了 500 元,大家纷纷露出由村民变股民的喜悦之情。①

3. 王家岔、宋家沟案例

2017 年 2 月,应地方政府邀请,专家团队启动山西忻州岢岚县项目,同年 5 月底完成了大部分建设工作。从设计施工到验收完成,岢岚县项目历经 180 天,集中建设 77 天。据专家团队负责人介绍,他们配合当地政府大力度、系统化的易地扶贫搬迁政策,才共同打赢了一场漂亮的脱贫攻坚战。宋家沟全要素股份合作社 2016—2020 年的发展数据见表 5-6。

表 5-6 宋家沟全要素股份合作社 2016—2020 年发展数据

年份	社员总人数/人	年度分红人数/人	盈利/万元	分红/万元
2016	—	—	—	—
2017	56	56	—	3.30
2018	62	62	—	2.80
2019	60	60	—	2.78
2020	58	58	—	1.90

在团队对宋家沟持续跟踪调研的三年中,我们看到宋家沟的巨大变化。这个小山村获得全国乡村旅游重点村、中国美丽休闲乡村、全国乡村治理示范村等诸多荣誉,绿水青山成了金山银山。

岢岚县的王家岔乡也按岢岚县金融扶贫互助村社体系建设模式,在专家团队协作下,

---

① 数据来源于在林原村调研时对麻三占书记的访谈。

遵照"政府主导、村民主体、产业支撑、民主管理"的原则,采用村民自愿入社的方式,于2017年5月11日注册成立村社全要素股份合作社。专家团队的负责人激动地向我们介绍,激发了我们对王家岔的兴趣。我们在对王家岔持续调研的基础上,对获取的调研资料及数据进行了记录(见表5-7)。

表5-7　王家岔乡全要素股份合作社2016—2020年发展数据

年份	社员总人数/人	年度分红人数/人	盈利/万元	分红/万元
2016	—	—	—	—
2017	150	150	7	6.8
2018	157	157	7	3
2019	157	157	5	2.8
2020	165	165	7	3

4.石城子村、大森店村案例

河北省秦皇岛市青龙满族自治县石城子村的"众石城鑫"乡村旅游专业合作社是在青龙县委县政府、县农工委及相关部门的主导下,由专家团队协作、石城子村"两委"发起,遵照"民办、民管、民受益"的原则,采用村民自愿入社的方式,于2017年5月18日注册成立的。2017年11月底,合作社开始围绕村庄的"拳头产品"——板栗大做文章,初步完成了"石也香"板栗品牌的创建。如今,石城子村凭借此品牌获得了全国"一村一品"示范村的荣誉。

"通过合作社带动基地发展,无论是果品、绒山羊,还是乡村旅游,合作社都实施统一经营管理,不仅解决了散户种植缺乏劳动力、不懂技术、不了解市场等难题,还提高了销售价格,促进了非社员种植的积极性。"大森店村驻村工作组组长季海然介绍道。

5.新灵村、八德村、龙臻村以及三西村案例

2018年7月,靖西市引进专家团队,由专家协助开展村社全要素股份合作社建设。靖西市村社全要素股份合作社由村"两委"主导,乡贤和骨干村民带头自愿发起成立,为社员提供生产、供销、信用"三位一体"的综合服务。目前,共完成了17个试点村的合作社建设,涉及12个乡镇,总计发掘入股乡贤社员383人,股金921万元;入股长者社员322人,股金90.6万元;投资社员79人,股金64万元;入社社员总计784人,入社股金达到1 420万元。① 由于当地案例较多,本次的调研报告中仅呈现新灵村、八德村、三西村以及龙臻村的村社。在对靖西市各案例的跟踪调研中,我们与各合作社负责人建立了长期的联系。通过当地一线的工作人员,我们对各村村社全要素股份合作社的各项数据进行持续的记录并整理如下(见表5-8)。

---

① 数据来源于在靖西市调研时对理事长的访谈。

表 5-8　靖西市部分全要素股份合作社数据

村名	乡贤股		长者股		投资股		原股金总额/万元	已发放互助金/万元	历年已分红/万元
	人数/人	金额/万元	人数/人	金额/万元	人数/人	金额/万元			
新灵村	21	66	23	6.9	44	5.7	131.6	151	1.326
八德村	32	74	24	4.8	2	4	135.8	94.5	2.3
龙臻村	10	22	11	3.3	—	—	83.3	62.5	0.35
三西村	18	40	22	6.6	2	4	103.6	184	1.38

（三）合作社的发展现状及其趋势

各案例的全要素股份合作社的发展时间不同,但通过对调研数据的整理分析,我们发现无论是各案例的社员人数还是分红人数都在逐年增多,盈利与分红也呈现了逐年攀升的趋势。

2020 年 11 月 3 日,北京市农村经济研究中心与社会科学文献出版社在北京共同发布《集体经济蓝皮书:中国农村集体经济发展报告(2020)》。报告指出,中国农村集体经济改革总体水平持续提升,但仍呈现"东高西低、中部塌陷"的不均衡态势。建立在集体经济基础上的全要素股份合作社在我国大地上均有分布,且发展趋势一致向好。尽管靖西市全要素股份合作社的发展时间较其他案例村社晚,但无论是社员人数还是盈利至今都保持着良好态势,且呈稳步上升趋势。

三、"堵点":国内城乡要素循环面临的困境

农业生产以及农村生活中存在着众多要素类型,其中,人力、土地、资金等既是农村社会的基本要素,也是城市第二、第三产业发展的基础,它们在城乡之间的流动关系直接体现了城乡要素互动的结构性特征以及内在机制。从 20 世纪七八十年代以来,新制度经济学的崛起和拓展,使人们越来越相信"制度最重要"。[①] 换言之,制度也是一种重要的生产要素,其供给主要主体是各级政府。因此,本报告将通过梳理人力资源、土地、资金以及制度要素在城乡之间的流动现状,审视城乡要素流动面临的困境。

（一）城乡人力资源要素双向流通渠道不畅

一是农村剩余劳动力转移不顺畅。根据刘易斯－费－拉尼斯模型,只要非农产业能够支付高于农业的实际工资,且其差额能补偿城市较高的生活费用和外出心理成本,农村劳动力就会有向城市转移的动力。劳动力是农村最富余的要素,大量的农村劳动力向城市转移。比如 2009 年,郝堂村人均年收入只有 4 000 元左右,其中打工收入占 70%,农业收入仅占 30%。可见农民外出到城市就业、务工所得收入是农民生活的重要经济来源。然

---

① 〔美〕道格拉斯·C. 诺思 . 经济史中的结构与变迁 [M]. 上海:上海三联书店,上海人民出版社,1994:5.

而,农民在进城过程中,在子女的入学、医疗的保障、社会的管理等方面都遭受着不公平待遇。农民工缺乏基本的就业培训而受到就业歧视;农民工的工资遭遇拖欠时,合法权益得不到保障;城市的社会保障制度与他们无缘,更是给进城农民工带来了更多的社会风险。除此之外,进城农民的农村承包地等容易荒废,无法及时、有效地流转利用或"变现",更别提以这些资产支持进城农民融入城市生活中了。

二是城市资本向农村流动受到阻滞。大量的城市人力资源向农村流动有利于农村各项社会事业的发展。然而,相对于农村向城市流动而言,城市优质人力资源向农村流动更难。首先,城市居民去农村发展的动力明显不够。其次,受历史因素影响,城乡之间在产业布局、经济组织等方面存在差距,且农业部门的劳动生产效率明显低于城市第二、第三产业。城市居民必定不愿意去农村发展。再次,尽管国家积极引导城市人才到农村发展,并且出台了相应的激励措施,但农村内部人才配套措施缺位,这极大地弱化了国家相关政策的效应。

(二)农村土地资源要素价值受限

一方面,人均土地不足一亩半、户均土地不足十亩的以家庭为单位的小农生产组织方式已经难以满足现代农业生产的需要。农业用地越规模化,对城市工商资本投资于农业的吸引力就越大,而实现规模化的前提是农村土地有序流转。长期以来,碎片化的小农经济经营模式分散,土地要素集约化程度低,农业经济效益欠佳。例如,信阳市属于河南省较为落后的地级市之一,2009年全市近800万人口中农村人口有540万人,人均耕地仅1.2亩,农民的收入微薄,很多农民举家外出务工,耕地撂荒严重。在开展"村社全要素股份合作"之前,村里分散四处的抛荒土地白给别人种,都没有人接手。

另一方面,随着农村剩余劳动力向城市转移,大量的土地资源被闲置,造成了极大的土地资源浪费。据统计,2019年我国外出务工人员1.69亿[①],其中65%以上的农村家庭有成员进城务工,由此引发了一定程度的土地闲置与抛荒。《中国农村发展报告(2019)》发布的数据显示,中国农村居民点闲置土地的面积高达200万公顷。另外,据不完全统计,中国农村宅基地废弃空置近760万公顷。然而,土地是实现农业现代化的核心要素,农业生产、农民生活的核心载体,其流通关乎我国经济社会发展与稳定,因此必须受到高度重视,不能再如此荒废和闲置下去。

(三)农村资本要素短缺,金融支农力度有待加强

首先,财政支农投入总量和资金使用效率亟须提高。农业生产要面对自然和市场的多重风险,天生具有弱质性,需要政府财政补贴扶持。近年来,政府持续加大惠农力度,财政向农业农村建设倾斜,但对社会资本的杠杆作用有限。2019年初中国人民银行发布的《金融机构贷款投向统计报告》显示,截至2018年末,我国农村(县及县以下)贷款余额为26.64万亿元,同比增长6%,但其增速却比上年末低了3.3%。其原因在于农业项目的投资期限长,回报率低,其与金融资本的逐利性存在着难以调和的矛盾。

---

① 国家统计局.2019年农民工监测调查报告[J].建筑,2020(11):28-31.

其次,涉农企业融资难题仍有待解决。对我国农村来说,在劳动力、土地和资本三要素中,资本最为匮乏。而政府因担心"资本下乡"会带来非粮化、非农化等问题,对资本流向农村给予诸多限制。尽管农村金融机构种类非常多,但真正能够为农村经济社会发展提供帮扶的金融机构为数不多,例如,政策性的农业发展银行并不会向普通农业生产者提供贷款,而仅为农村基础设施建设提供资金或为农产品加工单位提供贷款服务。农村金融体系不完善制约着城市资金要素向农村流动,也制约着我国深化农村"三变"改革。

(四)农村经营制度与城乡二元体制弊端日益显露

首先,农村基本经营制度不够健全。党的十一届三中全会后,我国逐步确立了"以家庭承包经营为基础、统分结合的双层经营体制"的农村基本经营制度,为解放农村生产力奠定了有效的制度基础。然而这一制度在实际运行过程中,着重"分"的价值,忽视了"统"的地位,农村集体经济组织成员呈现明显的异质性,且村级集体组织和农户关心的都是个体和家庭收入,导致家庭经济发展较快,而村级集体经济发展缓慢甚至弱化。正如胡凤武理事长在访谈中提到的:"合作社能起到整合的作用,很多闲置资源都缺乏一个进行大规模的集约化发展的平台,因为个人零散化的生产实际上生产率和利润都很低,只有投入合作社,投入集体经济,利润才能翻倍。"

其次,城乡二元体制惯性较强。20世纪50年代,"以农助工、以乡助城"的治理理念深入人心,我国形成了制度边界极为明显的城乡二元结构体制。尽管国家出台了多项改革二元体制、推行城乡一体化的政策,尤其是2014年国务院出台的《关于进一步推进户籍制度改革的意见》明确提出"建立城乡统一的户口登记制度",为构建城乡一体的经济结构奠定了基础。然而,城乡二元结构体制的惯性较强,至今仍影响着农村经济社会的发展。

四、"成因诊断":国内城乡要素循环困境的结构性原因

生产要素流动的强度取决于城乡能够为要素带来的最大收益,而这种潜在收益的大小则是城乡的自然资源、基础设施、技术积累、经济机制及其社会文化等因素相互累积、叠加的结果。城乡要素流动通道阻塞的成因是结构性的,可以从户籍制度、产权制度、金融制度、财政制度层面进行探究。

(一)城乡二元户籍制度形成要素循环的长期壁垒

人力资源是城乡要素流动的主要载体。人力资源要素的流向、规模与素质决定着城乡发展潜力,而户籍制度是决定人力资源要素能否畅通循环的主要因素。户籍制度与子女入学、社会保障、购房资格息息相关,决定着资金、技术与生态资源在城乡之间的配置。首先,由于户籍制度的限制,目前高速的城镇化进程呈现出"不完全性"。农民进城并没有完全享有城镇化的各种社会保障。特大城市、大城市的落户政策在稳定住所、居住年限、就业范围等方面进行严格管控。积分落户评价体系给农民工群体落户设置了较高门槛。其次,没有实施城乡统一的户籍制度,使大量热爱农村事业、积极投身农村发展的城镇居民产生了顾虑,阻碍了城乡人力资源的优化配置。

(二)农村集体产权制度制约城乡要素循环

我国农村集体资产总量不断增加,已成为农村发展和农民共同富裕的重要物质基础。改革开放以来农村集体产权安排激发了农村活力,促进了农村经济的增长。但随着农村劳动力流动带来的红利效应减弱,现有的集体产权制度安排与市场经济内在发展要求呈现出新的矛盾。在工业化、城镇化加快推进的过程中,农村经济结构、社会结构正在发生深刻变化。农村集体资产产权归属不清晰、权责不明确、保护不严格等问题日益突出,侵蚀了农村集体所有制的基础,影响了城乡之间人口、土地、资金要素的自由流通。

(三)金融制度不健全、不配套

随着生产要素市场化配置的进程加快,现代农业经营体系也亟须建立起一种"把资产转换为资本"的有效机制。将资产换为资本,就是原本固化的土地要素转化为高效的资本要素,从而为作为经营主体的劳动力要素提供充分的资金保障。从案例村庄的情况来看,农民的土地往往不能作为股份抵押以获得贷款,究其原因,当前的金融制度与土地制度不配套。金融服务不深入、金融供给低效仍然是形成农村发展困境的重要原因,金融制度不健全严重影响着农村生产要素自由流通。

(四)财政支农资金使用方式的"路径依赖"

计划经济时期,国家既定的工业化发展战略使农业成了弱势产业,城乡二元分割的社会管理体制作为该时期的特殊制度安排,旨在为工业发展积累资金。而在市场经济全面改革后,原本具有束缚性的服务于城乡二元体制的制度安排制约了要素价格,阻碍农村经济增长。而在国家提出"以工补农、以城带乡""多予少取放活"方针后,支农财政资金在县域层面的使用仍然延续着计划经济时期的"项目分配制",零碎化、"九龙治水"现象还比较突出,而较少采用适合市场经济关于要素优化配置的竞争性获取的方式。这一定程度上加大了公共支农财政资金的"权力寻租"和"精英捕获"。

随着农村集体资金往来多元化、资产利用多样化、资源开发产业化形势逐渐显现,农村"三资"管理面临更大的挑战,集体资产流失、闲置、浪费、损毁、低效现象时有发生。究其主要原因:一是资产内外监督难以实施。除土地产权外,农村村社集体经济组织中的公共性资产、资源性资产、流动性资金的产权归属不清晰,农户对这些资产所占有的份额、预期收益也不明了。二是有些地方的领导对集体资产管理工作不作为,村务信息公开机制不完善,致使集体资产经营、使用与收益不透明。三是集体资产管理的法规、制度不健全,查处力度偏弱,难以实现规范管理。这些因素严重制约了农村村级集体经济的有序发展。

五、"疏通治疗":全要素股份合作促进城乡要素循环的路径

基于以上分析,本报告将从平台搭建、要素整合、政策配套、机制畅通方面,提出以村社全要素股份合作促进城乡要素循环的现实路径。

(一)平台搭建:创设要素双向流通的良好环境

城乡要素循环是国内大循环的重要组成部分。然而,当下我国的城乡要素循环普遍

面临着双向流通受阻的问题。主要体现在乡村人力、资金、土地、房屋、设备等要素价格低、高度分散、变现困难、流动性弱等。而这些问题的根源在于长期去组织化导致农民的分散化,不能形成有效的乡村发展主体。唯有通过综合的合作组织,才能改变乡村要素分散化的现状。

村社全要素股份合作(或全要素股份合作社)产生之初就是要解决乡村发展组织无力、内生长效机制不健全的问题,通过搭建要素整合的平台,创设城乡要素双向流通的良好环境。作为一个新型的乡村发展组织,其与以往平台建设的不同主要体现在以下几个方面。

1. 由村"两委"倡导发起

近年来,由地方少数致富能手建设,拉动多数普通村民参与的传统合作社,普遍由于权责机制不清、监督机制缺失、村民参与度低等问题,缺乏发展动力。全国登记注册的合作社有 220 余万家,但 80% 以上成了僵尸社、空壳社,已无法满足乡村经济发展的需要。

为解决这一问题,全要素股份合作社由村"两委"主导发起,鼓励村民、乡贤积极参与。河南郝堂村的胡静书记、内蒙古林原村的麻三占主任都是推动全要素股份合作社成立的帮手,村"两委"和合作社的管理人员是"一班人马"。村"两委"对村民的动员,提高了村民对全要素股份合作社的信心,是全要素股份合作社具有较大村民参与度的保证,从而有效避免全要素股份合作社成为实际只有少数人参与的空壳合作社。

2. 合作社股金筹集

从上述的案例介绍来看,村社全要素股份合作社的成立主要依托于政府、协作团队、村社及其社员、乡贤等的推动(见表 5-9)。

表 5-9　部分村社全要素股份合作社启动资金组成

案例名称	资金组成/万元				
	政府所出资金	协作团队所出资金	村"两委"所出资金	村民(社员)所出资金	乡贤所出资金
郝堂村全要素股份合作社	10	5	2	3	14
王家岔全要素股份合作社	100	0	30	85	85
林原村全要素股份合作社	80	0	0	5.2	32
八德村全要素股份合作社	0	0	0	24	32
龙臻村全要素股份合作社	0	0	0	10	10

其中,政府、协作团队作为合作社的外部力量,在此我们将其界定为外部主体。这类外部主体为全要素股份合作社的筹备、建立与运行提供了良好的社会资本,推动了村社共同体的成长。外部主体中的政府力量通过资金以及政策支持赋予了村社全要素股份合作社以权威性和可信服性。

将作为合作社内部力量的村"两委"、村民及乡贤界定为内部主体。我们发现内部主体与外部主体的联结通过全要素股份合作社这一平台得以实现(见图 5-5),那么放眼国内大循环背景,这一平台也许可以作为城市与乡村之间要素交流的平台。当下单纯地依靠政府这一主体购买服务来推进乡村治理,是无法有效地解决基层社会问题的。如果没有村"两委"在其中作为主导、乡贤进行号召、村民在乡村治理中作为真正的主体,乡村有效治理将是空谈。

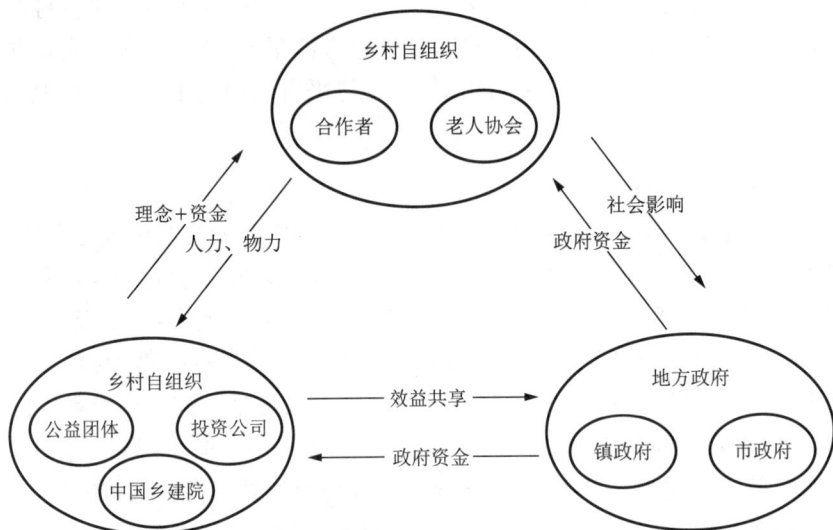

图 5-5　村社全要素股份合作社与外部主体互动关系

3. 组织管理体系完备

全要素股份合作社自建立之初就成立社员代表大会,拟定基础章程,规定基础制度等,这是合作社稳定发展的保障。合作社拟定的章程、制度等,需要经过社员代表大会 2/3 的成员同意,合作社发展过程中的重要事件,也需要经过社员代表大会的讨论与评议。除此之外,社员代表大会负责选举产生监事会、理事会并设监事长、理事长,促进对合作社内部权力的监督与制衡。

在前文的资金组成的分析中,将合作社启动资金提供者分为内部主体与外部主体。然而,合作社作为凝聚村民,重构有统一财权、事权和治权的村社共同体,不管资金来源如何,始终以村民为主体,因此以乡村为界的内部主体们构成了村社合作社的组织结构。各全要素股份合作社的结构框架设计大同小异,只是有起步和发展早晚之差别,本报告在这里仅呈现发展有十年之久且十分完备的郝堂村村社全要素股份合作社的组织架构(见图 5-6)。

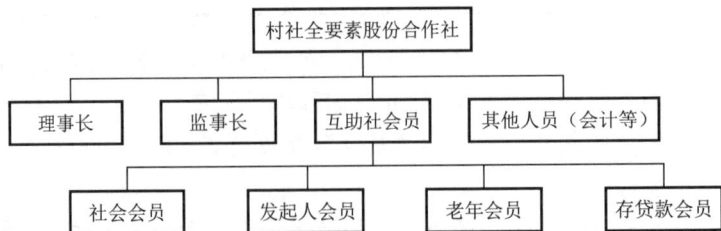

图 5-6　村社全要素股份合作社组织架构

在调研过程中,悬挂在郝堂村合作社办事处的章程引起了我们的注意,章程明确规定了组织架构中各角色的定位。合作社章程规定,理事长扮演着"CEO"角色,在负责经营管理、合同签订等工作的同时也负责处理和协调对外关系,可以说是合作社与外部的联结枢纽。监事长主要负责的是监管资金流转、对账、审账,同时也负责追回逾期的贷款,作为监督者,发挥着经济监督的作用。而其他人员是指在合作社组织内工作的人员,例如,会计主要负责小额贷款的处理和汇报、贷款账单的编制以及冗余库存、累积资金的整理等。

但合作社作为一个组织,能够运转起来依靠的不仅是自身的完备组织体系,还受其所处外部环境的影响。因此,本报告描述的运作结构不单单是合作社内部的运作机理,而是将合作社看作一个小系统,以全要素股份合作社为边界引入"系统分析模型",完整地呈现这个小系统内部、外部的组成及其互动过程(见图 5-7)。全要素股份合作社之所以能够持续运转下去,是因为其与外部环境之间相互作用、相互影响,并维持着大致稳定的状态。

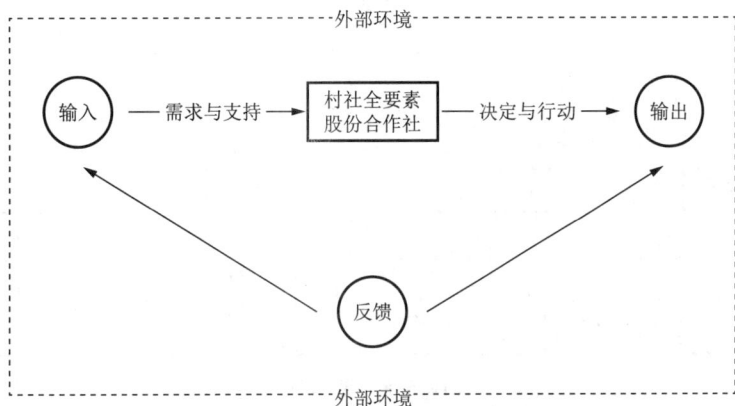

图 5-7 村社全要素股份合作社系统运作

4. 内外循环稳定持久

全要素股份合作社的运转会给各内部主体带来利好,这些内部主体出于自身发展的需要,会产生技术、资金等的需求。这一系列需求必将由与合作社联系的外部主体(包括村"两委"、村民自治组织、中国乡建院、乡村协作者中心、政府、社会组织、社会个人等)满足。

外部主体给予的支持通过特定的通道输入合作社后,内部主体开始活跃起来。他们对输入的资源进行处理和利用,随后在合作社系统内部将资源转化为激活村庄的动力并输出。这种输出的结果会经过内部主体的评估,反馈给外部主体。持续且良好的反馈会促使环境中的外部主体给予合作社持续性的资源输入和支持,这是全要素合作社稳定持久的内外循环,是其持续健康发展的动力。

(二)要素整合:促进城乡资源共享,发挥乡村要素的价值

党的十八届三中全会提出,推进城乡要素平等交换和公共资源均衡配置;党的十八届四中全会进一步指出,促进商品和要素自由流动、公平交易、平等使用。长期以来,农村集

体产权制度制约农村要素价值的发挥,社会发展的资源趋向于由农村流向城市,农村发展过程需要的资源与要素不断流失,这是造成城乡差别的重要因素之一。而突破城乡融合发展的障碍,促进城乡资源共享的关键就在于在不改变集体产权的前提下,削弱产权制度对要素价值的限制,充分发挥乡村要素的价值。

1. 形成"要素池"

以"熟人社会"的信用为基础整合农村的一系列资源,以生产合作、消费合作为核心,通过整合农村的"小农户供给"有效对接城市的"大市场需求"。因此,高效地利用闲置的农村资源,需要引导和建立完善的城乡要素市场,发挥市场化的作用,让更多农村闲置资源参与到新型城镇化建设开发中,进一步激发市场的活力。这里的关键在于形成一个要素池(见图5-8),以此作为农村与城市要素的整合平台,以达到稀缺互补、优势转换的效果。

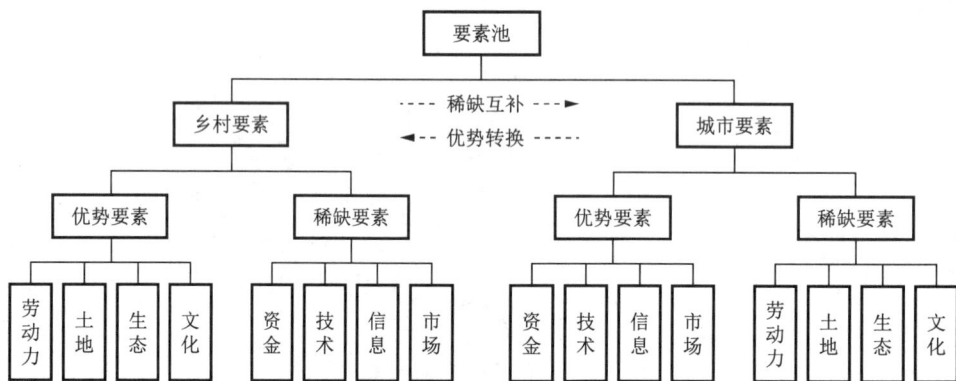

图 5-8　要素池

资金、土地、房屋、技术等要素都可以通过量化整合起来,汇集进全要素股份合作社这个"要素池"。在前文案例中,郝堂村全要素股份合作社由政府、专家团队、村委会以及乡贤、长者共同出资,共计37万元,构成其初始资金;林原村整合了包括相关部门发展集体经济补贴等在内的共117.2万元;靖西市的17个村庄则整合了1 420万元的合作社启动资金。每个村庄将各方提供的"资金流"统一整合进要素池,将分散的资金规模化整合,从而实现再投资。

2. 盘活"要素池"

全要素股份合作社不仅要形成"要素池",更要盘活"要素池"。如何充分发挥农民的主体性,重新分配与利用"要素池"中的资源,是盘活"要素池"的关键。

(1)资金:中央一号文件曾强调"农村金融是建立现代农业的核心",但事实上我国农村普遍存在着小农贷款规模小、成本高、信息不对称等问题,农民的山林农地等要素零散,价值受限,很难成为有效的抵押品。即便在2008年,郝堂村的村民拿着产权证,也无法在任何金融机构抵押贷款。农村生产经营贷款难、借款难,是农村发展首先要解决的问题。

全要素股份合作社成立后,郝堂村、林原村和靖西市的村庄被整合起来的入社资金,就可以依托"熟人社会"的信用关系(即信用合作制度)借给有需求的村民,以满足他们发展生产时的资金需求,实现合作社的资金互助。借出资金的利息在每年底成为合作社股利分红的一部分,收益归还村民。这些资金还可以用于村庄的基础建设、环境改善等,推动村庄产业发展,造福村民。

(2)土地:长期以来,我国土地要素集约化程度低,农业经济效益欠佳。近年来虽然土地流转已有很大进展,但由于农村土地产权模糊等,农村土地流动依然受到限制。多数村庄存在土地分散、抛荒率高等问题,再加上村民间通常难以形成统一的对外承包意愿,土地在流转的过程中无法实现规模化经营,导致土地要素的经济效益难以提高。

配合农村产权制度改革,全要素股份合作社通过"确权确利不确地"的方式,明晰集体资产产权。在此基础上,通过土地流转信托或量化为股,鼓励村民将土地放入合作社以获得租金或股利分红,实现村民家庭资产的金融化。同时,合作社将土地集中整平,流转给农业大户或企业以发展现代农业,在降低生产成本的同时,又避免产品的价格被低估,将农村的"小农户供给"整合起来,从而对接城市的"大市场需求"。

(3)房屋:闲置的房屋无法产生收益,但经过全要素股份合作社的整合,可以统一改造成民俗村、特色民宿等,发展地方旅游业。而村民每年拿股利分红或租金,从闲置的资源中获取收益。随着居家养老的流行,合作社甚至可以将改造后房屋的使用权出售给想要到乡村养老的城市人群。

但事实上,单一的要素整合并不能满足发展的需求,只有全面的全要素整合,才能适应发展的需要。近年来,靖西市新灵村依托当地的旅游资源优势,大力发展特色旅游。通过全要素股份合作社,新灵村同时整合了村庄的资金和房屋,盘活了闲置资金和房屋要素,装修特色民宿,改变原来只能提供"吃和玩",无法解决"住宿"的问题,实现了地方旅游"吃、住、玩"的全套服务。

(三)政策配套:以金融为血脉构建全要素股份合作社

案例村庄的成功离不开各级政策的先进性,例如,郝堂村赶上了平桥区的试验,在发展的初期吃足了支农政策的红利,然而由于后续政策没有跟上等,郝堂村的发展到如今也遇到了瓶颈。因此,全要素股份合作社的持续运转必须要有相应的配套政策,要从政策引导出发,建立健全农村金融体系,以金融为血脉构建村社全要素股份合作社,有效加强金融支农力度,从根本上解决农村资本要素短缺等问题。主要措施包括以下几个方面。

1.通过政策补助等措施引导社会资本下乡

北京金地融通农业投资有限公司即中国乡建院,是典型的乡村建设服务企业。除了2009年为郝堂村合作社资助5万元外,中国乡建院也为新灵村、宋家沟等许多村庄提供了建立全要素股份合作社的资金支持。当然,中国乡建院只是中国众多支持农村发展的企业之一。

企业是乡村振兴的重要参与者,也是沟通城乡要素的重要组织载体。政府应通过政策补助、税收激励等措施引导更多社会资本下乡,鼓励企业助力乡村发展。同时强化法律保障,抓大放小,避免官僚主义和形式主义,切实推动惠企政策落到实处,提高企业助力实现乡村产业兴旺、农民生活富裕的积极性。

2.加强外部监督,规范农村金融市场的运营

依法规范各类金融行为,支持农村合作金融规范发展,促进金融资源向"三农"倾斜。同时,严格限制高利贷、严厉打击"套路贷"诈骗等犯罪行为,规范和引导民间借贷健康发展。促进农村金融体制改革,积极发挥小额贷款公司的作用,例如,中和农信项目管理有限公司等机构服务于乡村振兴。引导更多金融资源与农村经济社会发展环节相匹配,促进金融服务农村,探索新型农村合作金融发展的有效途径。

3.建立政府层面的激励机制,鼓励发展集体经济

从实际需求出发鼓励地方开展资源变资产、资金变股金、农民变股东等改革,增强集体经济发展的活力和实力。在 2009 年郝堂村全要素股份合作社建立之初,平桥区政府给予种子资金 10 万元。在创办合作社的 3 年后,郝堂村人均年收入约 7 000 元,已接近全国农民人均纯收入水平(7 917 元),比建设之初增长了 75%。[①] 政府资金的支持无疑更加巩固了村庄发展的信心与决心,极大地调动了村民建设村庄的积极性。

除了资金支持,政府需要出台相关的政策来支持乡村的全要素股份合作社的建设,地方政府应当安排专人入村进行充分考察,在不违反法律和相关政策的前提下,积极地打通全要素股份合作社所需要的各项审批程序。把建立和发展农民信用合作、生产合作、消费合作"三位一体"的新型农村合作经济,作为推动农村现代化发展的重要举措。切实加强组织领导和政策扶持,让农村资源在农村内、外的双向自由流动常态化、规范化,使这项工作成为国内循环健康持续的微观基础。

(四)机制畅通:强化城乡融合发展体系的多元设计

1.设立理事会、监事会等,完善监督机制

根据乡村的产业规模、经营业务、经营方式等,寻找懂得经营、善于管理、能带动产业发展的"能人"组成理事会,根据规模大小以及各人所擅长的领域进行经营业务分工,实行工农小组分化等制度,带动合作社发展。同时,聘任监事会成员并确保其不受理事会成员控制。监事会成员定期向村民公示合作社的运营情况以及资金流转情况,保证村民的监督权、知情权,同时也保证合作社的资金安全,使得合作社可以长久、安全地运营下去。在多个案例村庄中,合作社选举出的理事和监事都是村庄的老党员,成立合作社与制定章程不仅有效提升了基层组织的服务和治理能力,也加强了基层党组织的治理能力。

2.通过要素股份量化,进行要素的有效整合

对于村民拥有的房屋、土地等要素的具体价值,人们还存在一定的争议,为此需要建立专门的价格评议委员会,根据要素的质量、规模、可被使用年限等进行专业的、公正的价格评议。评定好价格后,以给定的价格为一股,根据要素的评议价格进行具体的股份量化,最后再与村民签订协议,使得村民手头的要素变成股份,正式进入合作社。前文提到全要素股份合作社以集体经济为前提,但是处于中部地区的合作社并未出现《集体经济蓝皮

---

① 刘先琴,王胜昔."为官一任,造福一方,遂了平生意":河南大力弘扬焦裕禄精神有力支撑克难攻坚崛起振兴 [N]. 光明日报,2017-06-28(01).

书》中的所说的"塌陷"怪圈,这是因为各地的村社全要素股份合作社虽然在本文中呈现的名称相同,但事实上各地根据自身情况发展出的是具有当地特色的地方性合作社,而非统一照搬一个发展模式。

其中,有的案例借助当地资源成立起以旅游为主的乡村旅游专业合作社。郝堂村根据当地老人众多且年轻人回乡发展资金不足等情况,建立起以资金互助为依托的夕阳红养老资金互助合作社,让老人养老不再是难事,让村民脱贫有了资金,贷款有了渠道,配以当地试验区的相关政策,2013年便成了"美丽乡村"。树林召镇发起的综合性合作社,虽然也是以资金互助为依托,但与郝堂村不同的是树林召镇试验区创建了"一村四社联合社体系",即资金合作社、土地合作社、房屋合作社和消费合作社的联合社体系,让资金、土地、房屋等资源集约经营起来、让"死资源""死资产"能抵押变现和交易起来,另外,树林召镇构建起的树林召镇产权交易服务平台,是全国农村产权第一个镇级交易平台,且交易主体多元,交易产品丰富,可以说该平台是名副其实的全国首创、最佳。①

3. 形成以合作社为中介的自由交换路径

上述案例无一不是结合自身特色,借助全要素股份合作社平台,将乡村特色与乡村"死资产"向外推送,最终实现了与外部环境资源的互换,使得乡村变得富裕,也让村外人尤其是城市居民"下乡"有了一定的渠道。可以预期,这将为乡村有效治理提供范本,将为农村沉默资源的活化、扩大内需和建立内循环提供范本。

一方面,实现村内部的自由交换。在外打工的年轻人通过股份量化将自己的闲置资源入股合作社,合作社可作为中间机构直接与村内的承包大户联系,将这些资源转租给有需要的承包大户。这解决了资源抛荒的问题,使得资源可以充分有效利用。由承包大户出资,形成了成片的集中化的产业,扩大了产业规模,获得了极大的经济效益。

另一方面,实现村与外部的交换。以村为基础,在联合社内交换,形成合作社系统内部与非合作社主体间的要素流动。此外,商业银行等金融机构也可与联合社签订资金使用协议,注入资金,再由联合社根据乡村的产业规模大小、经营状况等进行资金分配,将资金有所侧重地分配给各村庄,以促进村庄的发展。

六、经验与启示

本研究选取的十个典型案例是村社全要素股份合作社改革在不同省份的成功试点。在对试点经验的分析总结基础上,逐步实现村社全要素股份合作在不同区域的"面上"的推广,以全面促进城乡要素循环、构建国内大循环的"微基础"。推动村社全要素股份合作的关键是在因地制宜的基础上,推动村庄建成"信用合作、生产合作、供销合作 + 公共服务"的村民组织化效益实现的"3+1"模式。

第一,信用合作是前提。任何市场主体的发展壮大都需要依靠可支配的现金流,然而事实是,村民有房屋、有土地、有山林,却无法将这些"沉默"的资源资产变现。从十个案例村庄筹集初始入社资金的情况看,集合的"资金池"比分散的资金流更能满足村民发展

---

① 圆市民下乡梦:树林召镇第一宗农村产权交易达成 [EB/OL]. https://www.sohu.com/a/4141 98791_612996.

的需要。让村民通过承包权和经营权抵押融资、依靠"熟人社会"的信用基础实现借贷，将静态的"生产要素"转变为动态的"金融资产"是实现城乡要素良性循环的首要任务。

第二，生产合作是基础。随着当前经济的发展，为满足发展的需要，应实行集约化、规模化、专业化的生产经营。不论是乡村旅游重点村的建设，还是大棚蔬菜、水果的升级，都要求村民与村民之间、村民与村庄之间进行生产合作。通过村民土地的整合实现规模化生产，同时提供统一的技术培训，满足专业化的需求。生产合作是城乡要素双向流动的重要保障。

第三，供销合作是桥梁。城乡要素流动受阻的根源是要素的不匹配、不对应，分散的"小农户供给"无法与城市的"大市场需求"有效对接。从石城子村的板栗品牌的打造过程来看，供销合作不仅可以通过有效的市场对接降低产品的销售成本，还可以避免村民间相互杀价带来的收益损失，从根本上实现增收。由此，供销网络的健康运转是实现城乡要素良性循环的关键举措。

第四，公共服务是归宿。人情是农村社会的普遍现象，是农村社会的润滑剂。尽管各案例村庄筹建村社全要素股份合作社的时间不一，成员结构不同，但无一例外的是合作社自成立初始就有"敬老资金""长者分红"。通过信用、生产、供销合作联结起来的利益共同体是"无情的"，只有将其系上情感的纽带，才能避免人情的异化，避免农村熟人社会随着现代化的侵蚀而解体，激发村民的自主性，激活村庄的内生动力。

总之，以国内需求为出发点和落脚点，抓住乡村生产结构和消费结构转型的契机，全面推进村社全要素股份合作，补齐乡村层面供给侧要素市场存在的短板，以"信用合作、生产合作、供销合作 + 公共服务"的村民组织化效益实现的"3+1"模式为抓手，实现村社全要素的互通互联，打破城乡融合发展的二元结构桎梏，全面提升城乡全要素的优化配置与有效整合水平，积极对接供给侧与需求侧，从根本上驱动城乡要素的内循环，为国内大循环夯实乡村的"微基础"。

第三节 从"凋敝"到"振兴"：内置金融推动乡村振兴的路径研究——以河南信阳郝堂村为例

"内置金融"最先由著名"三农学者"、中国乡建院院长李昌平提出。它是指在以土地集体所有制和家庭承包经营为基础的统分结合双层经营体制下，给农村村社组织的内部嵌入一个以资金互助合作为核心的金融平台。相比于银行等正规的商业性外置金融机构，内置金融具有以下特征：第一，内置金融以村社为边界，主权属于村社成员，收益归村社成员共享；第二，村民所拥有的集体成员权、家庭承包权、农户财产权等都可以成为其抵押品；第三，村"两委"主导村民再组织，使之成为基层民主自治的新模式。[①]

内置金融在我国当前农村环境下有其特殊的优势。农民拥有土地、森林、池塘、房屋

---

① 李昌平．乡村振兴最核心的任务是增加农民收入[J]．人民论坛，2018（21）：29．

等,这是农民的财产,但这些物品不能抵押给银行。根据内在的金融模型,农民的财产权可以像城市居民获得抵押贷款一样得到充分的实现。此外,嵌入式金融合作社建立了商业实体与农民之间的联系,因此,不但能够为农民发展提供资金支持,而且在提高农村生产水平和消除贫困方面发挥着重要作用。但是,在农村社区金融组织的管理过程中,也反映出现阶段存在的问题:外部融资、合作融资不能继续为农村建设完成后的资本流动提供帮助,低标准的法律监管和政治要求并不能够有效规范组织活动,主要表现为缺乏培训机制、管理人员的管理水平有限、工作人员的专业素质不高、一人多岗等。

一、案例背景

(一)郝堂村内置金融概况

十多年前的郝堂村是信阳市里一个贫穷落后的山村。2008 年,郝堂村的农民经过一系列的手续,终于拿到了土地承包经营权证书和林业权证书。但是任何金融机构都不能抵押农民 70 年的所有权凭证,政府动员农民参与土地承包经营权确认的动力也就丧失了。

2009 年,李昌平赴信阳市平桥区党校,在信阳市委党校发表题为"建设新农村,先建新金融"的演讲。李昌平表示,农民的土地是农民集体所有,正规金融机构不太可能接受农地抵押贷款。信阳市平桥区党委书记向李昌平询问如何获得农田抵押贷款。李昌平说:"应该在农村社区建立互助与合作融资。农地只有在农村社区互助合作融资中才能实现抵押权,几乎没有更好的办法了。这是因为:农户的农地在村社组织内部的互助合作金融里抵押借款后,如果农民不履行他的义务和不偿还贷款,农田可以直接返回村庄集体经济组织,然后进行发送分配即可,违约的处理成本非常低,内部处置属于农村居民的自治范围之内。因此,农地只有在农村社区组织的互助合作融资中才具有真正的抵押价值。"

2009 年 9 月,应当地政府邀请,李昌平来到著名的贫困村——郝堂村,在郝堂村与村社全要素股份合作社——村社内部资金互助社之间建立了合作关系。李昌平从自己的项目成本中拿出 5 万元,找政府申请 10 万元。他用这 15 万元,鼓励郝堂村的村民投资 14 万元,在郝堂村建立了夕阳红养老资金互助合作社。起初,只取得了 15 位老人的信任,每个老人会为社区贡献 2 000 元。加上中国乡建院的 5 万元,在 10 月份合作社开业时,基金的数量只有 34 万元。但令当地政府兴奋的是,当郝堂村居民讨论共同基金借贷风险时,首先是基于土地法的抵押贷款互助以及基于森林法的抵押贷款互助。

事实证明,集体所有制下的农户承包的农地不能进行抵押贷款,因为没有相应的金融合作社支持,这与农地是集体财产还是私有财产无关。在乡村振兴和金融改革的大背景下,通过乡村内部经济改革推动组织振兴、产业振兴,实现村庄繁荣,郝堂村成为当代中国研究乡村问题的一个典型。

(二)郝堂村内置金融现状

近年来郝堂村内置金融的发展欣欣向荣,主要表现在以下几个方面。

1. 参加合作社的人数逐年递增,覆盖面逐步扩展

截至 2019 年 1 月,郝堂村夕阳红养老资金互助合作社社员人数为 330 人,理事有 3 人,监事有 4 人。内置金融合作社分红的长者社员人数再创新高,达到了 285 人。

九年时间里,合作社由当年第一次分红,每位分得 320 元,到第二年的 500 元,第三年的 800 多元……从最初的为几十位老人分红,到现在为 200 多位老人分红。村集体资金从原来 10 多万元,增长到如今固定资产 4 000 万元,流动资金 300 多万元。

2. 内置金融与乡村旅游相结合,乡村振兴呈现 "双轮驱动" 态势

合作社跟随乡村旅游发展的形势,积极灌输发展乡村旅游的理念,说服农民将自己的住房改造成 "乡村客栈",吸引了超过 100 名在外的农民工回家创业,并指挥 40 多个农家乐开放。农家乐逐渐成为村民发展旅游的项目。在达成共识后,村民也开始注重特色手工农产品的生产,打造了被广泛认同的品牌。家家客栈出售印有当地品牌标识的手工农产品。在郝堂村出现了一个可供采摘的果园,其中有很多海南的特色水果被引进。

3. 内置金融有力推进了乡风文明建设

郝堂村夕阳红养老资金互助合作社的宗旨是 "资金互助发展,为老人提供利息收入"。郝堂村近年来获得了许多奖项:进入第一批 "美丽宜居村庄示范" 名单,2013 年被评为全国 "美丽乡村",被评为中国最美丽的村庄娱乐乡村,被列入第三批全国著名的示范风景旅游城市和村庄,获得 2015 年住建部中国人居环境范例奖。2015 年,村委会主任胡静被授予全国劳动模范称号。郝堂村夕阳红养老资金互助合作社的贷款对象为本村的农村居民,担保人是村里的两位乡贤,审批人员由互助小组决定。目前,贷款的使用主要是为了满足新建农舍和旅馆的初期资金的需要以及一些农民的资金需要。

(三)内置金融目前存在的问题

当前实施内置金融模式的村社大多根据当地的实际情况,将内置金融与当地特色产业结合起来,结合当下农村养老问题,以金融自我服务促进农民的自我发展,最终走上了富裕的道路。但是,作为农村金融新模式,内置金融还存在许多问题。

1. "村财乡管" 限制村集体经济的发展自主性

"村财乡管" 是我国农村财务管理机制的主要创新,特别是指将村级财务向乡政府转移,但不改变村级团队的决策权和村级财务的使用权的一种新型的财产所有权管理模式。[①] 当前的,"村财乡管" 的制度并没有设置清晰的 "边界",内置金融模式中村集体经济的自主权名存实亡。因此,"村财乡管" 在内置金融模式下,对村社来说就是个 "笼子"。在经济关系中,产权是经济关系的基础,明确产权是建立经济关系的主要条件。然而,"村财乡管" 机制的引入,引发了农村集体财产与农村自治精神相矛盾的问题。

2. 村干部待遇与保护体制不能与时俱进

村庄带头人——村 "两委" 等在内置金融模式的推动下将村集体经济发展壮大,并用集体经济凝聚人心,积极引导村民自治,使得村庄从 "凋敝" 步入 "振兴"。但是这类村社村干部的待遇并没有与绩效相适应,与时俱进。例如,郝堂村胡静书记为郝堂村内置金融合作社的发起人和组织者,可以说如果没有胡静书记等一群有一腔热血、爱村爱民的好干

---

① 李昌平. "内置金融" 在村社共同体中的作用:郝堂实验的启示 [J]. 银行家,2013(8):108-112.

部,即使引入内置金融合作社,恐怕也不会有今天的郝堂村。但是这类村干部每月的工资收入和其他村的村干部一样,工资待遇不能随着集体经济的壮大而提高。

3.集体经济组织登记注册制度严重滞后

很长时间以来,发展村集体经济得不到法律支持,破坏和侵占村集体资产的行为得不到有效打击。与此同时,集体经济和民营经济相比,既不能享受同等经济待遇,又不能享受同等政治待遇,更不能享受同等法律待遇。同样的经营行为,在民营经济中就是正常的,在集体经济中就不正常。而目前,在郝堂村,集体经济发展壮大到现在的规模以后,几乎无法向前。没有与之相匹配的登记注册制度,以内置金融为依托的集体经济组织就没办法向前发展,这阻碍了内置金融模式下的乡村振兴道路。

二、案例聚焦:第一个"吃螃蟹"的郝堂村

(一)案例简介与研究方法

1.调研地的基本概况

(1)郝堂村的历史发展:郝堂村位于河南省信阳市平桥区五里店办事处东南部,西边紧邻浉河区,南边与罗山县接壤,是一个典型的山区村。郝堂村全村面积约20.7平方千米,共有18个村民组,620户,2 300人。郝堂村以前是一个山区贫困村,2009年郝堂村人均收入4 000元左右,其中打工收入占70%,农业收入占30%。郝堂村的历史发展是十分显著的,2009年的村庄改革是一道分水岭。

2009年前,郝堂村相比于全国其他具有相似地理环境下的村庄而言是闭塞的,是十分落后的小山村,具体体现在以下几点:郝堂村以小农经济为主,村民过着日出而作、日落而息的生活,但是收不抵支,无法进行扩大再生产成了村子里的一大难题;在村"两委"管理下的村庄,在政治上也面临着自治不足等问题;文化基础薄弱,村子里缺少学校、图书馆等基础文化设施,孩子们上学需要去平桥区的其他地方;生态环境方面,村庄的房屋是由茅草与不正规的水泥搭起来的,破败不堪,杂草丛生,还经常面临雨天漏水的困扰;社会保障严重缺乏,一日复一日,村子毫无起色,缺乏生机,年轻的一辈纷纷离家,前往外地务工。随着村子的空心化现象越来越严重,村子里的空巢老人也越来越多,复杂的社会问题也越来越多。

(2)2009年郝堂村进行了改革,主要包括以下几点:首先是村庄房屋的重新改造,在政府的政策指导以及部分资金补助的帮助下,如今的郝堂村的房屋是清一色的标准建房,完全想象不出之前破败的景象。其次是经济方面的发展,政府鼓励村民开展个体户经营,如经营饭店、开展旅游业务,一定程度上用旅游业带动了村庄的发展。再次是文化设施的建设,中国乡建院与村"两委"一起建立了村子里的郝堂宏伟小学、图书馆以及岸芷轩书吧等,提高了村子的文化水平,丰富了村民的业余生活。此外,郝堂村还设立了夕阳红养老资金互助合作社,既帮助老人养老,提高了老人的权利和地位,也解决了小额贷款的问题,促进经济的发展,推动村庄的发展。

2.案例的选择

本报告选择单个案例进行研究,采取实地走访调研的方式,首先从文献、档案、网站、名人博客等常见渠道搜集资料,探究村庄内置金融的结构与运作逻辑。接着在样本选择

问题中,根据典型抽样原则,确定了村庄内置金融的两个指标:组成结构和运作逻辑。最后确定河南省信阳市平桥区郝堂村为调研对象。

郝堂村拥有良好的地理位置。便捷的交通和优越的区位给郝堂村奠定了旅游业发展的基础,带动了郝堂村经济的发展,为郝堂村合作社的运转提供了一定的帮助。郝堂村也拥有良好的自然环境,吸引许多游客来此游玩,推动了郝堂村的经济建设和文化建设。郝堂村已经成为全国美丽乡村建设的成功范例,是首个内置金融运行成功的农村。总结郝堂村内置金融的结构与运作逻辑的经验可以为全国各地乡村建设提供示范与借鉴。

在城市化快速发展的情况下,一些地方城市选择带动农村的发展,想要将农村改造成另外一种城市,破坏了农村应有的风貌。而郝堂村成功的探索,一定程度上是对传统农耕文明和村落文化的再发现,是一次对农村发展的创新,这对于全国其他农村的建设有着重要的意义。

3. 调研过程

2018 年 7 月和 2019 年 7 月,我们团队两次前往郝堂村进行实地调研,共历时 14 日。主要采取座谈、问卷调查、入户访谈等调研方式来获取我们想要了解的信息,调查的对象主要涉及普通村民、乡贤、村干部等,具体如表 5-10。

表 5-10　各个年龄阶段汇总

	年龄 / 岁		
	20～<45	45～<60	≥60
男	2（13.33%）	9（60.00%）	4（26.67%）
女	2（9.09%）	11（50.00%）	9（40.91%）
总计	4（10.81%）	20（54.05%）	13（35.14%）

通过入户访谈、结构式访问,我们深入地了解了内置金融的结构和运作逻辑,并将访谈对象中最有代表性的访谈个案的具体情况制成表 5-11。

表 5-11　郝堂村个案访谈基本情况

序号	姓名	性别	年龄 / 岁	职务或称号
1	曹永根	男	49	村主任
2	胡静	女	63	理事长
3	禹明善	男	50	书记
4	胡德宏	男	38	乡贤

（二）村庄内置金融的现状发展

1. 合作社的成立与注册资金占比

十多年前的郝堂村是信阳市里一个贫穷落后的山村,有着丰富的山林资源,却交通闭塞,村民生活穷苦。山上板栗成林而无人采摘,即便采摘也会亏损。村民耕种田地,有时连购买生产工具的资金都没有,更不用谈扩大生产。村民的资金存于银行,急需贷款时,却极难从银行贷款。

起初贷款难、贷款贵等问题使得当时的村主任胡静十分困扰,当了解到有发展村庄内置金融这条路时,她欣喜若狂,与前往郝堂村做研究的李昌平一拍即合,决心在乡村内部进行内置金融改革,通过乡村内部经济改革推动组织振兴、产业振兴,进而改变郝堂村落后贫穷的现状,实现村庄振兴和繁荣。

2009 年 10 月,在平桥区政府和中国乡建院的协助下,郝堂村的胡静书记带领村民建立了夕阳红养老资金互助合作社,注册资金共 34 万元。其中,李昌平本人无偿提供 5 万元"种子资金",当地政府资助 10 万元,村内 7 位乡贤(已致富的村民)提供 14 万元,村内 15 位老人(合作社的首批社员)提供 3 万元(每人 2 000 元),村委会提供 2 万元。合作社启动资金的构成如图 5-9 所示。

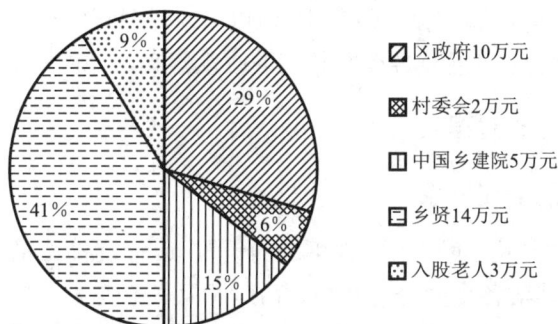

图 5-9　郝堂村夕阳红养老资金互助合作社启动资金的构成

2. 合作社的组织与运营状况

没有规矩,不成方圆。夕阳红养老资金互助合作社的规章制度是由郝堂村村干部、李昌平教授、科技局领导牵头,召开村民大会,逐条商议而成,是"吵"出来的规则,是从"土里"长出来的规则。按照合作社章程,合作社下设监事长、理事长、合作社会员、管理务工人员。合作社会员又包括乡贤、长者社员等。

合作社的运营与资本积累主要依靠在村中放贷。除去老人入股资金、村民存款、10%的风险资金、30%的管理资金(用于支付相关财务人员的费用),其余资金用来继续放贷。村内凡不诚信者、家庭不和睦者、好吃懒做好赌者不贷。郝堂村是个熟人社会,每家每户都相互熟悉,若需了解一个人的人品,只需多询问几户人家。

为了保证放贷的正常运作,章程规定借贷需要抵押自家林权证和一名本村村民担保,贷款金额可达到 10 万元。还款不及时是不需要担心的,因为每家每户林权证大概值十几万元,如此一来就降低了借贷者欠债不还的概率。若真的出现欠债不还的情况,村里面会没收借贷者的林地,根据借贷者所欠金额进行公开拍卖,所得金额弥补账目空缺。互助合作社所制定的要求符合郝堂村的发展,从互助合作社成立至今,没有出现过一笔坏账烂账。

内置金融之所以叫内置金融,是因为它是运营于村庄内部的封闭体系。存款、放贷都仅限于本村村民,如果非本村村民需要借贷,需要本村村民借款,再由本村村民借给外村人,所以原则上,内置金融仍是一个封闭的体系。互助合作社的钱如果没有全部借出,由七位发起人(乡贤)想办法借出,力求资金效用最大化,使年底分红的老人获得更多优惠。

3. 合作社的收益情况

合作社运营两年后,资金规模便达到 650 万元。按照章程规定,合作社所得利润的40%要分配给长者社员,以体现互助社"资金互助促发展,利息收益敬老人"的宗旨。互助合作社发展十年时间,从最初的为几十位老人分红到现在为 200 多位老人分红,从每位老人分得 400 多元到分得 800 多元。但是随着社员基数扩大,得到的分红也有所下降,现在为四五百元,利息收益依然可观。此外,互助合作社运行资产 300 多万元,一定程度上缓解了郝堂村村民贷款难的问题。

为了让村民了解互助合作社当年带来的收益,起到一定的监督作用,村中每年年末都会召开大会。循环往复,互助合作社可以服务大批老人,给老人分得稳定、持续的红利。目前互助合作社所有的利润都投入放贷中,但以后,有望将部分资金作为乡村建设费用,但到那一步就需要进一步的管理监督和相应的政策落实。

三、治理体系与运作过程

(一)内置金融的治理体系

治理体系是一种结构,表现为权力机关的设置、运行及权力机关之间的法权结构关系,指其构成结构总体的各个部分的分布、存在、相互关系与配合的状态。而村社内置金融的治理结构的组成和相互间的联系取决于村社内置金融本身的属性。村社内置金融将"解决农村的小额贷款难度大的问题"作为第一目的,从根本上决定了其发展是为了促进农民组织自主形成农村产业链与闭环供应链式金融体系,帮助农民形成一种获取价格增长和定价权收益的环状经济发展模式。但内置金融的本质依然是金融体系,其内在结构上存在着管理和运行上的层级式结构,以完善内置金融的运行以及资金的储备和流转,保证运作的稳定性。总之,内置金融是环状的资金流动结构与其上管下施的层次式结构并存的复式结构,而我们综合当地调研实际情况对村社内置金融的治理结构主体以及主体间的关系进行分析。

1. 内置金融的多元结构主体

称"内置金融"是对"外置金融"一种比较乏力的回应。所谓外置金融,就是通过商业银行、小额信贷公司等外部金融机构来解决乡村社会中的资金供给问题。[1]而在地方深化改革的过程中,外置金融集中表现为"金融机构下乡 + 村庄确权抵押"的形式,逐渐演化为一种契合乡村的产权制度的金融制度,实现了农村土地生产要素与金融的结合,将农村土地要素激活,建立起一个适合农村土地制度的金融秩序,这就是外置金融内置化。内置金融在其独特的封闭链环式结构的金融体系下,区别了金融资本链的最高收益化,完成了一种从"外部输血"到"自我造血"的制度层面上的改变。因此我们将养老资金互助合

---

① 杨华锋. 社会治理协同创新的郝堂试验及其可持续性 [J]. 北京师范大学学报(社会科学版),2015(6):13-22.

作社的结构主体分为外部主体和内部主体，以其主要涵括的范围进行划分并加以分析。

（1）外部主体：乡村振兴是需要我们关注的重大问题。就中国社会现实背景而言，一个显著特征就是经济与社会在快速增长和转型的同时，城乡差距越来越大，城乡隔离的格局越来越突出和固化。当前中国农村社会处在与时代发展不相和谐、不平等发展的状况之中。而农村社会的发展水平对于整个社会的发展来说，具有"木桶效应"，也就是说，中国社会发展水平在某种意义上取决于农村发展水平。

在这样的背景下，中国乡村规划设计院院长李昌平把农村合作组织和农村内置金融的理念带进了村子，坚持"以村社内置金融为切入点的新农村建设及综合发展"的乡建实践，以村社内置金融再组织农民，以内置金融活化已经僵尸化的村庄。然而即便政府部门完成对农村的山、林、田、宅基地的确权工作，并出台相应政策文件，农村依然普遍存在贷款融资困难的情况。

如果在农村或农民内部设置一种新的金融模式，让农民将自己所拥有的土地、山林、水塘甚至房屋宅基地等生产要素进行抵押流转，那么农民就可以获得发展经济和生产的资金，由此郝堂村的夕阳红养老资金互助合作社诞生了。该合作社的建立和发展离不开政府与政策的扶持、中国乡建院等组织的努力、李昌平教授的思想火花、社会个人的推动以及当地具有的独特优势，这些从内置金融体系外部促进内置金融发展的就构成了外部主体。社会各乡建力量在郝堂村不仅可以发挥作用，还受到尊重。新的理念、方法、知识和人才在郝堂村汇集，成为源源不断的协助郝堂村建设的力量。而村社组织要发挥作用就必须要得到政府机构的承认和许可，增强自身的群众信服度。一个村社组织的存活与发展，依靠的不仅仅是村民的心意，还有外部政府和社会组织的影响，郝堂村的夕阳红养老资金互助合作社也不例外。

我们将政府和社会组织对于村社内置金融的影响大致分为三个方面：纵向、横向和内外间的影响。其一，党和政府上的政策性协同意味着一种纵向的影响；其二，政府中的民政部门、工商部门、街道办事处等的服务供给和协同行动产生着横向的影响；其三，中国乡建院、村内乡贤、村委会与政府的主次协同也意味着一种内外之间的影响。当然，作为一个金融组织的合作社的发展离不开资金链的推动，政府的扶持基金推动了村社的内置金融的发展，推动着形成一种滚雪球式的发展状态。而外部主体对内置金融影响最久的是村"两委"，其前进的方向决定了内置金融发展的深度。

这些都是外部主体对于内置金融的影响，我们构造一些结构上的模型来对外部主体的分布及影响力进行描绘，如波纹型（图5-10）和套环型（图5-11）。

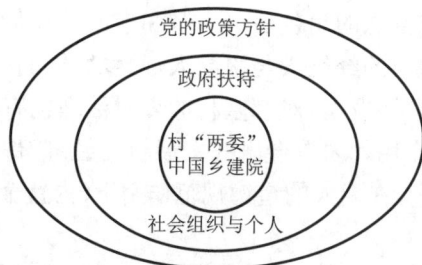

图5-10 内置金融的外部结构——波纹型

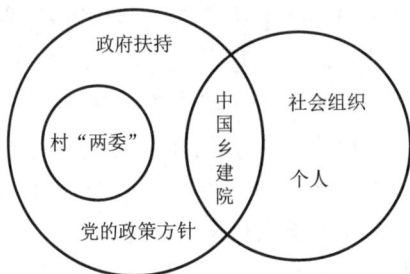

图 5-11　内置金融的外部结构——套环型

在波纹型中,最外围的外部主体的影响范围最广,但对村社内置金融的影响力却最小,最中央的外部主体的影响范围最小,影响力却最大。

在套环型中,外部主体所携带的关系都具有一定的关联性,所以外部主体的分布以套环式排列。

综上所述,外部主体是村社内置金融创立和发展的背景和基础,是内部主体的政治经济上的协同。

(2)内部主体:内置金融的理念是完全的"从群众中来,到群众中去",所有的经营和发展都是以村民的意志所决定的,在借鉴了城市中的资金处置,坚持集体所有制的前提下以其独特的形式凝聚村民,重构有统一财权、事权和治权的村社一体化共同体。郝堂村创建内置金融,用养老资金互助合作社凝聚村民,重构有统一财权、事权和治权的村社一体化共同体,集经济发展、乡村建设和乡村治理职能于一体,建设新农村,新建新金融,实现经济、产业、文化的振兴,把农村建设得更像农村。可以说内置金融的基础在于村民,发展也在于村民,运营和发展的区域限制也在于村民,一切都依赖于村民,因此郝堂村的内置金融的内部主体就是村民。

内部主体具有双重的身份性质,不仅仅有着政治上的协同联系,也有着金融体系组织里的经济人身份。理事长就是法定代表人,负责经营管理工作、签订合同,同时负责处理和协调对外关系,是政治与经济上的链接枢纽。监事长主要负责的是监管资金流转和对账审账,同时也负责追回逾期的贷款,在农村的熟人社会的礼治法制下,作为经济监督角色发挥着管制能力。而管理务工人员主要负责小额贷款的处理和汇报、贷款账单的编制,冗余库存累积资金的整理和汇报以及保洁和安全工作。整个内部人员的编制完整地归纳于村民这一概念内,契合了其封闭式内部发展模式。

内部主体构成部分的根本是村民,村民构成了内置金融的会员,是最直接的受益者和投资者,并且在会员中有着特殊的角色——乡贤和老人。乡贤不仅是促进内置金融发展的村内精英,也是内置金融中的经纪人与引导人,回乡发展的同时也拉动了村落的内需,促进了村中的文化建设和经济发展,对郝堂村的乡村治理也有很大的帮助。老人可以发挥基于德治社会中的道德作用。内置金融在发展村内经济,带着村子向新乡村模式发展的同时也分出利益用以养老,在老人的道德规范作用下,内置金融的发展就有了条条框框来维持正确的方向。

我们构造一些结构模型来对内部主体的分布及影响力进行描绘,有层次分离式

（图 5-12）和鱼骨型（图 5-13）。

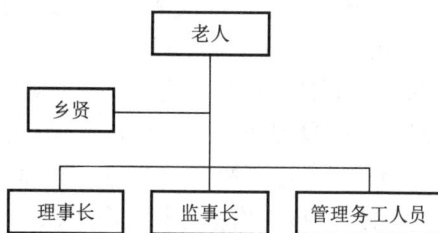

图 5-12 内置金融的内部结构——层次分离式

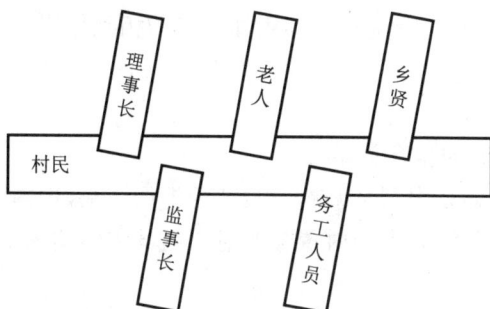

图 5-13 内置金融的内部结构——鱼骨型

在层次分离式的内部结构中，老人的道德作用有着深层次影响力和规范作用，而乡贤的影响力对内置金融有引领作用。

在鱼骨型的内部结构中，每一个主体都有着独特的身份和原本的村民身份。

内置金融是一种金融的发展方式，其经营方式总有着一定的限制。而乡村作为一种自然的熟人社会，村民的信用都一目了然。村民是推动这整个内置金融体系成长和发展的最大的动力，不仅促进了其运行和发展，也依靠内置金融治理乡村、改变村庄的环境、改造房屋、形成旅游区、兴建农家乐。

2. 村社内置金融的主体间的关系

对于内置金融的主体间关系，我们通过外部主体和内部主体间的相互联系和配合的状态进行分析。

（1）外部主体与内部主体间的关系如下。

从启动资金构成来看，外部主体对内置金融起着巨大的推动作用，为其筹备、建立与运行带来良好的社会资本，推动了村社共同体的成长。外部主体与内部主体间的联系恰是通过内置金融这一纽带来进行反馈。外部主体的政策赋予了内置金融以权威性和可信服性，没有这些性质的地方金融组织更像是一种非法集资的组织，村民的建设与发展热情也会消失，整个的资金链的周转将会受影响。

起初，郝堂村夕阳红养老资金互助合作社在地方政府的支持下在工商部门注册，但在注册两年之后，银监委不批，只得重新在民政部门下面挂靠养老的部门，但是合作社又牵扯到金融，是需要工商部门颁执照，银监委来批的，但是工商部门不予办理，银监委不批，只能是民政部门批，批下来之后监管过问。没有这样的政策和政府部门的推动，郝堂村的

99

养老资金互助合作社将直接被定义为一个变质的非法集资的村社组织。可见，外部主体对于合作社的成长是有着极大的作用的，可以概括成"外推内生，内生外联"的配合状态。

在外部主体的推动下，村内自组织成立，然后通过内生来促进外联。村庄的整体是开放的，它不可能是封闭的，起源共同体是已经被抛弃的一种集体形态，更希望有多人共治的乡村社会秩序，和世界发展同步，就是外部的社会组织一定要陪伴和促进农民自主。[①]外部主体与内部主体上的相互联系不仅"外推内生，内生外联"，外部主体对内部主体的监督、强制，内部主体的意见反馈、汇报工作都是相互联系的方式。

单纯地依靠政府购买服务来推进乡村治理，无法有效地解决基层社会问题。一些地方政府部门寄望于"农村确权"等完全依靠外部主体的方式，是无法有效推进乡村治理和发展的。如果没有建立合作社，没有内部主体与其的相互作用和联系，乡村治理效果是难以想象的。外部主体的作用是不可缺失的，但对于一个较不稳定的村社内部，还是需要内部和外部主体的共同作用。

（2）内部多元主体间的相互关系如下。

内部主体间的联系需要内置金融这一独特的枢纽连接，由内部主体反映内置金融，然后从内置金融反馈到内部主体上。内置金融对于内部主体的大部分作用是直接体现于村民的。

其一，社员领取利息分红。内置金融在于以集体经济协调村民的个人经济增长，带动着整个村子的经济增长。近几年，内置金融对于内部主体的经济发展的推动作用巨大，老人作为内部主体中最为核心的部分，拥有了家中的财权，自然伴生出事权，于是尊老、爱老、敬老的传统风气回溯，村内老人的尊严得以保障。养老资金互助合作社的直接目的在于改善老人的养老问题，提高老人的生活地位。村民申请贷款时也需要由入社老人担保，并由理事会中的老人决定是否批准。这不仅仅是道德上的模范作用，而且也对资金链起到了保护作用。在这样的模范作用下，资金链的流动显得格外流畅，对于其他的内部主体也有着规范的作用。

其二，推动了第一产业为主的衍生产业发展。内置金融的设立，实现了郝堂村内部信用的"变现"，缓解了村民"融资难"的问题。地方特色产业为主，带动衍生产业发展，用集体经济带动村民的个人经济增长，将土地增值收益与村民共享。这种以第一产业为基础，"农业服务业化"的方式，通过发展生态农业，开办农家乐，发展基于农村、农业、农产品的旅游服务来实现乡村的发展，将每一家每一户都以一种特殊的商业纽带连接在一起，令村民们融合成一个密不可分的群体。把郝堂村从一个贫困山村发展成为一个集体经济日益壮大的旅游新村。许多人家开起了农家乐，节假日高峰时期接待游客上千人次。

其三，吸引了大量的劳动力回流和改善村内环境。在养老资金互助合作社创立之前，郝堂村村民的人均收入不足4 000元，其中外出打工的村民的收入占比达到70%。而在养老资金互助合作社创立之后，郝堂村村民的农业收入与打工收入占比急剧下降，农家乐等服务性经济收入占比大幅度提升，大部分出村工作的村民回乡创业，村民也自发地对

① 郝栋. 郝堂村：把农村建设得更像农村——河南信阳郝堂村的可持续发展乡村实验[J]. 学术评论，2015（1）：34-39.

村内环境进行整治。大量的村民回流带来了更多的流动资本,推进了乡村的建设和发展。而且,外出人员的回流大大减少了村里的留守儿童,令郝堂村焕发生机。

民主必须始于公民的家园,而这个家园就是我们生活的社区。内部主体间的相互联系也正是村庄这一社区内的联系。通过养老资金互助合作社将"富有想象力的郝堂模式"继续建设和发展才能体现出内部主体间联系的推进作用。

(二)村庄内置金融的运作

农村金融是现代农村经济发展的核心,农民生产、消费、投资、储蓄等各方面都需要金融服务。如何才能建设出真正服务"三农"的金融组织?河南省信阳市平桥区先行先试、大胆探索,在解决这道难题上做出了富有价值的尝试,开辟了一条"资金互助促发展,利息收入敬老人"的双赢道路。

1.夕阳红养老资金互助合作社的建立

(1)村民的金融需求如下。

郝堂村共有耕地 1 972 亩、板栗园 1.8 万亩、茶园 8 000 亩。板栗和茶叶成为农民增收的主要来源。2009 年,河南省农村改革发展综合试验区在信阳市成立,郝堂村的村民瞅准了这个能实现脱贫致富的难得机遇,纷纷试图投身板栗、茶叶产业,但苦于手头资金有限,难以实现扩大规模再生产,急需一个能够获得资金的渠道。

(2)农村金融供给匮乏。

面对这种难得的机遇,村民一般只有三种获得资金的渠道:村民自身的存款、贷款以及向其他村民借钱。首先,村民自身的存款有限,不足以实现扩大规模再生产。其次,村民找银行、信用社等贷款机构,基本上都拿不到贷款。一方面,村民自身的贷款条件不足,贷款机构的贷款风险大、成本高等导致贷款机构不愿放出贷款;另一方面,贷款机构的贷款利率高,群众望而却步。再次,村民有自身的局限以及当时的通信技术还没有现在这么发达,村民的生活圈基本上局限于平桥区,将存款或余钱借给其他村民需要承担借后不归还的风险。因而,无论如何,想要通过这三种方式满足村民的资金需求,都是行不通的。

(3)外部主体推动。

一方面,2009 年河南省农村改革发展综合试验区在信阳市成立,能够促进当地村庄经济发展的试点都会获得当地政府的支持;另一方面,当时来村庄做研究的"三农学者"李昌平及其团队为郝堂村的发展提出了合理的规划和建议,并提供了 5 万元的资金支持。

(4)村庄能人发起。

胡静便接受了当时来村庄做研究的李昌平的建议。包括胡静在内的 7 名乡贤发起,每人出资 2 万元,共 14 万元,联合平桥区政府的 10 万元以及村委会的 2 万元和李昌平的 5 万元;并吸收了 15 位老人成为合作社社员,每人入社股金为 2 000 元。郝堂村夕阳红养老资金互助合作社以"资金互助促发展,利息收入敬老人"为宗旨,以老人为承办主体,于 2009 年 10 月 12 日挂牌成立,本金共计 34 万元。

2.夕阳红养老资金互助合作社章程的制定

在夕阳红养老资金互助合作社的办公室里,七章四十一条的《合作社章程》占满了整面墙壁,详细规定了养老资金互助合作社的宗旨和业务、会员权利和义务、组织机构职责、运营规章制度以及风险管理体系等。李昌平说:"章程是合作社的法律,就像美国的法律不能拿来中国用一样,章程一定要本社社员一条一条地讨论出来。"郝堂村夕阳红养老资金互助合作社的章程是按照群众路线由李昌平教授等外部协作者、乡贤发起人以及部分老年会员一起用两个白天和两个大半夜辛辛苦苦"吵"出来的。

(1)村民主体发挥主要作用。

村民作为村庄的主体,参与制定章程,不仅订立了制度、明白了程序,还认识到了村庄的实际情况,学习了方法,掌握了管理,真正体现出了村民的主体地位。让村民对资金的运转方式完全做主,让村民自己来解决问题,自己寻找答案,做合作社真正的主人,也有助于互助合作社的长期发展。

(2)契合村庄的发展状况,达成村民共识。

不照搬其他现成的管理办法,是为了更契合村子的实际发展情况。每一个村子的实际情况都有独特性,村民参与章程的制定,有助于深刻认识村庄的实际情况。另外,村民制定章程的过程就是村民化解矛盾、达成一致的过程,有利于互助合作社的长期运营和发展。由此,郝堂村社也蜕变成为一个有自主性、有凝聚力、有治理能力的共同体。

3. 夕阳红养老资金互助合作社的管理

依据郝堂村夕阳红养老资金互助合作社的章程,合作社召开了会员大会,建立了会员大会、理事会、监事会的"三会"治理结构(见图 5-14),选举产生了理事、理事长、监事、监事长,并明确了机构人员的职责。

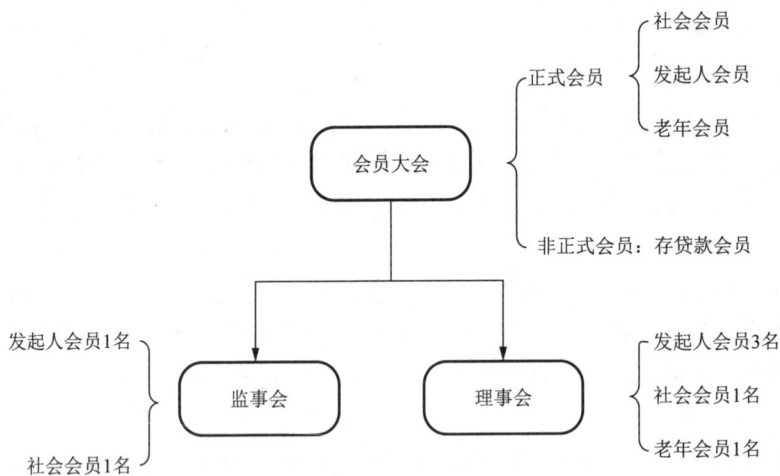

图 5-14 "三会"治理结构

(1)会员大会:会员大会是合作社的最高权力机构,负责审议和修改章程制度,选举和罢免理事长、理事、监事长、监事,审议、批准财务预算、决算方案等重大事务。

(2)理事会:理事会是合作社的执行机构,由会员大会或会员代表大会从正式会员中选举产生,对会员大会或会员代表大会负责。郝堂村夕阳红资金互助合作社理事会由 5 名成员(含理事长)组成。本届理事会中发起人当然理事 4 名,平桥区科技局禹明善(社会会员)委派 1 名理事。理事会选举理事长 1 人,副理事长 1 人。本社理事长、副理事长和理事任期 3 年,可连选连任。

(3)监事会:郝堂村夕阳红资金互助合作社设监事会,由 5 名监事(含监事长)组成,设监事长 1 人,副监事长 1 名,本届监事会发起人当然监事 3 名,中国乡村建设研究中心李昌平(社会会员)委派 1 名监事,老年会员中选举产生 1 名监事。监事长由监事选举产生,监事长和监事任期 3 年,可连选连任。监事长和监事列席理事会会议,理事会议必须至少有 1 名监事列席。

4.夕阳红养老资金互助合作社的资金运转

郝堂村养老资金互助合作社是真正属于农民的社区金融组织,是内生于农村经济并符合合作制原则的农村合作金融组织。其章程规定,合作社只面对本村村民和本村企业发放贷款。合作社的资金运转在很大程度上依靠的是村民的小额借贷。从贷款规定可以看出,对贷款申请人、贷款抵押和贷款流程都是有相应要求的。首先,贷款申请人必须是本村村民且其贷款的用途必须是合法的。其次,必须有抵押,抵押物必须是与村民息息相关的,因此在章程制定的过程中,村民一致认定承包地(包括林地)是最好的抵押品。再次,在审批过程中,发放贷款的流程中老年会员 5 人小组占据审批的主导地位,也承担着主要的责任,理事长起最终的确认和对 5 人小组的制约作用。但是不管是贷款的审批还是贷款的回收,老年人都发挥着至关重要的作用。这不仅发挥出了村民的主体作用,还提高了老人的地位,有力地促进了村庄孝道文化的发展。

郝堂村的内置金融建立在村民共同体之中,建立在传统农业社会血缘、亲缘、地缘关系的"熟人社会"基础之上。在农村社会里,由于村民的社交范围较为狭小,村民之间关系密切,信息流通成本低、效率高、误差小。老人作为村中的长者,一方面掌握着大量村民的相关信息,是村庄内对各位村民的情况了解最为全面的群体,能够对各位村民做出较为准确的评价,另一方面由于年龄较大和劳动力逐渐丧失,存在大量的空闲时间,为贷款审批小组的形成提供了有利条件。在合作社中有每一位老年会员的一笔本金,也就是说,每一笔对村民的贷款,都可能包括老人的本金,所形成的审批小组的老人也就对贷款的审批更为关心,这也就导致只有信誉良好的村民才能够获得老人的认可,最终达到降低互助社贷款风险的目的。

从机构设置上,在合作社中设置了会员大会、监事会和理事会"三会"治理结构,使合作社的权力得以制衡。在机构内部成员设置上,老年会员、发起人会员、社会会员、存贷款会员都占有一定的席位,避免了一人独大、厚此薄彼等不公平现象。在贷款审批上,设置两级审批机制,合作社贷款审批小组审批和理事长再审批,使审批权力得到制衡,避免了贪污、腐败等现象的产生。

四、案例分析报告

(一)理论框架

1.建立分析范式

乡村要振兴最根本的是找到一种有效的模式以焕发乡村内部活力,使村民重新组织起来,发挥其在乡村发展过程中的主体作用。本案例中内置金融就是这样一种模式。

以往国内外对乡村治理问题的研究主要有三种理论范式:"权力视角"的"国家—社会"研究范式、"结构—功能"研究范式以及"市场视角"的"产权—激励"研究范式。[①] "国家—社会"研究范式以"国家"与"社会"的一定分离作为价值取向,以官治与民治、地方政府与基层社会之间的"二元对立"和"互嵌互构"为预设,提出了一些有解释力的分析概念,如黄宗智的"第三领域"、舒绣文的"蜂窝结构"、杜赞奇的"权力的文化网络"。"结构—功能"研究范式侧重于社会制度与政治制度的相关性及其对人的行为的影响,关注于制度结构、集体行动、公共选择的功能实现等主题,更加强调国家及制度的自主角色。"产权—激励"研究范式以资源配置、产权制度、市场、政府、个人选择与集体行动等为研究重心,从经济和政治制度的相关性切入进行研究。

这几种研究范式大都偏重在科层制内部寻找乡村治理问题的答案,忽略了与科层制紧密相连的乡村社会的基础维度。实际上,如果脱离乡村社会语境,就制度论制度,将难以准确地找出一个真正可以推动乡村振兴的突破口。

在取消农业税以后乡村生活的公共性加速"消失",乡村治权也逐步弱化,乡村社会出现了一系列新的问题,乡村治理体系需要一次新的治权结构的现代构造。基于此,从乡村治权与集体产权实现形式相适应的政治经济学视角出发,在以往乡村治理研究的基础上植入"治权—产权"分析范式可以进一步透视乡村振兴背景下乡村治理的动力与阻力。

2. 村社产权与治权的互动关系

村社的发展变革历程充分证明了产权与治权密切关联。产权奠定了治理的基础,治权规定了治理结构。在乡村的发展过程中,产权与治权互动关系的好坏,直接决定着农村的未来发展的优劣,决定着乡村振兴发展模式有效与否。

中国传统农村社会中,中国封建社会形成了以皇权为核心的中央集权政治。皇权在县以上通过建立科层式的官僚机构进行直接统治,但中央受到人力、物力、财力等的限制,县以下便没有了任何行政单位,对县以下借助宗族、乡绅等进行间接统治,形成了"国权不下县,县下惟宗族,宗族皆自治,自治靠伦理,伦理造乡绅"的政治局面。外部行政力量介入力度较弱的情况为宗族、乡绅对村庄的事务管理留下了运作空间。

亚里士多德提出:政治权力必须与经济基础相对称。宗族和乡绅是乡村事务的"代理者",治权必须建立在可供支配的产权之上。他们所依赖的产权是封建社会中的族田。族田通常由族里委托专人管理。所收地租均由族长分配,用于祭祀、助学、救济等。族长利用族田资源对族人们进行社会支配来稳定宗族关系,提升自己的威望以及影响力。可见如果没有资源基础作为交换条件,公共权力的"代理者"是无法进行管理的。

人民公社时期实行"政社合一"的体制。通过这种政社合一的权力结构,国家第一次将组织体系延伸到农村生产队一级,也使集体对村庄公共事务拥有完整的治权。在人民公社体制下,农村社会的几乎所有资源都能够被乡村组织所调动和配置,成为对乡村社会进行渗透、监管的治权。而此时乡村组织的主要代表就是村委。在这一时期,村委资源配

---

① 苑丰,金太军. 从"权力的文化网络"到"资源的文化网络":一个乡村振兴视角下的分析框架[J]. 河南大学学报(社会科学版),2019,59(2):41-48.

置的"代理者"能够调动和配置的资源包括物质资源、权威性资源以及传统资源,这些资源是乡村治权的基础。村委依托丰富的产权资源获得了强大的乡村治权,正是由于这种产权与治权的统一,人民公社收取农业剩余,获得用于现代化建设的资源。

通过建立一个深入乡村社会并将广大农民组织起来的体系对于有效提取用于现代化建设的农业剩余至关重要。发展集体经济,用内置金融搭建集体经济平台,支撑村庄公共事务的发展,才能使村委在产权与治权的良性互动与统一中获得政府事权,发挥作用。

20世纪80年代初期人民公社的政社合一体制解体,乡村组织的形式和乡村振兴治理模式较人民公社时期有较大改变。改革开放之初,探索推行了"两权分离"(所有权与经营权分离的家庭联产承包责制),在所有权、使用权高度统一的基础上赋予农民对承包土地的使用权、经营权和收益权。

这种模式使得乡村组织能够调动、凝聚和配置的资源较人民公社时期要少得多,如集体时代的土地资源、集体财产,在这一阶段都已极大地弱化,乡村治权较之前有较大削弱。

但是与职能部门的法定权力不同,乡村治权不是一套固定的、规定性的权力集群,它的大小、作用范围和能量视乡村组织或者代理者对资源的调动和配置而定。也就是说,乡村治权不是法律赋予的,也不是上级授予的,而是通过资源的配置形成的。配置的资源多表明该次实践中的乡村治权大,反之,配置的资源少则表明该次实践中乡村治权小。

总之,在当前村治格局下,土地私有化会使得村庄公共事务无法有效组织。村庄集体公有公用的土地资源是村庄兴办公共事务的基础,将之均分到小农手中,村庄公共事务的兴办将失去基本的物质载体。再者,过于细碎且分散化的小块私有土地,将会使自发的组织合作更加困难。

(二)郝堂村个案分析

郝堂村内置金融合作社的发展过程如图5-15所示。

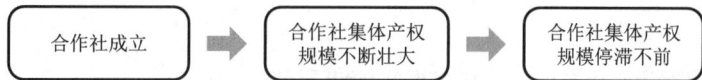

图5-15 郝堂村内置金融合作社的发展过程

1. 内置金融合作社成立——村"两委"获得治权

2009年,"三农学者"李昌平带着内置金融的理论来到了郝堂村,找到胡静书记。李昌平问胡静:"想不想为村庄做点事?"作为1978年就参与郝堂村务的"过来人",胡静对于郝堂村了如指掌,却也对郝堂村的现状无可奈何。

胡静回答:"想啊,我就想为老人做点事,在我的有生之年能够改变村干部的形象,为老人发点钱。"二人一拍即合。思量一番之后,胡静找到村里其他干部商量筹钱,李昌平等专家学者也筹集资金,加上参与的老人每人出的资金,夕阳红养老资金互助合作社成立起来,郝堂村成了用内置金融模式推动乡村振兴的试验田。

胡静在建立郝堂村内置金融合作社和推动郝堂村建设过程中,获得了村民的一致认可,等到了村民的那句话:"你要是领着我们干,我们也愿意干。"最终胡静也在合作社社员的一致推举之下,担任合作社理事长一职。

由此胡静作为资金互助社的权力主体,同时又是村庄的治理主体,从而形成"复合治理"的格局。村支书或村书记等村庄能人以合作社为依托,以一些职务身份被纳入内置金融合作社组织架构之中,参与重大事务的决策,从而实现了向村级组织进行的权力让渡,使得村"两委"能够有效地组织村民,高效调动村庄资源,促进乡村振兴。

2. 村集体产权形成——村民参与自治

郝堂村内置金融的发展将村民的"死资产"变"活钱",使村民的土地等资产流动起来,极大地促进了村集体资产焕发活力。村民的资产流动起来,村集体资产也逐渐流动起来,村集体的产权也就得以恢复。2010年以后,郝堂村村集体产权恢复并壮大起来,例如,案例中郝堂村的荷花池便是郝堂村集体产权之一。集体产权的恢复为村民参与自治奠定了基础。

首先,村集体产权的恢复促进了村民资产的流通,提高了村民收入。如果村民的收入增加,村民就会积极参与村庄自治。随着生活水平得到显著提高,村民就不再专注于物质追求,而是逐渐寻找精神追求。在农村,由于村民的文化水平局限,精神追求很大程度上体现为"名誉追求"。因此,村民开始寻求参与村庄公共事务的管理,以获得在村内较高的名誉,村民参与村庄自治的积极性就被调动起来。

其次,村集体产权恢复引导村集体经济增长,村集体经济增长引导村民参与村内自治。村集体产权恢复使得村"两委"对集体土地的管理能力增强,使得村集体资产能够爆炸式增长,同时也为每一位村民都来了相当一部分收益。可以说,村集体资产的增长就是村民共同利益的增长,相应地,村庄集体资产的衰退就是村民共同利益的衰退。而在社会主义市场经济体制下,村民越发趋于"经济理性",对于能够带来经济收益的,村民会逐渐自发投入精力关注,村民也就逐渐参与村内自治。

再次,村集体经济的不断扩大,需要村民参与自治,用以保障和维护村集体经济快速、稳定增长。

3. 社会环境阻碍产权发展——村庄振兴停滞不前

2013年之后,郝堂村村集体产权的壮大几乎无人再提。郝堂村是个高度分散之后重新发展合作经济、集体经济的村庄。但村庄不能做到产权、财权、事权和治权统一,"村财乡管"制度使得村集体组织经济职能弱化。[①]农村治理关系的基础是经济关系,经济关系管理在一定程度上可以控制农村管理的模式和方向。而在经济关系中,产权是经济关系的基础,明确产权是建立经济关系的主要条件。然而,"村财乡管"机制的引入,引发了谁拥有农村集体财产的问题,与农村自治精神相矛盾。

另外,直到今天,内置金融合作社仍然登记注册无门。事实上,现行的一些政策和法规有着对集体经济"歧视"的倾向。过去的几十年中,对私营、民营经济的发展,不管是政策支持还是资金扶持,支持式扶持力度一直很大,相比前者而言,集体经济的发展政策、资

---

① 李朝锋,张骋. 观察农村发展的四个阶段:以资金要素为角度[J]. 社会科学辑刊,2011(6):158-162.

金扶持却是杯水车薪。即使有部分对集体经济发展的扶持资金和政策支持,最终也以"假合作社"等方式被少数人合法地"盗走"。在这种没有法律倚仗的政策背景下,郝堂村集体产权的壮大开始停滞不前。

因此,在乡村振兴的大背景下,搭建一个平台——内置金融合作社,通过其整合资源,发展集体经济从而支撑村庄公共事务发展,强化村级组织的动员能力和治理能力,充分发挥集体产权壮大集体经济和实现共同富裕的双重功能,以集体产权功能的实现激发村民自治的生机和活力,同时加以政策支持与法律保障,才能从根本上破解乡村振兴困境,实现乡村振兴。

(三)对策与建议

村社内置金融是一种非常有效的解决农村发展问题的途径,我们通过调查和分析案例村社内置金融,总结了以下几点。

1. 有重点地发挥各主体的作用

影响内置金融发展的主体可分为内部主体和与其相对的外部主体。在村社内置金融成立初期,内部主体的作用有限,只能发挥辅助作用,需要重点发挥外部主体的作用;而到了正式运作阶段,要着重发挥内部主体的作用,外部主体发挥辅助作用。但不论在何种阶段,两者总是相互依托、相辅相成的,其发挥的作用力越大,村社内置金融的建设和运作就越有发展和成效。

2. 发挥村民主体在其中的主导作用

2019 年的中央一号文件就指出要"发挥好农民主体作用"。李昌平教授在给村社内置金融下定义时也已经明确,村社内置金融是村民自己的金融,村民应该发挥其主导作用,实现自治。而村社内置金融建设的基础和依托——发挥礼制原则、能人效应以及关系契约则是村民发挥主导作用的基础所在。村"两委"和社会组织等对村庄的管理和规划改造也都是建立在村民主体的"公意"上的。另外,村社内置金融互助社的资金不论在何种用途下也都是"取之于民,用之于民"的,村民主体的主导不可或缺。

3. 加强监管和长效机制的建设

现代的村社内部是不稳定的,因为缺乏相应的"管理者"角色,或者说管理者缺乏管理的权力。到了村社内置金融阶段初期,有着外部主体的大力推进和监督;而到了正式运作阶段,外部主体起辅助的作用,作用有限,农民由于自身有局限性,其主导作用可能无法完全发挥,制度性的章程以及监事会的设立就成了维持村社内置金融长效运作的基础。

4. 要发挥"差序格局"的作用

"差序格局"是由费孝通先生提出的。村社内置金融对本村发展的作用是毋庸置疑的,在发展有了一定的成效之后,要发挥带头作用。这是一种双赢,不仅能够加快本村的发展,也能够带动周边村的发展,但是根本的原则不能变——走封闭式内部发展模式。

5. 建立与集体经济相配套的法律法规

目前,农村发展集体经济面临法律困境,对村集体资产被破坏和侵占的现象无法打击,很可能导致无法维持现有成果。只有通过立法,出台相适应的政策去保护集体经济,坚定支持集体经济在农村经济发展中的主导地位,加强对村集体经济的重视与扶持,才能保护好乡村振兴的楷模。

总之,在国家乡村振兴的大背景下,乡村发展的探索任重而道远,村社内置金融虽是一种行之有效的途径,但地域不同,发展状况不同,村庄的发展模式也不尽相同。因此,我们还需要总结历史经验,结合中国特点,顺应发展规律,在国家和社会以及村民的共同努力下,走出具有中国特色的乡村发展之路。

第四节　有机村社——乡村振兴共建共享平台

一、执行总结

(一)公司简介

乡建智联有限责任公司以乡村振兴战略为背景,以在校大学生为骨干,依附于高校专业科研团队,借助其科研成果,与行业精英联合,协助"三有村"(有资源、有想做事的干部、有要落地的项目的村)和"两缺村"(缺办法、缺威信的村)筹建并运营全要素股份合作社,建成有机村社,形成共建共享平台,筑起乡村振兴内生长效动力机制,实现城乡之间要素整合和优化配置,让农村生活更美好。

公司名称:乡建智联有限责任公司。乡建智联,取意乡村建设"智为乡村,联创共赢"。以乡村建设为主要服务内容,整合集聚智慧成果,协作建立乡村振兴内生长效动力机制——全要素股份合作社 + 县(乡)域形成联合社,打造有机村社。

公司 LOGO:LOGO 主体是一绿一红两栋房子,它们各自缺少一部分,两个房子联合在一起,就可以挡风遮雨。房子的造型是一个"合"字,也寓意着联合。房子之上是蓝色的天空,与两栋房子构成了红、绿、蓝三色,寓意着全要素合作。下面是十粒金黄的麦穗,它们组成了乡村特有的生活和交际空间——场圃,极富乡土气息,并且十粒麦穗代表着丰收与富足,代表着通过全要素股份合作社,建成有机村社,让农村生活更美好。十也有"十全十美"之意,同时也暗指公司创业团队的三名指导老师和七名同学。

公司口号:让乡村生活更美好。

公司愿景:培养一支跨学科、"一懂两爱"、能够落地实施农村协作的专业团队。形成一套完整的业务流程、规范及设计配套软件、票证等周边产品。建立业务开拓、挖掘、延伸、维护、提升的成熟链条。与国内一线协作团队形成稳定的合作关系。逐步建成国内高校和业界相关协作的知名基地。

(二)项目背景

2017 年 10 月 18 日,习近平在党的十九大报告中指出,农业农村农民问题是关系国计民生的根本性问题,必须始终把解决好"三农"问题作为全党工作重中之重。党的十九大报告提出"实施乡村振兴战略",充分体现了党中央对"三农"工作的高度重视和对新时代国情特征的准确把握。乡村振兴战略是党对过去提出的重要农村战略的系统总结和升华,既涵盖了以往各个历史时期党的农村战略思想精华,也顺应国情变化赋予了农村发展以健全乡村治理体系、实现农村现代化、促进城乡融合发展、打造"一懂两爱"的"三农"工作队伍等新内涵。实施乡村振兴战略,是对乡村衰落的世界性难题的及时响应,需要从脱贫攻坚、稳粮增收保耕、农村经济发展、农业结构调整和农村社会治理等方面着手,并在政策执行上扬弃传统的农村发展观念。在中国大市场的环境下,小农经济已经不能满足个人和市场的需求,通过村社进行全要素股份合作社的形式建成有机村社,是乡村振兴发展的必然要求。

(三)服务简介

本公司以"学生为主体 + 高校教师和行业骨干为指导"的形式。在校学生组建创业团队,结合全国近 100 个村庄的长期跟踪协作,发现与周边村庄条件相当的村庄之所以能发展起来,成为示范,主要取决于村民之间的团结,形成了内生长效的动力机制。按照"要素—组织—体制—机制"的内在逻辑,这项机制具体体现在:涵盖资金、土地、房屋、技术等在内的全要素股份合作;村"两委"倡导发起,以敬老互助为纽带,形成乡贤和村民入社的全要素股份合作社 + 县(乡)域形成联合社的组织平台;以村庄内生动力的有效培育为基础,撬动财政支农和社会资本,形成多元化投入的发展体制;以信用、生产、消费"三位一体"合作为基础,实现城乡之间要素整合和优化配置的运行机制。筹建了全要素股份合作机制的村,即成为"有机村社"。有机既体现在有了全要素股份合作社的起点,也体现在村民信用、生产、消费"三位一体"有机合作的过程,更体现在乡村振兴的态势。村社全要素股份合作的结构功能如图 5-16 所示。

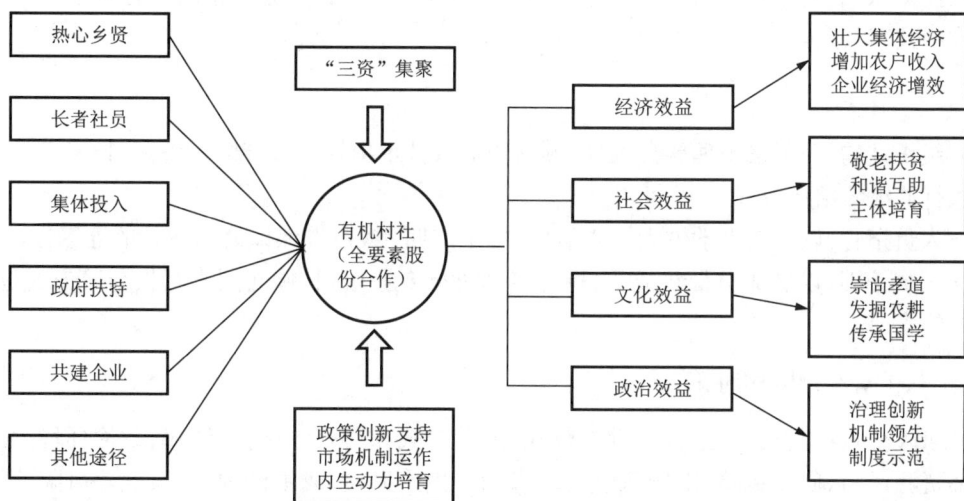

图 5-16 村社全要素股份合作结构功能示意图

创业团队能够做什么?怎么赢利?

第一,入户调研,获得项目的经济、社会、文化概况。了解村庄姓氏、村民关系、产业、家庭收入与支出、人才情况、发展需求和意愿等基本情况。

第二,设计村社筹建方案(钱从哪里来?人从哪里找?)和运营方案(事要怎么做?钱花到哪里去?人才怎么培养?)。

第三,筹建和运营协作合作社。讨论章程,注册,开业,进行合作业务培训。

第四,做好风险把控、过程跟踪、分配监督。在专业服务中获得协作费,包括劳务费、交通差旅费、方案设计费、培训费、智力股份分红等收入。

(四)市场分析

中国目前有 691 510 个行政村。《中国统计年鉴 2019》数据显示,中国的乡村人口为 7.21 亿人。根据国务院扶贫开发领导小组办公室 2019 年的数据,全国贫困村有 12.8 万个,虽然大部分贫困村已经脱贫摘帽,但是其发展根基不稳,内生长效机制不健全,仍然有人才外流、产业低效、组织无力、村民涣散的问题,但就这一项市场体量已经足以用亿来计算,所以该项目的市场是非常庞大的。

(五)营销策略

以政府为目标客户,通过部分村社试点打造出公司品牌。通过主流媒体的报道以及团队的走访调研,宣传并推广公司的服务。以成功服务案例 + 优质服务质量 + 强大的服务团队为核心竞争力,从单个的试点村辐射至整个镇、县,逐步扩大公司的辐射范围,以提高公司的影响力和知名度。具体宣传营销手段包括但不限于:建立公司(团队)的官网、微博、微信公众号等媒体平台,发布产品(服务),挂靠学院、研究院网站,扩大知名度;紧盯各地(尤其是市、县级政府)的关于专业协作服务的招标公告,以创业团队身份参与竞标活动;紧盯一线服务团队,本团队将与北京金地融通农业投资有限公司(中国乡建院)建立合作联盟关系,利用专业服务优势分包部分协作业务;从已有业务关系的甲方入手,在合作共建中共享共赢。

(六)管理

组织结构:公司采用理事会领导,顾问团提供技术指导,行政部、财务部、技术部、市场部执行的组织结构模式。

人员招聘:以在校大学生为核心群体,每年定期"换血",保证公司运行的连续性。

人员培训:以老成员带新成员、指导老师进行专业培训、顾问团进行指导等方式进行人员的培训。

(七)风险分析和对策

风险分析:根据公司经营活动的性质、经营方式和所处的社会、法律、政治环境,公司面临资源风险、研发风险、市场风险、管理风险、生产风险、成本控制风险、竞争风险、财务风险、政策风险、破产风险等。

应对措施:从人员、物品、金钱、制度等方面全盘定期进行风险评估。以财务管理、成本管理和预算管理为主,进行风险防范。建立科学的风险管理系统,将风险控制在最低限度,为公司稳固运营提供保障。

风险退出:可采用公开上市、反向兼并、企业购并(股份转让)、股份追加、破产机制等方式。

(八)法律关系

本公司将严格按照《中华人民共和国公司法》等有关法律法规的规定,认真、细致地部署本公司设立登记的办理程序,由全体股东指定的代表或者共同委托的代理人作为登记申请人,向登记部门提交相关文件。本公司将以严谨合作的态度,尽力配合有关部门对本公司设立的审批工作,务求以最快的速度进入市场。

二、产品与服务

(一)"有机村社"详解

针对目前大部分村社发展面临的劳动力大量外流、产业产能低下、技术落后、村民涣散、组织无力等问题,团队以学校教师及学生多年来对全国多个村庄的长期跟踪协作得到的理论为基础,围绕乡村振兴战略,为"三有村"和"两缺村"提供方案设计、落地协作、人员培训等服务,通过协助村社建立全要素股份合作社的形式,以智力入股为乡村振兴战略的实施贡献案例模式、决策咨询和学术创新等。

1."有机村社"是什么

"有机村社"是建立村级全要素股份合作社和区域全要素股份合作联合社,将其作为发展的平台、载体和机制的服务组织。"有机"既体现在有了全要素股份合作社的起点,也体现在村民信用、生产、消费"三位一体"有机合作的过程,更体现在乡村振兴的态势。

"有机村社"的平台、载体和机制是村社全要素股份合作社,是由政府引导,在行政村域内,由村"两委"主导发起,乡贤和骨干村民带头自觉自愿参与,以村社信用合作、生产合作、消费合作为核心业务,发扬村社尊老敬老传统,与农村土地集体所有制及统分结合双层经营体制相匹配的"三位一体"综合性服务组织。

"有机村社"以"三起来"(农民组织起来,资源集约经营起来,产权交易起来)促进"三变"(资源变资产,资金变股金,村民变股民),是激发农村内生动力、促进农村二次飞跃、全面小康共富的创新性改革。其特点一是封闭性与自主性,二是服务性与互助性,三是综合性和公益性,四是政治上的先进性。

建立村"两委"倡导发起、以敬老互助为纽带、乡贤和村民入社的全要素股份合作社+县(乡)域形成联合社的组织平台。建立涵盖资金、土地、房屋、技术、矿产资源等全要素整合的股份合作。

以村庄内生动力的有效培育为基础,撬动财政支农和社会资本,形成多元化投入的发展体制。以信用、生产、消费"三位一体"(图5-17)合作为基础,实现城乡之间要素的整合和优化配置。

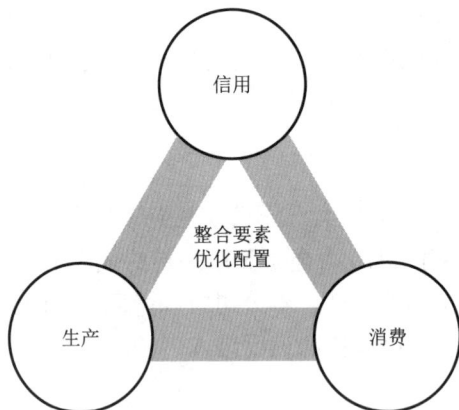

图 5-17　"三位一体"运行机制

2. 政策及理论依据

把建立和发展农民专业合作、供销合作、信用合作"三位一体"的农村新型合作经济，作为推动现代农业发展的重要举措，切实加强组织领导和政策扶持，使这项工作真正成为民生工程和德政工程，成为解决"三农"问题的一个重要途径。

——2006 年 12 月 19 日，习近平在浙江瑞安召开的全省发展农村新型合作经济工作现场会上强调的内容

加强农民合作社规范化建设，积极发展生产、供销、信用"三位一体"综合合作。

从实际出发探索发展集体经济有效途径，鼓励地方开展资源变资产、资金变股金、农民变股东等改革，增强集体经济发展活力和实力。

——《中共中央 国务院关于深入推进农业供给侧结构性改革 加快培育农业农村发展新动能的若干意见》

依法规范各类金融行为，促进金融服务农村实体经济。依法保护资金互助等有利于降低交易成本、适合农民需求、符合法律规定的交易模式，促进农村金融体制改革，引导更多金融资源配置到乡村经济社会发展的重点领域和薄弱环节，助力实现乡村产业兴旺、农民生活富裕。严厉打击"套路贷"诈骗等犯罪行为，严格依法限制高利贷，加大对变相收取高息行为的审查力度，规范和引导民间借贷健康发展。依法保护农业信贷、普惠金融，促进金融资源向"三农"倾斜。

——《最高人民法院关于为实施乡村振兴战略提供司法服务和保障的意见》

支持农村合作金融规范发展，扶持农村资金互助组织，通过试点稳妥开展农民合作社内部信用合作。

—— 中共中央办公厅 国务院办公厅《关于促进小农户和现代农业发展有机衔接的意见》

积极发挥小额贷款公司等其他机构服务乡村振兴的有益补充作用，探索新型农村合作金融发展的有效途径，稳妥开展农民合作社内部信用合作试点。

—— 中国人民银行 银保监会 证监会 财政部 农业农村部《关于金融服务乡村振兴的指导意见》

3."有机村社"的管理架构及各部门职权

社员大会：决定合作社的发展规划，制定合作社章程，决定重大事项、理事会和监事会的人选等。

理事会：执行社员大会决定，负责管理和经营合作社。

监事会：监督理事会的合规性，检查社员大会决定的执行情况。

长者贷款管理小组：审批社员贷款。

各项事业发展部门：根据发展拓展业务。

4."有机村社"资金互助业务的基本原则

（1）坚持政府主导、农民为主体、市场化运作原则。

（2）坚持社员制、封闭性原则。社员入社（入股）自愿，退社（退股）自由，不对外吸储放贷，不支付固定回报。

（3）坚持自我管理、自我组织、自我完善、自我提高、自我发展的原则。

（4）坚持信用合作、有借有还、循环使用、风险共担的原则。

（5）坚持有抵押担保优先的原则，做到符合条件的优先借款。

5."有机村社"的股金、资金来源

"有机村社"的股金、资金来源包括长者社员股金、乡贤社员股金、资金入股社员股金、土地入股社员股金、房屋入股社员股金、集体社员股金、社会社员股金、社会捐款、在核准的业务范围内开展活动或服务的收入、其他合法收入。

6.全要素股份合作社资金互助业务借款对象

只对本村村民和本社社员借款。借款对象包括从事农、林、牧、副、渔业生产经营和其他生产经营的社员或村民，从事工业、商业、建筑业、运输业、服务业等非农业生产经营活动等的社员或村民，在婚丧嫁娶、子女教育等生活方面需要周转资金的社员或村民。

7."有机村社"资金互助业务的借款额度

按照章程规定的程序和权限进行借款，原则上单笔或同一社员贷款借款额不超过总资金的 20%，借款总额不超过总资金的 80%。

8.合作社资金互助业务流程

合作社资金互助业务流程如图 5-18 所示。

9.资金互助业务风险管控的措施

（1）只对本村村民和本社社员借款，按照章程规定的程序和权限进行借款，每笔借款必须有监事鉴证。

（2）吸毒、赌博、从事非正当生意者不借，无抵押物、无担保、有不良信用记录、有借款而尚未还清者不借。

（3）乡贤社员借款优先，在村内办企业、养殖、种植者借款优先，风险可控的项目借款优先，长期借款优先。

（4）积极争取政府政策性项目支持和社会社员股金，不得直接投资任何项目或产业。

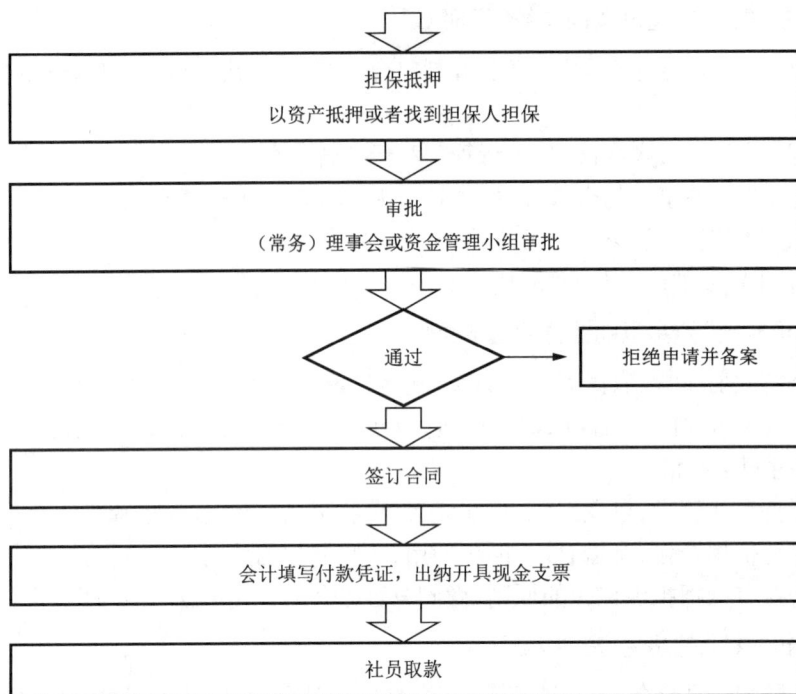

图 5-18 合作社资金互助业务流程

（5）所有资产担保最多只能以资产的 80% 额度进行担保，并对借款者进行跟踪服务，确保借款者经营成功。

（6）每月理事会和监事会成员召开一次风险管理检讨会，检查隐患，积极补救，每月公开账务情况。

（7）建立风险基金，每年从利润中提取 5% 作为风险基金。

10. 合作社收益分配

以合作社章程规定为准，社员盈余返还不低于 60%，优先给长者分红。合作社纯利润分配参考方案见图 5-19。

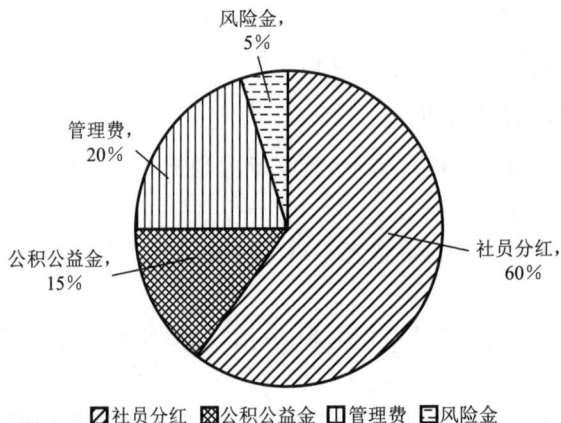

图 5-19 合作社纯利润分配参考方案

参考分配方案说明如下。

（1）社员分红：前三年主要给长者社员分红和贫困社员分红，乡贤社员前三年不分红。

（2）公积公益金：用于合作社的积累和发展以及本村公益事业，尤其是敬老、养老活动。

（3）风险金：用于预防及弥补借款损失，余款或最终收益归全体社员所有。

（4）管理费：在20%的比例范围内使用，用于参与合作社日常管理人员的劳务费和误工补贴。

（二）创业团队服务模式

（1）入户调研，了解项目村社的经济、社会、文化概况。了解村庄姓氏、村民关系，产业、家庭收入与支出、人才发展情况、发展需求和意愿等基本情况。通过对村舍基本信息的搜集，分析村庄的特色、缺陷等，针对问题提出相应的解决方案，针对特色提供发展建议。

（2）设计村社筹建方案和运营方案，包括钱从哪里来？人从哪里找？事要怎么做？钱花到哪里去？人才怎么培养？

（3）协作合作社筹建和运营：讨论章程、注册、开业、合作业务培训。

（4）做好风险把控、过程跟踪、分配监督，在专业服务中获得协作费，包括劳务费、交通差旅费、方案设计费、培训费、智力股份分红等收入。

服务流程如图5-20所示。

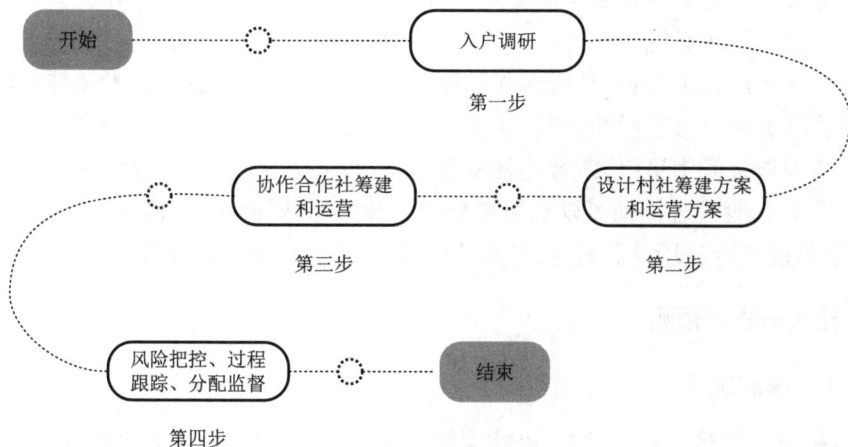

图5-20　创业团队服务流程

（三）产品核心竞争力及其优势

核心竞争力：质优！

质优："有机村社"方案是集长期乡建研究和实践智慧之大成，是被实践证明的、能够落地成长的、有效的方案，曾经在全国多个地方落地实施并取得了很好的效果，得到了社会各界的认可,受到央视等官方媒体报道推广。如果舍此而采用传统的合作社模式或者其他合作方案,就会陷入谈判成本高、投入周期长、后期维护不足、内生动力不足等窠臼。

同样的商品比价格,同样的价格比质量,同样的质量比服务,同样的服务比服务的周到性和态度是我们的公司产品的发展理念。公司营利模式如图5-21所示。

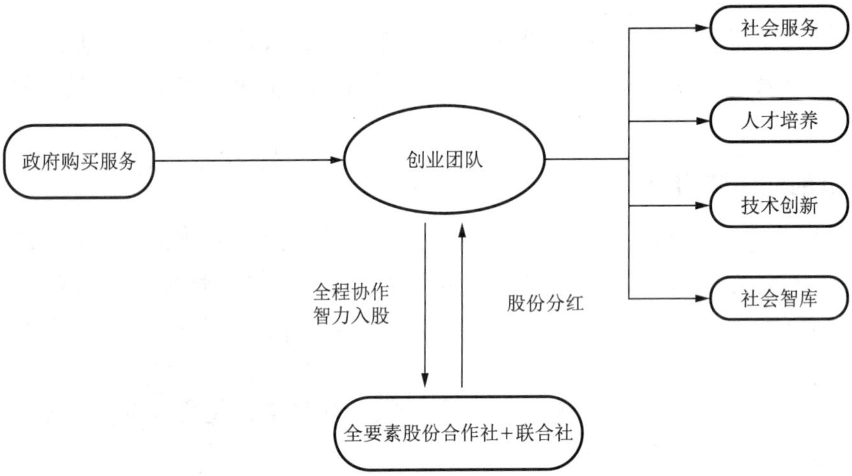

图 5-21　公司营利模式

产品优势:对比传统合作社,全要素股份合作社有许多明显优势。

（1）从参与合作社的人数和领导结构来说,传统农村合作社是部分人参与、合作社领导的。而全要素股份合作社是全体村民参与、村"两委"领导的。后者不仅扩大了参与人数并且更能反映民主意愿。

（2）从覆盖产业上来讲:传统合作社覆盖产业单一,产业链较短,受益群众较少。全要素股份合作社可以覆盖村社全产业链,受益群众多。

（3）从发展资源上讲:传统合作社资源单一,投入方式单一,行政化手段导致内生动力不足。全要素股份合作社可以利用村社的各种资源,资源丰富,同时可以获得乡贤、政府、外界资本的支持,投入机制有机多元,以市场化为机制更加富有内生动力。

三、市场分析与预测

（一）市场需求

在乡村振兴战略实施过程中,以壮大集体经济、增加村民收益为目的,由地方政府或社会资本参与开发的项目普遍面临着乡村发展内生长效机制不足的问题,由此带来谈判成本高、投入周期长、后期维护缺乏、难以保护农民权益等问题。对能够协作开展内生动力培育、农民组织化发展的专业服务有大量和迫切需求。具体需求如下。

农户需求:"小农户"有效对接"大市场"。

村集体需求:农村集体产权制度改革,乡村治理能力提升。

政府需求:做强乡村振兴的组织抓手,改革财政支农方式,改善乡村治理。

社会资本需求:降低谈判成本,激发村民合力,村企共建、良性互动。

（二）目标客户

公司以政府为目标客户,主要服务于"三有村"和"两缺村"。按照村社不同的条件大致筛选出了下面几类村社作为重点目标群体,只要有一项符合条件,均可采购公司的服务。

（1）村里有优越的交通区位、自然景观、人文历史等独特资源,但是缺少办法把村民团结起来共同发展。

（2）村里有优越的交通区位、自然景观、人文历史等独特的资源,村干部有想法要带领村民发展,但是公信力尚不足。

（3）村里没有优越、独特的资源,村干部(支书、主任)一心想为村民做事,但是缺少办法。

（4）村里没有优越、独特的资源,村干部新上任,鼓足劲要干一番事业,又苦于缺少办法。

（5）政府想着力支持、打造示范而缺少村民配合,"等靠要"思想严重,矛盾多发,缺乏内生动力。

（6）社会资本想投资开发而缺少村民配合、阻力多发、缺少合力。

（7）该村为移民搬迁村、贫困村。

（8）产业有了一定发展,但是缺少办法辐射带动周边村社、整合要素、增大规模、提质升级。

（9）区域性产业(多村、连片)有了一定发展,具有一定区域性影响,但缺少办法稳定市场、维护利益。

（三）市场预测

中国有着庞大的村社数量。国家统计局的调查数据显示,知道乡村振兴战略的农民占全部受访农民的比例达到82.8%,乡村振兴战略得到广大农村居民的积极拥护,受访农民认为乡村振兴最急需的是资金,其次是人才,再次是技术。资金紧张、技术水平落后、人才匮乏是当前实施乡村振兴战略的瓶颈。

对于本公司来讲,公司产品将进入的是一个价值数以亿计的蓝海市场。以湖北省鄂州市张远村为例,入社农田1 500多亩,入社资金189万元,吸收各种社员过百人,通过农地担保抵押实现贷款余额150余万元。中国目前有691 510个行政村,如果我们可以在10%的村社发展全要素股份合作,仅入社资金就可达1 300亿元。这不仅将改善上亿农民的生活,更会成为我国扩大内需、自主稳定发展的牢固根基。

（四）竞争分析

主要与提供乡建协作的团队进行竞争分析。目前业界活跃的组织主要有这么几类:一是有学校科研背景支持的智力团队,如北京梁漱溟乡建中心。其业务模式是以农民合作组织为基础的新乡村建设试验和推进工作、大学生行动教育与新文化研究及其推广工作。其优势是乡建有理念、有情怀、有思路。其弊端在于项目地和业务过多、分散,难以集中精力、持续、长效地协助项目地的发展。二是有政府背景支持的团队,如中和农信项目管理有限公司。业务特点是采用小组联保贷款模式,借鉴孟加拉国的格莱珉银行小额信贷模式,并进行本土化创新,无须抵押,3~5户联保,最高2万元;还有个人贷款模式,采用德国IPC公司信贷技术,信贷目标锁定农村个体经营者,一人担保,无须抵押,其优势是在扶贫系统有较高知名度,业务模式成熟、稳定,其弊端是只专注于一个项目,而忽视了乡村振兴更根本层面的制度建设、文化与社会效益,反而加剧了村庄的割裂。三是有自主创业性质的,如北京金地融通农业投资有限公司,主要经营范围有项目投资、投资管理、资产管理、组织文化艺术交流活动(不含演出)、会议及展览服务、市场调查、技术推广服务、日用品的销售、企业管理、经济贸易咨询、基础软件服务、应用软件服务(不含医用软件)、餐饮管理、酒店管理、建设工程项目管理、国内旅游业务、工程勘察和设计。其优势是产品服务适销对路、正满足了乡村建设所急需的,广受欢迎。弊端是随着知名度和业务量的提高,自身团队建设不能及时跟上,导致项目协作出现断档。因此,既有高校顶级科研团队支撑,又与政府职能管理部门合作紧密,且专注于自主创业的团队,就能够"站在巨人的肩膀上",青出于蓝而胜于蓝。

四、公司战略

(一)基本战略

1. 核心产业战略

本公司的核心产品是帮助村社建立健全乡村振兴的内生长效机制,响应国家的乡村振兴和脱贫攻坚战略。本公司积极保证服务质量,针对不同村社的实际情况进行入户调研,设计专属的村社筹建和运营方案,帮扶农村经济发展。

2. 市场战略

中国的乡村规模十分庞大,本公司的市场前景广阔。本公司会按照由特殊到一般的战略,首先解决部分"三有村"和"两缺村"面临的困难,再寻找出普遍的方法,以适用于全国其他村社。

3. 财务战略

公司财务实施"以服务养服务"的战略,以目前指导教师团队的横向项目协作费用作为"项目启动基金",用于前期商务和业务协作费用。在专业服务中获得协作费,包括劳务费、交通差旅费、方案设计费、培训费、智力股份分红等收入。项目地全要素股份合作社成立后,创业团队持合作社智力股的5%,将其用于后期项目持续跟踪协作,形成一个内部运转机制。

公司每位员工都要清楚公司的战略,让自己的工作方向与公司的战略发展方向一致,结合自己的岗位将公司战略落实到自己的工作中,与公司一同发展。

(二)组织结构

公司的组织结构如图5-22所示。

```
                    ┌────────┐
                    │ 理事会 │
                    └────────┘
                        │
            ┌────────┐  │
            │ 顾问团 ├──┤
            └────────┘  │
        ┌───────┬───────┼───────┬───────┐
    ┌───────┐┌───────┐┌───────┐┌───────┐
    │ 行政部 ││ 技术部 ││ 财务部 ││ 市场部 │
    └───────┘└───────┘└───────┘└───────┘
```

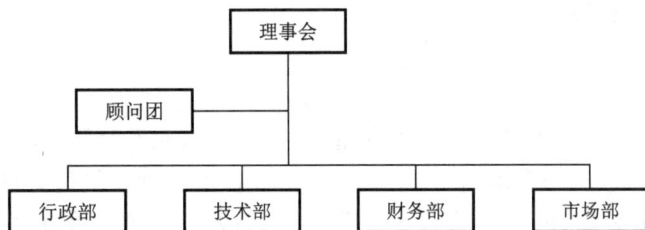

图 5-22 公司的组织结构

本公司是以高校教师和行业骨干指导在校学生组建创业团队而建立的。本公司有着健全的公司治理结构,选举产生理事会、行政部、技术部、财务部、市场部。由理事长指定功能组负责人(负责不同的公司职能),聘请高校教师以及行业精英为顾问。顾问团长期开展乡村治理和发展主题的研究,理论研究成果丰硕。有关咨询报告获得过中央、省市有关领导的肯定性批示,在业内具有较大影响和知名度。参与建设的多地村庄受到国家级、省级、市级和县级媒体的采访报道,具有较大的经济社会影响。学生来自不同专业,在公司中承担不同工作,分工明确,保证公司的平稳运行与发展。

(三)人力资源配置

公司以在校学生为创业群体,每年吸收一批有志向、肯付出、有一定专业知识的大学生,以保留 40% 的老成员,招纳 60% 的新成员的方式对公司进行更新换代,保证公司的长久运行。顾问团队以高校教师和行业精英为主,其中包括长期从事乡村振兴战略研究的专家以及行业的一线人员。

(四)绩效考核制度

本公司秉承全面、客观地评价各部门各层级员工的业绩,解放思想,调动员工的积极性,激发员工的热情、干劲和奉献精神,从而使得人治向系统管理转移,制定了本公司的绩效考核制度。本公司的绩效考核主要是按照考核层级遵循自上而下、逐级分解的原则,由老师顾问指导工作,公司内部由高层级工作者对低层级工作者进行考核,并且同事内部相互监督。

(五)奖惩制度

本公司明确奖惩机制,给业绩好、绩效高的员工发放奖励,对缺勤、业务差的员工采取批评与扣除部分分红的惩罚制度。高标准、严要求、重质量地推进公司发展。

(六)媒体宣传选择

本公司对应面向的市场,选择针对性的宣传媒体。本公司选择当地的报纸、政府网站、电视广告等途径,在全国范围内以公司竞标的方式参与到各地乡村振兴协作服务的采购中,确定服务采购方(以县政府为购买主体)。我们的口号是"让乡村生活更美好"。

五、财务分析与预测

（一）初始投资成本

本公司以一个村新型村集体经济组织起步建设 50 万元本金计算,可实现年基本收益 5 万元(10%的基础收益),盈利部分为入社的 60 岁以上长者社员可分红 40%、公共积累资金 15%、风险储备金 10%、办公费 5%、智力公益股 5%(供"乡村振兴内生长效机制协作团队"跟踪服务和人才培养使用)。

（二）财务预算

本公司基于技术理念创新,为农村经济发展提供服务与帮助,财务成本较低。目前主要是公司的启动、调查研究需要资金,资金预算包括交通费、打印费、食宿费用以及备用资金。

（三）财务分析

鉴于本公司仍在起步阶段,暂无财务记录,主要分析财务生存能力。目前乡村发展前景广阔,本公司有很强的生存能力,后期维持运行的费用并不高,有足够维持正常运营的净现金流量,以实现财务的可持续性。本公司致力于帮助村社建立内生长效机制,目前国家也有相应的支持政策,因此资金风险、经营风险、市场风险、投资风险都不高,财务生存能力很强。

（四）投资分析

本公司的竞争力很强,产品的最大特点就是"质优"。质优,是因为我们的"有机村社"方案是集长期乡建研究和实践智慧之大成,是被实践证明的、能够落地成长的、有效的方案。舍此,就会陷入谈判成本高、投入周期长、后期维护不足、内生动力不足等窠臼。同样的商品比价格,同样的价格比质量,同样的质量比服务,同样的服务比服务的周到性和态度。公司初期只需要进行调研的资金,后期项目成型以及运营都需要投资方进行平台融资,从而开发出更大的潜力和可行性以吸引更多投资方。本项目的前景广阔,顺应时代潮流,很具有投资吸引力,因此除了以上提到的潜在投资方,还会有很多看到其发展前景的合伙人。

六、风险与应对策略

（一）市场与竞争风险

在市场竞争中,竞争的基本动机和目标是实现最大化收入。但是,公司的预期利益目标并不是总能实现的,甚至在经济利益上受到损失。现实经济利益与预期利益目标相背离的可能性即市场竞争的风险。乡村振兴背景下的乡建市场中,已经存在类似的服务,同类型产品的运行模式完整,服务特色较为明显,带来一定的竞争。此外,乡建协作市场仍处于初期发展阶段,尚未成熟,市场的普及度不高,缺少大量涌入市场的客流,公司可能面临起步困难、竞争失败等风险。

分析:客户资源不足,宣传效果不明显,价格定位不准确。

对策:借助多个渠道,加大宣传力度,提高服务质量;前期做好市场调研,不断寻找服务对象的特色与共性,总结经验;服务创新,用另类的创新思维为企业服务。

(二)产品与技术风险

本公司主要围绕乡村振兴战略,为"三有村"和"两缺村"提供制度设计、人员培训等服务,通过协助村社建立全要素股份合作社的形式,以智力入股为乡村振兴战略的实施贡献案例模式、决策咨询和学术创新等。这类产品需要对服务对象充分了解,并且定期跟踪,否则容易出现决策失误、政策不匹配、效果不明显等情况,产品成效涉及范围广,责任重大。智力服务产品可模仿性强,市场更新换代速度快,产品的竞争性大。

分析:同行竞争,可模仿性强。

对策:提高产品质量,以此来保证自己的客户不流失;不断进行市场调研,确定服务类型,以寻求更多的市场,打造公司品牌;寻求创新,做到人无我有,人有我优,人优我精。

(三)财务风险

公司预计初始资金为10万元,在起步阶段,投入成本不高,初始成本并不能支撑多个项目同时进行,业务范围受限;由于本公司产品的性质特殊,效果需要一定时间才能有所呈现,资金投入后并不能及时收回,公司资金流转较困难。此外,我们提供的协助乡村建设服务、打造乡村特色产业等的收益率不高,维持公司持续经营的资金链紧张。

分析:资金不足,前期资金成本控制不力,资金链紧张。

对策如下。

(1)建立财务预警分析指标体系,防范财务风险。产生财务危机的根本原因是对财务风险处理不当,因此,防范财务风险,建立和完善财务预警系统尤其必要。财务预警系统包括短期财务预警系统(编制现金流量预算,维持公司日常运营)和长期财务预警系统(监测公司获利能力、偿债能力、经济效率、发展潜力等代表性指标,维护公司持续经营)。

(2)树立风险意识,健全内控程序,降低负债的潜在风险。例如,订立担保合同前应严格审查被担保企业的资信状况;订立担保合同时适当运用反担保和保证责任的免责条款;订立合同后应跟踪审查被担保企业的偿债能力,减少直接风险损失。

(3)科学地进行投资决策。

(四)管理风险

本公司主要由大学生团队进行运营管理,在面对社会和市场时,可能会思考问题理想化,与实际情况不匹配,造成经营理念单薄、产品营销方式呆滞、信息闭塞等;管理能力不足,没有完整的管理制度约束;缺乏管理经验,不了解相关政策规定,也没有相关企业实践经历,容易判断失误,导致公司管理不善。

分析:负责人管理不善,造成公司运营受阻;管理经验不足,公司各部门不能紧密合作,协调发展。

对策:健全管理机制,加强奖惩制度;寻找更多的客户渠道,为公司创造更多的利益;可聘请水平更高的技术人员指导运营工作。

（五）政策风险

在市场经济条件下，由于受价值规律和竞争机制的影响，各企业争夺市场资源，都希望有更大的活动自由，而国家政策对企业的行为具有强制约束力。另外，国家在不同时期可以根据宏观环境的变化而改变政策，这必然会影响到企业的经济利益。由于政策存在和调整，实施乡村建设决策的过程可能中断，影响企业的经济利益，从而产生政策风险。

分析：政策导致过程中断，经济利益损失。

对策：加强对国家宏观政策的理解和把握，积极询问指导团队对市场趋势的判断与意见，发挥团队力量；通过保险等方法也可以减少政策风险带来的损失。

第六章
获奖作品的相关调研资料

第一节 "新型城镇化进程中乡村文化建设的发展路径与动力机制——基于苏豫两地的个案比较"调研资料

一、调研记录

（一）南京市高淳区桠溪镇跃进村调研实录

1. 跃进村初印象

我们美丽乡村调研小组全员来到南京市高淳区桠溪镇跃进村西舍自然村，参观红色乡村旅游基地——西舍村。在跃进村文化艺术团芮团长的引导下，我们一行走进了西舍村。溧高县抗日民主政府大会堂纪念馆是参观的第一站。据介绍，大厅是当年抗日志士集中开会的地方，他们经常在这里聚会，谋划抗日战略策略。随着芮团长的讲解，我们了解到现今抗日期间的各类旧址都进行了复建，并随之参观完纪念馆、财经局、缉私局、兵工厂、国华中学等旧址，历史仿佛在眼前重演。在参观的过程中，处处可见图文并茂、内容丰富的宣传社会主义核心价值观的壁画，家家户户门口挂着的大红灯笼，上面还能看到"百善孝为先""诚信是金"等"金句"。这一切让我深深地感受到经过精心打造的西舍村，是对一段历史的铭记，是对红色文化的大力弘扬，值得一来，值得一看。不过也稍有些遗憾，未能参观村史馆，这也更让我心有挂念。

西舍村的历史文化源远流长，村内不仅有丰富的红色文化，还有独具特色的民俗文化。典型的代表就是小马灯。据芮团长介绍，有史记载西舍村小马灯起源于明代，1938年前后新四军驻扎在此，村民为新四军战士们表演过。如今，西舍的小马灯表演队共有成员40人，成员年龄最小的七八岁，最大的十一二岁，分别扮演三国、唐代、宋代的英雄人物，演出时领头举的旗上写有"五谷丰登"和"国泰民安"字样。在参观路上，我们发现每家每户的门前都挂着一块标着不同星星数的铜牌。芮团长介绍，这些是鼓励每户人家争当"和美家庭""最美家庭""五星文明户""身边的好人"的奖章，是村落文化建设的一部分,村民们都积极参与评选活动。

西舍村可参观的旧址较多,每一个旧址都包含一个主题,一个个展厅、一块块展板、一张张旧照片、一件件实物重现了那段硝烟弥漫的峥嵘岁月。

我们和芮团长进行了简短的座谈交流,结合芮团长的答疑和西舍村的实际情况,可以总结出一些对西舍村发展势头的影响因素:村庄的红色资源引起政府关注,政府注入资金对红色基地加以保护;村委会起带头作用,积极、主动地引领大家通过搜集历史资料和村民自发性筹资保护红色文化和民俗文化;村委会牵头,帮助村民成立文化艺术团,在农闲等时间,为其他村民表演舞狮、手鼓舞等节目,丰富文化娱乐生活;专人管理村里农家书屋等文化基础设施,尽可能保护本村文化;通过出租土地使用权等方式,为村民获取在承租方务工的机会,争取实现互利;通过及时的卫生处理和村民间相互督促,保护本村的生态环境。

2. 跃进村入户访谈实录

时光清浅,岁月无恙。在这个阴雨连绵的季节,我们再次来到这个熟悉而又陌生的小村庄——西舍村。淅淅沥沥的小雨并没有打破这个村庄的宁静,反而给它带来了一丝丝神秘、静谧之感。

我们在前期通过参观、座谈会等形式从宏观上了解了跃进村的文化建设、红色历史等。群众是村庄的基础,所以要想了解一个村庄的文化建设,是必须了解群众的感受的。我们先联系了村委张副书记,希望他可以先引导我们采访几家。毕竟有着本村人的陪同,村民的排外心理才能消除。我们本次入户采访主要采用典型与随机相结合的方式。典型是指文化员(如退休教师)、农家乐个体户、返乡创业人员、传统文化继承人、五星文明户等,随机的主体是普通群众,当然包括青年、中年、老年等不同年龄层的村民对于乡村文化建设的感受。最后最好可以开一个群众座谈会,这会让我们了解更多群众的真实感受。

确定访问主体以后,为了节约时间,我们兵分两路,分别入户调研。我们这组最先采访的是退休教师。这些老教师都已经七八十岁了,但仍然义务在课外辅导站为孩子们辅导功课。他们说村里的红色文化、传统文化、民族文化是乡村文化建设的依托,正是这种浓厚的红色革命根据地文化、传承已久的传统文化和民族文化让这个村子生生不息,也更加生机盎然。孩子们的小马灯、中年人的文化艺术团、老年人的锡剧,让村子里不同年龄层的人都有自己的精神依托,这些活动不仅可以娱乐村民们,偶尔外出表演也可以补贴家用,一举两得。

之后采访中最令我印象深刻的是对农家乐老板和雇员的采访。老板说村里重视红色文化留存,很多领导下乡来视察,甚至在这里住一段时间,后来大力发展,修缮主馆,让更多人可以了解这里的红色文化以及传统文化。这些文化场馆重新修缮大多是政府出资,政府主动来推动传统文化的发展。被问及为何想起开农家乐,老板告诉我们,一方面是政府鼓励,另一方面是自己和女儿都看到了发展前景,且手里还有些余钱,便想着积极配合发展。虽然现在还在前期发展过程中,但是老板说从目前发展状况来看还是很有前景的,所以还有扩建的想法。另外老板还在投资养青虾、鸡、鹅等,也准备把其作为农家乐的一部分,可以让游客可以切身感受一下农家生活。在农家乐有一位年轻漂亮的姐姐(雇员),

之前在外务工,后来听说村里开起了农家乐,便回来了。像大多数人一样,姐姐不想离家太远,虽然随着近几年发展,村子附近开起了一些小服装厂,但是毕竟会限制自由。而农家乐的老板就是自己的邻居,方便、自由、约束少,工资也还行,姐姐便选择留在村里。对于村子里的变化,姐姐说自己也会经常观看村头的锡剧及其他戏剧表演,说起村里的基础文化设施建设方面,还带有丝丝自豪感,"对""有的"是姐姐对大多数问题的回答。

从其他居民的访谈中,我们发现他们对于乡村文化建设都有自己感受颇深的地方,有的觉得基础设施带来的便利很好,有的特别喜欢村口的艺术表演,有的很感激自己的孩子可以有课外辅导站……不难发现他们对于享受乡村建设福利方面都怀着感恩、满意的态度,他们也都非常支持搞乡村文化建设,都希望可以把传统文化、红色文化一代一代地传承下去。

总之,这个村子很美,景美,人美,文化更美!

(二)郝堂村调研实录

1.郝堂村村容"民貌"

这两天我们分为两个小组分别走访当地村民,意在通过和不同村民交流,从不同角度了解郝堂村的真实面貌。

首先,我们在岸芷轩采访到一位准备参加郝堂村2017年"村晚"演出的奶奶。通过奶奶的表述,我们了解到村里的"村晚"已举办了三年,奶奶每年都积极参与,但也存在部分村民基于资金缺乏的因素,反对组织"村晚"的情况。奶奶还提到只有年满60周岁的老人才能加入养老资金互助合作社,享受合作社的分红福利,老人们入社的积极性极高,奶奶也是村里的保洁员,与村里另外三位保洁员分别负责村内道路、河流、公厕的卫生保洁,维护干净、舒适的环境。

我们在岸芷轩还遇到郝堂村前任大学生"村官"并对其进行了深入的访谈,了解到村里的基本情况。主要内容有:(1)"村晚"方面,年长者都擅长唱民歌,村民观看"村晚"演出的积极性都很高,但主动参与"村晚"演出的人却寥寥无几,需要通过在村里张贴海报加强宣传,才能召集到足够的人员表演节目;(2)个人信仰方面,村民大都有自己的精神信仰,如基督教、道教,村民对宗教之间无严格意义上的区分,而是将其作为个人精神的依托;(3)郝堂村的发展存在一定的瓶颈,遇到的问题主要表现为村"两委"的后续力量不足,存在人才培养机制缺乏的情况;(4)对于夕阳红养老资金互助合作社的宣传力度不足,导致村民不清楚是谁为老人带来分红福利,以至于对相关出力人员产生误解;(5)郝堂村的发展得益于中国乡建院、友成基金会、释永青基金会、乡村建设协作者中心等社会组织的帮助,并通过养老资金互助合作社、小鹰计划等具体安排加以实现,但在某些问题的处理上,专家学者、村委、村民缺乏统一口径。她告诉我们:"总的来说,虽然现在不在村委内任职,在处理村务中也会遇到种种问题,但基于村民的信任以及过去处理村务的经验和独到的眼光,选择继续在郝堂村为村民服务、运营青旅,提出建立小组合作社的想法,相信郝堂村能够按照预期的目标来发展。"

之后,我们就地访问提供餐饮的店主。他表示,村里的村民现如今大都以经营农家乐、经营住宿、贩卖蜂蜜、自酿酒、贩卖茶叶为主要业务,也不因景区优势而抬高物价,村里农家乐店面过多,但由于旅游旺季客流量太大,并未造成村民竞争压力;店主还是村里青年志愿服务队的成员,该服务队由村里的年轻人自发组织建立,为村里环境卫生、公共设施维修等事项无偿出力,富有积极性;同时,店主是郝堂村文化艺术团的成员,负责团里舞狮表演项目,传承传统民俗文化,是一位对乡村文化建设积极的拥护者。我们也访问了所住旅店的店主,通过店主的描述,我们了解到,村里房屋改建从 2011 年启动,有的村民一开始便参与,部分村民处于观望状态,店主属于后者。店主在 2015 年改建房屋,作为经营户经营住宿。此时改建无政府补贴,加上银行贷款程序烦琐,店主选择从资金互助合作社借款改建房屋。店主提到旅游旺季时,村里的旅店、农家乐菜馆收入颇丰,淡季时以卖特产酱菜为主要业务,以电话订购为渠道,只有极少数经营户会使用互联网交易,销货渠道有较大的发展空间。郝堂村文化有一个特色,本村三、四、五年级的小学生作为评委,参观每一户家庭的卫生情况,根据评分表进行评分,选出本村的家庭文明户,这极具新颖性和代表性,值得借鉴。此外,店主提到一个值得关注的现象,村民们集体所有的大部分土地被村委回收,作为建设用地,村民大都无反对意见,认为既能得到补贴,又可充分使用村里闲置的土地。对此我们表示忧虑,这看似"共赢"的局面,是否存在着农村生产力减少等问题。

我们还走访了另一家旅店——湘里乡味,意外地发现该户是全村唯一一家被乡里评为"和睦家庭"的村户。店主是养老资金互助合作社的八位发起人之一,是在外的成功人士(乡贤),为了帮助村里的老人,主动参与合作社创建的投资,至今未收取利息,大力支持合作社的建立。店主反映,村里有专门为孩子提供的运动场所以及图书馆,岸芷轩也常为学生组织课外辅导的志愿活动,而图书馆的使用者通常是学生和游客,图书类别较少,村民不太喜欢进图书馆学习;村民平时的娱乐活动以跳广场舞为主,或是打打麻将、打打牌,活动无专门的场所,但也有部分思想保守的老人反对广场舞的开展。总之,店主认为,政府在郝堂村建设中起到不可或缺的作用。例如,2011 年改造房屋的村户,能得到每平方米 130 元的补贴。政府出资修建村里的道路,改变郝堂村原来交通闭塞的情况,但郝堂村的发展也带来一些问题,例如,农家乐菜馆的泛滥引发部分菜馆宰客、菜价不统一的乱象,现已通过村委统一定价来解决。店主对帮助郝堂村发展的投资者、社会组织一直心怀感激,感恩之情溢于言表!

本次走访中,我们发现郝堂村在政府、专家、村委的支持以及村民自身的努力下发生了翻天覆地的变化,经济的发展带动着村民非物质文化的发展,逐步满足自身物质和精神上的需要。此外,村里也存在一些问题,第一,村里缺少特色的传统文化,或已有的民俗文化无人传承,存在很大的隐患,却未能提出有效的解决方案,相关传承人心有余而力不足。第二,村"两委"后续力量不足,加上村委、专家、政府看待问题和处理事项上存在分歧,村民只能维持已有的发展模式,很难进一步升级,实现郝堂村第二次飞跃发展。第三,郝堂村现有资源不足,种类不丰,只能满足自身需求和部分零售,不能大力发展特色产品销售。希望明天的分红大会能够带给我们新的感受!

2. 郝堂村合作社实录

不同于刚来的几日,宁静的村庄慢慢热闹了起来。今早在村委会门口召开的分红大会引来了村里的大部分老人,老人们都开心地坐在板凳上,等待着夕阳红养老资金互助合作社的年底分红,现场是相当热闹啊! 先是原党委书记胡静亲切地介绍了合作社的运行与发展,让老人们放心,让老人们感觉到希望。老人们对于这位村里的老干部、合作社发起人之一,也是敬重得很。之后乡贤代表、中国乡建院郝堂村建设顾问李昌平老师、现村委会班子代表也都对郝堂村以及合作社的发展做出了相应的建设规划与汇报。给我印象最深的一句话就是:"我们总是去敬菩萨,其实老人就是我们的活菩萨,敬老人就是敬菩萨。"都说家有一老,如有一宝,让老人们老有所养、老有所依也是我们和谐社会建设路程中的重要一站。必要的流程不是走形式,而是让老人们了解到资金的来龙去脉,让他们放心、安心,另一方面也是利用难得的机会进行全村互动,这有利于村庄的和谐与团结。胡书记也利用此次机会号召全村人为村里一位病重的困难户进行捐款,不在意捐款金额,重要的是那份心意,现场的老人们和他们的儿女们也都纷纷进行捐助。老人们说虽然自己没什么钱,但都是一个村的,怎么也得帮帮忙,谁家没有个应急的时候呢,有钱就多捐,没钱就少捐。没有人像网络上的键盘侠一样歪曲事实,不予理解,这也说明了村民们的淳朴与善良,甚至还有村民听说这件事,特地到现场捐助的,这份淳朴的民风自然也带动了我们加入捐赠之列。接下来就是最令人激动的分红了,虽然钱不是很多,但是对于村里的老人来说也可以买点年货,过个好年啦。现场甚至有几位老人感动得哭了,他们说没想到自己有生之年可以老有所依,不麻烦儿女,相比几年前的生活有这么大的改善。这也让我们这些旁观者心疼与欣慰。除了发放分红,村子里还考虑一些老人从未出过远门,特意买来省外的大苹果给老人们带回家过个好年,也寓意平平安安。看着老人们开心地领着钱、带着苹果,或是结伴而回,或是儿女相陪,真心为他们感到高兴。

郝堂村中心组的发展已经走向正轨,那么周边组的发展又如何呢? 于是我们来到了郝湾组,这里虽没有中心组发展得好,但也会有周边福利。一位老奶奶告诉我们,她很是期待由中心组扩散到周边,以点带面的发展,旅游旺季时也会带点农产品、手工制品过去售卖。郝湾组也慢慢地发展与变化,包括环境、设施以及经济等方面,虽然没有中心组发展得好,但是他们相信会发展的。老奶奶家里有两个儿子,两个孙子、一个孙女,儿子、儿媳在外务工,老两口就在家带孩子,孩子平时在学校上课,周末就会在图书馆翻翻书,寒暑假也会参加志愿者带队的兴趣班。在与孩子的交谈中,我们能感受到孩子心中的环保意识,在孩子心中旅游发展虽然带来了经济发展,但是会影响交通与环境,也会对小小的他造成困扰。

最后我们约见了胡静书记、李昌平老师以及当地的一些对最初发展建设有贡献者,去了解他们改变、发展村庄的艰辛,从他们的角度去了解郝堂村的发展、变化与未来的发展规划,真的被他们的那种情怀与精神所打动,甚至于有种想要就此投入乡村建设的冲动,同时也为他们的艰辛所感慨,为他们的乡村文化建设规划所触动,真的感觉那一天一定会到来!

郝堂村,是先建设内部金融再建设村庄的美丽乡村!

二、访谈记录

(一)跃进村艺术团团长座谈摘录

时间:2017 年 1 月 3 日。

地点:江苏省南京市高淳区跃进村。

采访对象:跃进村文化艺术团芮团长。

(1)问:芮团长,跃进村文化的基本情况是什么样的?

答:村子总面积为 5.8 平方公里①,共有 11 个村民小组,总户数 865 户,总人口 2 547 人,农业以种植水稻、小麦为主,村民一般外出务工或者做种植。

(2)问:芮团长,您是跃进村文化建设的见证者,跃进村的文化建设历程是怎么样的?

答:当时村委在了解了村内的红色资源之后,由于缺乏资金,没有进行打造,建造了一个村史馆,把红色资源跟村史馆融合在一起,只有一个馆。2015 年 5 月,黄建新书记来了之后重点调研,拨付了专项资金,我们就深入地挖掘这样的红色资源。我们以原址修建,等下我们可以看看南京的红色资源的挖掘与利用,其中有篇就讲的我们村。

(3)问:芮团长,您是如何组织发展跃进村的民俗文化的?

答:在民俗文化这方面,去年成立了南京市高淳区跃进文化艺术团。现在大家都知道中国跳广场舞的特别多,那我们就可以把跳广场舞的妇女同志整合起来,来传承传统文化。用区里领导的话说,我们村的模式是具备可复制性的,为什么这么说呢,就比如我们村的这些妇女在不组织她们的时候她们也会自发地去跳广场舞,现在我只是花少量的资金,配备服装、道具,就可以组织她们训练、排演,她们都会很主动过来参与。

(4)问:芮团长,现在村里的文化艺术团是独立的吗? 平时会开展哪些活动? 有什么经典节目?

答:现在我们这个文化艺术团是独立的,在民政注册,资金全在文化艺术团的账户上。开始也是通过村委(成立),后期才独立出来。

像我们这个团队可以经常开展活动,大部分一个电话就能召集起来,个别人员也会有特殊情况。就拿我们的小马灯来说,有局限性,(演员)得(是) 8 到 12 岁的小孩,这个年纪不管在城里还是村里都是上学的年纪,家长对学习还是抓得比较严格的,所以经常组织也不太现实,我们主要是通过学校利用学生的课余时间去排练。另外就是每周六、暑期每周二、四、六,我们都会开展校外辅导,这也是高淳的示范项目,平时由退休教师支教,暑期时候是南京大学、河海大学等学校的大学生们来支教。去年(大学生们)来了一个月,我们也会利用校外辅导来发展我们的小马灯。因为小马灯的演员每年都在更替,所以得不断培训。

文化艺术团的经典节目有打莲香、手鼓舞、蚌蟹乐、小马灯、舞狮等,去年我们还排演了一个红色情景剧叫《红色堡垒》。

(5)问:芮团长,村里文化艺术团表演的频率高吗? 一般什么时候会进行表演?

答:唱戏、送文化下乡都是挑农民闲的时候,全年自己社区会有六场。

我们的平台搭建得比较好。像无锡、南京、溧阳的锡剧爱好者前段时间在我们这开演,下午和晚上在戏台上唱戏,我们文化艺术团就自发排练了一些节目穿插在戏曲里。我们马上要冬训,对党员干部会进行红色教育,所有会议、教育完成之后会为他们安排一场文

---

① 1 平方公里等于 1 平方千米。

艺演出。

（6）问：芮团长，您是如何调动村民参与到乡村文化建设中来的呢？平时会做哪些宣传工作？

答：我也没什么绝活，就是跟大家多联系联系，相处融洽，大家自然而然就会支持你了。当上面的区、市、省邀请我们这个团队过去帮他们做演出，也会给我们经费，去掉车费，剩下的就当人员工资。

我们会开大会，进行主题教育，给每家每户发放通知，举行"最美家庭""五星文明户""美丽庭院"的评选，鼓励村民。还有一个民风长廊，展示了我们的志愿者队伍。

（二）郝堂村图书馆老师访谈摘录

（1）问：马老师，据了解您并不是郝堂村人，您怎么会来到郝堂村呢？您觉得在郝堂村的文化建设中政府和社会组织扮演了什么角色？

答：我是一名乡村女教师，以前在山里教书，因为是一位写作者嘛，图书馆需要一名文字工作者，我就被调了过来。

其实村的发展，像村党委的这些人他们是做得最多的，但是他们不愿意去说，而且他做的工作都是一些具体的，没法上升到理论，他们是实实在在为村子做事的，他们是为老百姓和村庄服务的。如果没有后来政府的支持，中国乡建院的理念就没有办法继续推行。

（2）问：马老师，从您的角度，您觉得郝堂村这两年有什么变化？

答：这一年村庄还是在做基础设施，修路之类的。像这些民居改造，已经不需要政府指导了，村民早就知道如何改造了。其实政府的行为就是为村庄服务，把路修好，把桥修好，不让村民乱盖，其实政府做得最好的是保留了郝堂这片净土，没有让它的发展失控。其实除了郝堂，曹湾也是建设得非常漂亮的。我们区委书记的方向是很明确的，思路清晰，不让外面的房地产企业、旅游企业过多地进入村庄，只有这样，才能保留住村庄的古色古香。其实我了解的也不太多，我对这方面也不感兴趣，我主要是从文学角度来看郝堂的发展。

（三）前平桥区科技局局长访谈摘录

（1）问：禹先生，您觉得乡村文化有什么特点？

答：农村文化的特点是很多的，但是这些文化主要体现在生命礼仪、节气礼俗方面。像腊八、中秋、春节，这些是节气礼俗，生、老、病、死、结婚、朋友聚会，这是生命礼仪。

（2）问：禹先生，您是怎么看待乡村文化建设的？

答：乡村建设就是乡村社会建设，社会建设从社会学角度来讲就是实现乡村文化的变迁。追思会其实也是一种文化的变迁，它没有把人的死亡变成一种悲悲戚戚的事，体现的是一种对生命的尊重，让活着的人懂得生命和活着的意义。资金互助合作社在解决贷款的同时，也建立一种信用契约关系，文化不是抽象的，是具体的。

（3）问：禹先生，您是怎么看待郝堂村信用文化的呢？

答：信用就是契约，由原来的农民血缘为纽带变成现在的以契约为纽带。而现在乡村建设时公共空间是促进人和人之间的交往和交流的，而不是像有些地方（的人）关起门来天天看电视。人居环境的改善,是把现代科学的技术运用到村庄里,(考虑)怎么样让老百姓在村庄里有一个好的空间载体。我们探索的是,在目前的城市化背景下,农村该走什么一条什么样的路,从某种程度上来讲,是如何实现乡村文化的一种现代转型和变迁,这种变迁显然不是迎合外面的人创设的情趣。文化的变迁中,血缘关系变成契约关系,由以前家族本位变成社区共同体本位。

(4)问:禹先生,您觉得郝堂村的内置金融该怎么组织发展?

答:内置金融组织化的问题,就是如何组织人民。但如果想做合作金融,那么就要考虑血缘关系、熟人关系,也就是信用。合作社做金融就是一种金融文化。村委会表面上是自治的,其实它是国家权力的一种延伸。

(四)中国乡建院院长访谈摘录

(1)问:李先生,您是怎么看待乡村文化的?

答:文化的定义有很多,有广义和狭义,笼统地,不是说某一个地方从整体上讲乡村。我们这个社会的文化秩序不是进化了,而是倒退了。

文化的定义是人们生产生活所留下来的物质遗产和非物质遗产的总和。我觉得每一个村子里边都有自己的文化,像我们的内置金融长出什么东西来? 它长出的东西就是它的文化。从政治的角度看从生产生活过程中长出来的、属于我们自己的东西就是我们的文化。内置金融合作社的各种制度,从制度层面上它就是合作社的文化。因为有这种制度的约束,才会导致百分之十的收益是分配给老人的,这就是它自己的文化。

(2)问:李先生,您觉得郝堂村在建设乡村文化过程中取得成功的关键是什么?

答:实际上文化跟经济互通,我们内置金融是激活村民的兴致,让他们着手发展。将来国家寄希望于中国农村向前迈出一大步,如果我们通过内置金融盘活了文化和经济共同的节点,帮助国家进行改革迈进了一大步,从点到面,又从面到点让农民每家每户都超越小康,落实到普普通通百姓的生活当中。这样从一个点的文化融合到大的经济发展当中,从大的经济发展带动文化的每一个细胞,让它们共同发展。

(3)问:李先生,郝堂的内置金融已经发展到一定阶段,您觉得在其发展过程中是注重制度建设还是注重某个人的良才建设呢?

答:这个合作社变化成啥样就是啥样,这是它内部自己整理的结果。它内部是这样或那样,它最后博弈的结果就是那样子。有乡里的干部、区里的干部、村里的干部、乡贤、这个姓氏的(村民)、那个姓氏的(村民),把内置金融放到里边来,大家的想法都不一致。当时的初心是为老人做好事,后边如何发展是不可预料的,最重要的是不忘初心。

像在我们最初的设计中,并未排斥其他乡贤的加入,初心都是为老人做好事。当时投两万块钱产生的利息给老人,最初三年不给利息,现在是每年都给乡贤分利息,也有部分乡贤不收利息。

(4)问:李先生,现在郝堂村主要是依靠旅游业来获得收入,您怎么看待旅游产业?

答:我们做这个村子,是利用了乡村旅游,但是我们的方向和目标并不是发展旅游,用旅游去引导村庄建设是一个方面,我们更看重的是组织化,即便是体现在旅游当中的一些问题,我们也是希望通过组织化来解决。比如这个人有一个酒作坊,那个人做传统文化的东西,肯定依托的是一个组织,尤其是文化这个东西,范围很大。像一个农民在一个地方画一个区域,收个门票,谁来看民俗文化表演就给点钱,反而失去了农村那一套东西,所以只能在某一个地方或者村民有什么活动,文化是通过自己的活动表现出来的,需要一个农民组织来做这个事。

如果说按旅游来做,其实对基础设施的破坏是非常大的。游客来了,给老百姓增加了收入,在公共这一块却没有什么益处,所以旅游带了另一个问题,由于郝堂村集体经济收入是有限的,必须有个前提条件,就是政府不断地投入去建设、维修基础设施。旅游产业发展得过热不是一件好事。

旅游和老百姓之间有个博弈,只要人多他就敢投资,本来盖一层的他就盖两层,本来盖两层的他就盖三层。旅游旺季的人群给老百姓带来很高的期待,结果旅游冷下来后,投资就收不回来,所以按照旅游来做这个事就走到一个不好的胡同里去了。所以中国乡建院说三生不民呢,说的就是生态、生产、生活,说的是有道理的,不能以旅游作为农民增加收入的一部分,乡村发展不一定靠旅游呀,通过生产消费、生活服务也能增加收入。

(5)问:李先生,您觉得郝堂的文化发展模式可以复制吗?

答:可以借鉴。如果说文化可以复制,难道这就是我们所需要的文化吗?文化不是讲多元的吗?中华文化实质上是讲文化自信,讲自信究竟是什么。

(五)郝堂村文化艺术团团长访谈摘录

(1)问:张团长,郝堂村的文化艺术团有多少人?现在发展得怎么样?

答:表面上有五六十人,实际上能演的只有一二十人。

我自己什么都搞,从"文化大革命"那时起,都是我一人排(演)的。现在学(舞狮)的人都是三四十岁的人,年轻人不好招,因为这个舞狮子和杂技差不多,两个人要配合好,有基础的功夫,不仅要在底下舞,还要到高处舞,需要平时大量练习,而现在年轻人娇嫩得很,还需要办人身保险,万一出现事故就不好办。

现在文化艺术团中年轻人少,他们不会古代的文艺,像汉拳、舞狮子都是我一个人在负责,区里的文体局不批现代文艺,只批古代文艺。过去有专门的老师指导我们,有老一辈的人培训我们。但是现在没有了,搞文艺的都是那些搞策划的,现在老年人都不搞了,以后这些传统文化可能就会失传。

(2)问:张团长,文化艺术团有哪些经典节目?一般什么时候表演?

答:像汉拳啊、舞狮子啊。除了"村晚",每年(农历)三月二十都有庙会,我们文化艺术团也出节目。

表演次数记不清,平时像"村晚",外面来人需要配合,我们就去参演,主要就是舞狮子和汉拳这两项。咱们团除了在本村演出,一般还会去县里演出,或者外面有需要时,我们会组织去演出。

(3)问:张团长,文化艺术团发展过程中资金来源是哪里?有没有得到过相关支持?

答:主要还是靠政府的支持,像平时我们演出吃饭都是村里包的,还有我们的"村晚",政府补助了4 000元,俞书记他也出了5 000元来支持我们活动,大多还是政府来支持。

(4)问:张团长,您觉得目前郝堂村还有哪些地方可以做得更好呢?

答:如果想要全部建设成红星组这个样子估计是不可能的,只能是把附近的村子建好,主要是要把房屋建好。主要是人的思想不一样,不是每个人都希望自己的房子被改造。另外,郝堂也可以建设成旅游区,多点旅游点也好,毕竟村里山好水好。

(六)前任郝堂村村委书记访谈摘录

(1)问:胡书记,村里的基本情况是怎么样的?

答:郝堂村是平桥区面积最大的村庄,有18个村民组,620户,2 300人。村民中种水稻的多,(村民)还种茶叶、板栗。

(2)问:胡书记,中国乡建院的理念在当时是十分先进的,您做这样的决定一定也很需要勇气,您出于怎样的考虑?

答:这也是当时形势所迫吧。当时村庄已经不像样子了,面临着衰败,老人老无所养,老无所依,家里的年轻人全都出去打工了,老人留在家里没有人照顾,生病了也没有人带去医院,总之老人们非常孤独。而作为一名村干部,在乡村工作了这么多年,乡村不但没有发展,反而面临着衰败、消失。后来李老师来到我们这,我就向他请教能不能想个办法来救救我们的老人,于是李老师就传播了他的理念——也就是搞内置金融,讲述了资金互助合作社的好处,讲述了他在他们老家建立资金互助合作社取得的成果。我听了之后,很激动,反正当时就是想改善郝堂村老人们的状况,让他们能够有一个好的晚年,所以就接受了这个理念,在郝堂村建立了资金互助合作社。

(3)问:胡书记,您觉得资金互助合作社给郝堂村的文化建设带来了哪些好处?

答:比如乡村的"村晚"啊,合作社都进行了捐款。当时合作社的建立就是为了帮助老人,为老人做点事,但是并没有预料到发生了这么大变化。合作社一是凝聚了人心,二是推动了郝堂村的发展,三是使老人老有所养,老有所依。

(4)问:胡书记,郝堂村文化的建设过程现在也面临一些问题,比如传统文化就有逐渐衰落的趋势,您怎么看?

答:我还在任的时候,就是搞传统文化,像我们的"村晚",我都鼓励村民们上台演出,无论你是唱玉兰小调,还是舞狮子,都可以。但是现在传统文化的继承与发展遇到的阻力也是我们无法消除的,如今郝堂村受到了太多的关注,介入了太多的力量,如何去权衡各方利弊,真的太难了。

(5)问:胡书记,您觉得郝堂村的文化建设中政府和社会组织扮演了什么样的角色?您自己是怎么做的?

答:在我卸任之前,我经常给村里的老人开会,听听他们对于村庄建设的看法和建议,老百姓愿意听的就是对自己有什么好处,对家人有什么好处,听现实的东西,老百姓把所有的希望和赌注押在村委会上。村委会是非常关键的,郝堂村发展到现在有政府的支持,有社会各界力量的支持,而如果到了村委会这一级执行不下去,村委会这一帮人没有奉献精神,村庄是建设不起来的。

可以说,李老师给了郝堂一个资金互助合作社,孙军老师给了郝堂一个美丽乡村。

(6)问:胡书记,您觉得郝堂村的文化建设还有哪些可以改进的地方? 未来的方向是什么样的?

答:郝堂村目前的建设(范围)只有20平方公里,并没有完全覆盖,我希望能够扩大建设,让整个村子的百姓都能够享受到改革建设的成果。下一步的发展应该朝着这个方向,把郝堂村建设成为一个城里人向往的、特别想来居住的地方。只有把所有村庄和农户一起发展,建设成为一个绿色养老的村庄,这样的路子才是可行的。

每个乡村都是以农民为主体的,年轻人能够回到村子里,未来的乡村应该是让老人能够活得有滋有味,年轻人乐意回来建设,孩子们有一个欢乐的同年,这就是我理想中未来的乡村的样子。

(7)问:胡书记,您觉得其他乡村想要发展自己的文化该怎么做?

答:组织老百姓,发动老百姓,把老百姓带出去看,请专家给老百姓们上课。只有发动群众参与,这个乡村才是能建设起来的。

郝堂第一步已经迈出去了,那第二次飞跃或者下一步的目标应该是放大提升,发掘民俗文化,发扬民族精神,完善沿路绿化。

(七)郝堂村村民访谈摘录

(1)面向乡贤。

问:您是怎么看待郝堂村的信用文化以及依靠信用文化建立起来的资金互助合作社的?

答:一开始加入合作社,我们几个人投的钱都是一样的。总的来说,感觉资金方面只是小部分。当时条件都不是很好,主要是(合作社)调动了大家的心态。再说,家乡的老人和城里的老人没法比,城里的人很优越,老了就算儿女子孙不管,还有退休保障、劳保啊、福利啊之类的。农村老人呢就不是这样。当时我们和我们的村长一起商量,想为村里的老人做点小事,做一些真真正正实在的事情,所以,通过李老师,加入了这个养老资金互助合作社。初衷就是想解决老人的养老问题,能解决一点是一点,但是没想到能做到今天这样,达到这么一个效果。当时李老师和我们讲,这个合作社的前景一定会很好,要一步一步地走下去,相信在以后可以走得很好。

(2)面向困难群众。

问:您觉得郝堂村改造以来,您家的生活状况变化大吗?

答:红星组改造以来,咱家的生活(水平)比以前提高多了。旺季时红星组搞旅游能挣很多钱,我们也能挣钱,像卖农产品之类,自己拉过去卖。

红星组在村部,是中心组,搞旅游挣钱,听说过年会再发展其他组,政府有规划。

(3)面向困难群众。

问:村里许多60岁以上的老人都参加了资金互助合作社,您有没有参加?

答:想参加,但现在没钱,等儿子打工回来后再交钱加入。

(4)面向普通群众。

问:平时村里有哪些文化活动?

答:在岸芷轩里有课外辅导,图书馆里也有很多书,孩子放学会去看书。

闲下来打打麻将,村里(人)平时会跳跳广场舞,等到了"村晚"(排练的)时候村里文化艺术团就组织大家排节目。

村里每年还搞卫生评比,就由小学生给家家户户的卫生打分。

三、访谈提纲

(一)跃进村文化艺术团芮团长访谈提纲

(1)芮团长,您是跃进村文化建设的见证者,跃进村的文化建设历程是怎么样的?

(2)您是如何组织发展跃进村的民俗文化的?

(3)现在村里的文化艺术团是独立的吗?平时会开展哪些活动?有什么经典节目?

(4)村里文化艺术团表演的频率高吗?一般什么时候会进行表演?

(5)您是如何调动村民参与到乡村文化建设中的呢?平时会做哪些宣传工作?

(6)今天参观红色纪念场馆的时候看到非常有特色的新四军反腐,这方面有没有更详细的资料?

(7)刚刚我们在村里看到有一个五星文明户,在家庭文化建设方面有没有什么经验呢?

(8)跃进村依靠自身的传统文化资源,加上政府政策的支持,形成一种政府推动传统文化建设的发展模式,您觉得跃进村的成功能给其他一些乡村的文化建设带来哪些启示呢?这些乡村如何利用自身条件去发展本村文化呢?

(二)郝堂村图书馆马老师访谈提纲

(1)马老师,据了解您并不是郝堂村人,您怎么会来到郝堂村呢?您觉得在郝堂村的文化建设中政府和社会组织扮演了什么角色?

(2)马老师,从您的角度看,您觉得郝堂村这两年有什么变化?主要体现在哪些方面呢?

(3)据我们这几天的了解,有许多乡贤在外面打拼后回到郝堂村,开办农家乐,帮助村子发展,对于他们,您了解多少呢?您认为他们对郝堂村的文化建设或其他方面发展起到了什么作用?

(4)郝堂村的成功给中国很多乡村发展文化提供了可以借鉴的经验,从个人角度来看,您认为郝堂村文化发展的条件有哪些?而这些条件是否适用于其他乡村呢?

(三)平桥区科技局俞局长访谈提纲

(1)您觉得乡村文化有什么特点?而这些特点又是通过哪些方面体现的?

(2)您是怎么看待乡村文化建设的?您对目前中国的乡村文化建设有什么看法?

(3)您是怎么看待郝堂村信用文化的呢?这种信用文化是否也能够在中国其他乡村落地生根呢?

(4)您觉得郝堂村的内置金融该怎么组织发展?而由此衍生的信用文化又会对郝堂村乃至中国其他乡村起到什么作用?

(5)您是如何看待跃进村和郝堂村的差异的?根据我这段时间的调研,总结出两地不同的文化发展模式,跃进村主要是由政府推动传统文化发展,而郝堂村则是社会组织推动新兴文化的发展。您对于两地不同的文化发展模式有什么看法呢?

(四)中国乡建院李昌平院长访谈提纲

(1)李院长,您是怎么看待乡村文化的?您觉得目前中国乡村文化处于一种什么发展阶段?中国乡村文化的发展是进步了还是倒退了呢?

(2)您觉得郝堂村在建设乡村文化中取得成功的关键是什么?

(3)郝堂村的内置金融已经发展到一定阶段,您觉得在其发展过程中是注重制度建设还是注重某个人的良才建设呢?

(4)现在郝堂村主要依靠旅游业来获得收入,您怎么看待旅游产业?郝堂村是否今后要以文化旅游业为主来宣传、发展自己的文化呢?

(5)您觉得郝堂村的文化发展模式可以复制吗?如果可以,那么可以复制的是哪些方面呢?如果不可以,那么阻碍复制的因素又是哪些呢?

(6)李院长,您觉得目前中国乡村文化发展需要注意什么呢?您是否能给中国乡村文化发展提供一些建议呢?

(五)郝堂村文化艺术团张团长访谈提纲

(1)张团长,郝堂村文化艺术团有多少人?现在发展得怎么样?

(2)张团长,郝堂村文化艺术团有哪些经典节目?一般什么时候表演?

(3)张团长,郝堂村文化艺术团发展过程中的资金来源是什么?有没有得到过相关支持?

(4)张团长,目前郝堂村这些遗留下来的文化表演形式是否还有继承者呢?

(5)张团长,您觉得郝堂村的文化建设目前存在哪些问题呢?郝堂村还有哪些地方可以做得更好呢?

(六)前任郝堂村村委胡书记访谈提纲

(1)胡书记,我们通过这段时间调研得知,郝堂村在几年前还是非常落后贫穷的,当时中国乡建院的理念其实是很先进的,您是如何有勇气,身先士卒,与乡建院取得联系,主动把他们的理念引进郝堂村的呢?

(2)胡书记,您觉得资金互助合作社给郝堂的文化建设带来了哪些好处?而资金互助合作社目前的发展和最初建立时的期待有什么出入吗?

(3)郝堂村文化的建设现在也面临一些问题,比如传统文化就有逐渐衰落的趋势,您怎么看?而面对这些问题,您是否能为如今郝堂村的村委提供一些建议呢?

(4)您觉得郝堂村的文化建设中政府和社会组织扮演了什么样的角色?您自己是怎么做的?

(5)您觉得郝堂村的文化建设还有哪些可以改进的地方?未来的方向是什么样的?

(6)您觉得其他乡村想要发展自己的文化该怎么做?郝堂村的成功是否可以为其他乡村提供一些经验与启示呢?

（7）在调研期间,我们充分感受到郝堂村这几年翻天覆地的变化与当时村委有着密不可分的联系,那么您觉得村委在乡村文化建设中扮演的是一种什么角色呢?

（七）郝堂村村民访谈提纲

（1）您是怎么看待郝堂村的信用文化以及依靠信用文化建立起来的资金互助合作社的?

（2）您觉得郝堂村改造以来,您家的生活状况变化大吗?

（3）村里许多60岁以上的老人参加了资金互助合作社,您有没有参加?

（4）平时村里有哪些文化活动?开展这些文化活动,您乐意参加吗?

（5）您了解乡村文化建设吗?对于郝堂村的乡村文化建设,您有没有自己的一些看法呢?

（6）我们了解到,郝堂村这几年都有自己的"村晚",您喜欢吗?您会去参加"村晚",表演节目吗?每年的"村晚"您都会去看吗?

（7）您觉得郝堂村这几年发生这么大变化,主要是谁提供的帮助呢?

四、调查问卷

问卷编号_____

关于乡村文化建设情况的调查问卷

您好!我们是美丽乡村研究组的成员,正在进行一项关于乡村文化建设情况的调查研究,恳请您用几分钟时间帮忙填答这份问卷。本问卷实行匿名制,所有数据只用于统计分析,请您放心填写。题目选项无对错之分,请您按自己的实际情况填写。谢谢您的帮助!

1. 您的性别

A. 男　　　　　　B. 女

2. 您的年龄

A. 20～<45岁　　B. 45～<60岁　　C. 不小于60岁

3. 您家里有几口人?

A. 2人　　　　　B. 3人　　　　　C. 4人

D. 5人　　　　　E. 5人以上

4. 您的身份

A. 村民　　　　　B. 村干部　　　　C. 个体户

D. 文化骨干　　　E. 其他

5. 您的家庭月收入

A. 低于1 000元　B. 1 000～<3 000元

C. 3 000～<5 000元　　　　　D. 不少于5 000元

6. 您家中主要收入来源

A. 在家务农　　　B. 在外务工　　　C. 政府补助

D. 个体自营　　　E. 其他

7. 当地文化建设具体实施

A. 1～2 年　　　　B. 3～4 年　　　　C. 5 年或 5 年以上

8. 当地文化建设是从哪方面开始的?

A. 教育　　　　　　B. 环境　　　　　　C. 文化活动

D. 文化设施　　　　E. 基础建设　　　　F. 经济

9. 您认为农村应建设哪些文化公共设施?

A. 建立乡镇文化活动中心　　　　　　B. 建立基层文化资源共享中心

C. 建立村广播室　　　　　　　　　　D. 建立村级文化室

E. 赠送村级文化活动器材　　　　　　F. 安装广播电视

G. 建立农家书屋　　　　　　　　　　H. 增添村级体育健身器材

10. 您的家庭大约每月花费多少在文化享受上(去除孩子的学费)?

A. 低于 50 元　　B. 50～<100 元　　C. 100～<300 元　　　D. 不少于 300 元

11. 您是否参与到村里的文化建设中?

A. 积极参与　　　　　　　　　　　　B. 没兴趣

C. 观望状态　　　　　　　　　　　　D. 无所谓,顺应潮流

12. 平时您的文化体育娱乐生活主要有哪些?

A. 看电视　　　　　B. 看电影　　　　　C. 看戏

D. 看文艺演出　　　　　　　　　　　　E. 打牌、打麻将、下棋

F. 上网　　　　　　G. 听广播　　　　　H. 跳舞或健身活动

13. 咱们村有文化活动中心吗?您是否经常到文化活动中心参加活动?

A. 有　　　　　　　B. 没有　　　　　　C. 不清楚

D. 经常参加　　　　E. 偶尔参加　　　　F. 没有去过

14. 您认为建设新农村文化是否必要呢?

A. 必要,能丰富农村文化生活,提高大家的文化水平和道德修养

B. 不必要,只要发展农村经济,提高收入水平就好

C. 无所谓,顺其自然,慢慢发展

15. 您更喜欢哪种文化体育娱乐活动?

A. 农民自编自演的文艺演出　　　　　B. 亲身参与的文体活动

C. 政府组织的乡镇文艺会演　　　　　D. 政府组织的送戏、文艺演出下乡

E. 政府组织的送电影下乡　　　　　　F. 政府组织的送图书、科普知识下乡

G. 政府组织的文化工作者下乡服务培训

16. 您认为新农村文化建设需要解决哪些问题?

A. 加大文化设施建设　　　　　　　　B. 指导开展各类文体活动

C. 加强文化骨干队伍建设　　　　　　D. 发展农村特色文化

E. 增加政府经费投入

17. 您知道的本村文化设施有哪些吗?

答:

18. 您能介绍一些我们当地的一些特有文化节日、文化习俗等文化传统吗?

答:

19. 当地的文化品牌是什么？

答：

20. 您知道政府为了发展村庄的文化建设都做了哪些工作吗？

答：

再次感谢您的配合！

第二节 "以村社全要素股份合作构建乡村参与国内大循环的微基础——基于五省十村的调研"调研资料

一、调研记录

（一）"初入郝堂"调研实录

"前三十年看小岗,后三十年看郝堂。"一个是实行"分田单干",一个是在市场经济条件下,通过村"两委"领导的村民内部资金互助合作社的方式重建村社共同体,这两项都给中国农村的发展和建设抹上了重重的一笔。

郝堂村,是一个美丽的村庄。它创建了内置金融——夕阳红养老资金互助合作社,用合作社凝聚村民,重构具有统一产权、财权、事权和治权的村社一体化共同体,集经济发展、社区建设和社区治理三种职能于一体,让村民富起来,建设新农村,新建新金融,实现经济、产业、文化的振兴,把农村建设得更像农村。

因此,我们乡村振兴小队决定开展一个项目,其名称为"村社内置金融的结构与运作逻辑研究——以河南信阳郝堂村为例"。我们本次社会实践的重点研究对象就是农村的内置金融,研究其是如何形成的,是否与农村的土地产权制度相匹配,研究它的运作逻辑。这个项目的研究是建立在一个大的背景下:乡村振兴战略实施,"三农"政策推行,城市发展与乡村凋敝以及其他的背景。

在调研之前,我们看了几本老师推荐的书目,如曹锦清的《黄河边的中国:一个学者对乡村社会的观察与思考》(上海文艺出版社 1999 版)、贺雪峰的《村治模式:若干案例研究》(山东人民出版社 2007 版)、金太军的《村庄治理与权力结构》(广东人民出版社 2008 版)、王沪宁的《当代中国村落家族文化:对中国社会现代化的一项探索》(上海人民出版社 1991 版)。看过这些书后,我们小队的成员提出了很多的疑问,并制订了一些调研计划。

带着这些疑问,我们小队六人与三位老师一起前往美丽的小村——郝堂村。由此,便开始了我们为期一周的调查访问。

我们于 7 月 14 日下午抵达郝堂村,便在此安顿下来。我的感觉是,这边的生态环境真的特别好,一眼望过去,全是荷花、荷叶,很养眼,很舒畅。这里的空气也特别好,下车一会儿,本来晕车的我,就感觉头好了很多,很清醒了。这里的天空也很蓝,云朵也特别白。

总之,这里给我的第一印象很好,就是个适合居住的小村庄。

不久,我们便开始调查访问。我们访问了村社内置金融的主要设计者——禹书记。交谈中,我们了解了当地内置金融的设计思路和实施过程。我们访问了村社内置金融主要执行者——村党支部书记、夕阳红养老资金互助合作社理事长胡静,了解了建立互助合作社的初衷与现在的实施效果。访问了夕阳红养老资金互助合作社的监事长,同时也是该合作社乡贤发起人之一的袁德宏先生,了解了当时成立互助合作社的情况与存在的问题。访问了村"两委"的办公处现任的村支书曹书记。曹书记解答了我们对互助合作社的实际运行的疑问之处。

我们还细心听取了老师们对郝堂村的了解与想法,农村的内置金融需要建立在土地产权上以及内置金融平台何以"内合外联"。内置金融合作社以要素、结构、绩效"三个有效"来实现村内要素的整合,并以此为基础导入和对接外部资源。这一过程需要"结构重组",形成以乡贤发起、"两委"主导、敬老互助、全员参与为特征的资源的文化网络;"主体再造",要从乡村治理的视角来发展乡村产业和集体经济,即"治理 + 经济",需求决定导向,导向召唤主体;"机制创新",需要主体间(村民与集体、村社与政府、村社与市场等)互动规则的创新。

除此之外,我们还花了大量的时间在对村民的调查访问上,我们完成了几十份的调查问卷、录音稿等。可以说,在这几天的调研活动中,真的是受益匪浅。虽然很辛苦,但是在与村民们的聊天中体会他们生活中方方面面的变化,真的很开心,很幸福。

(二)"深入郝堂"调研实录

在郝堂村待了有些日子了,让我印象比较深刻的有几件事,我想记录下来,与大家分享。

其一,我很喜欢每天清晨,大家聚在一起讨论一天行程的过程。时间为30～60分钟。期间,我们会讨论今天要访谈的对象、访谈的数目,甚至会精确到访谈的问题。在讨论的过程中,我能感受到大家的热情与活力。在每天清晨的讨论中,我都能感受到自己一天比一天收获更多。

其二,我很享受与村子里爷爷奶奶、叔叔阿姨的交流过程。在整个调研过程中,我们抛却了严肃,抛却了死板,我们只是像和自己的爷爷奶奶聊天那样和他们聊聊家常。每次看到他们脸上的笑容,我都能想起我的爷爷奶奶、爸爸妈妈。我感觉这已经远远超出了调研的范围,更加轻松,更加自如。

其三,我很期待每天晚饭的饭桌上,三位老师对我们一天行动的评价以及提出的改进意见。这些评价,有些许肯定、些许批评,但在我们的心中分量都很足,我们都会一字一句地记在心里,并在第二天的行动中加以完善。

其四,我很乐于听长者的话语,如胡书记、曹书记、禹书记、袁老板的话。在与他们的交谈中,能够知道很多我们没有经历过的、只有经历过的人才会知道的东西,如夕阳红养老资金互助合作社的创建、遇到的问题以及开展的效果。我们在每次谈话中慢慢提升自己,慢慢让自己成长。

经过这为期一个星期的调研,我们原本青涩的脸庞,染上了一层成熟与坚定。大家由刚开始"张不开嘴,迈不开腿"到后来的主动问问题,主动寻找调查对象;由刚开始的不知道如何"搭讪",到现在的交谈自如。我想,这个世界上真的没有什么是难的,没有什么是不可以做到的。其实,那些我们一直在害怕的,只是因为我们还没有开始用心地做。我坚信,没有什么是一颗心融化不了的,如果有,那就用我们一个小队六个人的心一起去融化它。

从本次调研中,我们了解了村社内置金融的起源与发展、运营状况、对村庄各方面的影响、资金累积和运转,等等。调研的主要方向是面向农村的开放与建设,对于农村的建设与发展有着比较大的帮助,有助于缓解农村发展停滞的问题。所以对于郝堂村的研究,不仅限于研究这个村子本身,更在于了解内置金融的可行性,并在全国进行推广。

所以说,我们每个人都特别珍惜这次机会,把握这次机会,希望有一天,郝堂村的实践也可以在其他农村进行"复制"。我们整个调研过程,都是带着这样的心情,我想,也只有带着这样的心情,才能感受到这肩上的重担!

二、访谈记录

(一)部分合作社发起人访谈摘录

1.胡书记(石城子村)访谈摘录

问:咱们这种民宿一般旺季的时候一晚上能赚多少钱? 客人一般通过什么渠道预订呢?

答:这个定价是 1 800 元每晚,不提供三餐,一套房是三个房间。现在是私人订制,等今年开了品牌发布会之后可以通过淘宝、微信等渠道进行售卖。

问:咱们的合作社是怎么拿到可以用作民宿的房屋的呢?

答:是村里的村民流转来的,他们现在不住在这个院子了。

问:您那个村子里闲置的房屋多吗?

答:大概有六七十套,也准备以后将这些闲置房屋投至市场,他们也都乐意将房子放出来,因为房屋放久了还得维修,也需要不少费用,国家也有相应的政策出台,闲置太久要进行回收,另外也可以易地搬迁,还是很便利的。

问:像做这么一套高端的民宿,资金方面的问题是怎么解决的呢?

答:是北京的"众石城心"乡村旅行社给我们投资的。我们跟他们签了合约,我们先把闲置的农宅、易地搬迁收回来的农宅放在里面,统一招商还是咱们自己打造,要先看运行效果了。咱们会先拿出来十套,准备先在北京推行,因为国家宅基地有试点,我们村就在试点县,将来我们村就想争取试点村,先做先试。

问:这些房屋的主人都进城里了吗?

答:对,有一部分是进城里面,还有一部分是易地搬迁,他们搬进新房了,那么这房子就得收回来,收回归村集体。因为进城的(村民的)房子要么流转,要么对外出租,还有现在咱也想搞这个在这个南方比较多的置换。现在分 5 个自然村,想拿出来一个自然村整个搞开发,进行整体的开放。

问:咱们民宿的价位应该是属于较高的定位吧?

答：我们确实是想打造高端民宿，因为配置比较高，里面有家庭影院，杯子也都是水晶的，勺子是银的，里面的装饰也有不少古董。这是国家人文历史杂志社的社长跟我们合作的，所以不少古董是由他们提供的。他们还参与我们合作社的板栗的商标设计，像"人民石栗"，我们（村）不是叫石城子吗，我们就设计出一盒"十"个栗子这样的方案。我们还有跟颐和园的合作，我们的栗子就叫"颐和美栗"，说起来就是送你"一盒美栗"嘛！年前这个产品就能出来了。

问：看这个主页图，咱们这个栗子确实做得很高端，像巧克力似的，这一盒是多少钱呢？

答：现在还没定价，因为还没上线。

问：我们看到今年咱们石城子是全国一村一品示范村，这就肯定是有一个品牌优势的。那你们在申请的时候这个品牌优势是指哪些方面呢？

答：我们村的品牌特色就是板栗，我们有品牌商标，叫"石也香"板栗，等开了品牌发布会之后，会在淘宝等电商平台上架。我们村栗子的产量大概是一年四五十吨吧，往后产量肯定是越来越高，因为我们村的山上都栽上树了，村里还有 1 056 人。

问：咱们的合作社在石也香板栗的生产、营销、售卖过程中具体发挥了什么作用？

答：合作社起到的是整合的作用。很多闲置资源都缺乏一个平台进行大规模的集约化发展，个人零散化的生产售卖实际上生产率很低，利润很低，只有投入合作社，投入集体经济，才能利润翻倍。等我们发布会成功后，我们还可以做板栗糕点产业，和北京的学院合作进行研发，只有注重包装、营销、加工，产值才能翻倍。

问：咱们村的一个自然村十户人家左右，他们的土地是不是也很分散呢？如果想整合的话，收归集体，往外承包难度是否很大呢？

答：我们那边都是山地，有 1 万多亩农地，将近 1/6 用作板栗种植，其他农地种果树、杂粮，等等。土地很分散，之前土地是四百亩，这次确权之后变成了 800 多亩，有很多是撂荒的，有待流转，主要的问题就是工价问题，只有等产品渠道打开之后才能做流转。只要产品卖得好，人工价钱就不是问题，还是需要专业的人做专业的事。我们现在是想在树下种黄花菜，这既能开花，具有欣赏价值，也有药用价值，更充分地利用土地。去年就有太平洋保险来我们这里团建旅游。

2. 禹书记（郝堂村）访谈摘录

禹书记对自己了解的情况作介绍，内容整理如下。

郝堂村从 2009 年到 2011 年是第一个阶段，2011 年到 2014 年是第二个阶段。其实 2014 年之后我就没关注它了，我也离开了，领导也都走了。我呢，叫禹明善，大禹治水的禹，明天的明，善良的善。我当时在郝堂的时候，我们有一个领导小组，我是办公室主任，跟李老师、孙老师他们专家组一起，我们把贺老师也请来，关于"农村将来走什么样的路"，希望拿一些成果找一个地方做实验，想在一个村里面体验一下。社科成果也是需要转化的，其实当时做的是这样一个工作。我在这个村的乡里做党委书记，其实在做党委书记之前，关于农村也有自己的一些想法，首先我认为我在思考一些问题，因为我那个时候做乡镇书记之前，我是我们区的发改委主任、政联室主任，就是在县、区这个级别最容易思考这样的问题的一个人。

当时作为发改委主任我对农村的发展有些想法，希望来解决一些问题。有一次我听到了李老师讲课，不是，是先听于彦龙讲课，我不是想去见于彦龙，因为那一次呢，我认识一个社科院的朋友，他跟于彦龙认识，他就请于彦龙来。我见到于彦龙问他，你认识李昌平吗？他说认识啊，请他过来举办一个信阳的思想论坛，请一些专家来讲课，是想回应一下实践中的问题。我们也想解决一些有价值的问题，比如乡村治理的问题，比如农村发展的方向和成果，我想知道谁解决的问题，把他请过来。当时就请李昌平讲话，他讲了一个问题：农业发展的三个阶段及其对策。李老师说技术是个工具，是我们分析问题的一个工具，它可能不是科学，也不是理论，它一定是一个工具，是某种理论指导下的，或者说经济学指导下的认识问题的一个工具。我把它当作一个工具，你的这个地方的发展，发展到哪个阶段，采取哪个对策，怎么去认识它的，在社科中把理论的东西搞在一起，理论是理论的，技术是技术的，后来李老师也把它当作一种工具。当供大于求的时候，采取哪种方法来做这个东西，这个东西能够指导我们实践过程中的一些问题，我很受启发，我说咱俩合作一下，我是科研局局长，也有课题任务，那个课题也有几十万元的。我说我们找个村子做个实验，这不是成果转化嘛。我要是想申报课题的话，我会获得很重要的课题，它本身就是一个很牛的课题。当时李老师就说了一个非常厉害的课题，就是农村的问题不是土地制度的问题，是金融制度的问题，不是土地制度不适应金融制度，也不是金融制度不适应土地制度，而是金融制度不符合产权制度的安排，要是想解决这个问题，就去改变金融制度，来建立符合农村土地制度的建筑，或者建立适合乡村产权制度的金融制度，就做土地金融实验。

现在的乡村治理问题，你不把金融制度、土地制度放在一起的话，你永远在外面，进不了实质里面。乡村治理，就离不开乡村的金融和产权。我听了李昌平说的这些话，太佩服他了。乡村治理，不仅仅是说乡村社会制度，而是人类社会未来的秩序、制度。对问题没有很深地思考的人不懂这个。说实话，李老师是在用他的思考方式来谈，我觉得是很有道理的。我们就说做村社全要素股份合作社实验吧，所以从2011年就开始了做郝堂的发展的实验。我们做的实验，遗憾的是被篡改了，被篡改成乡村建设了，郝堂真正的意义和价值就被牵离了。做了这个之后呢，紧接着做了可持续发展的村庄，村社全要素股份合作社是希望通过建立一种农村土地产权制度安排的一种金融制度来展望村庄的一种自我造血机制，就是这个村社共同体的内生动力。这是第一个。

第二个就是做共同体的空间形态。一群人在这里生活、居住、生产，是需要一定的空间形态的，很遗憾的是在当时很多人不认识这个问题。这个问题其实是涉及实质问题。最初是想通过合作社解决乡村治理的问题，有了这个合作社是想解决村民生产和生活的空间，还有目前的空间形态在城市化的过程当中，也涉及了社区。乡村治理，这个治理的主体是社会组织，是不同的农民的自组织。在郝堂的建设过程中比较重视农民的自组织，这个自组织必须外发促进内生，我们是外部的人，我们要引导这个社区的自组织成立，通过内生来促进外联。这是一个开放的社区，它不可能是封闭的，早已被抛弃掉的那种起源共同体。我们希望有多人共治的那种乡村社会秩序，一定是外发促进内生，内生促进外联，是和世界发展同步的，就是外部的社会组织一定要陪伴和促进农民自主。姜佳佳原来是我们办公室的成员,我们本来就可以结束了,她说她在乡村社区做陪伴就很有价值,她自己就不在这边干了,她就做公益组织,来培养社区。姜佳佳就是一个很有研究意义的人,她经历了很多的酸甜苦辣。我觉得在这里面还有一些其他的问题:老人组织、乡村教育……都有很多的社区治理方面的问题。

说郝堂,说乡村就是乡村治理,李老师很明白,他说你要研究土地制度,你要了解乡村治理,你就必须了解乡村土地。它需要乡村社会实验,说实在话,我们现在的乡村实验环境有很多很多的问题。

交流访谈环节,录音整理如下。

问:资金互助合作社这类组织只有郝堂村这一种类型吗?

答:合作社呢,可能算是李昌平做的第二个,第一个在他的老家。当时,做这个村子的(合作社的)时候,我领着他,正好碰到了当时的村主任——胡静,她在村子的村委会工作。开始李老师就问她有什么困惑,她说老百姓不好管,有什么办法能够让老百姓听我的话,经过了改革之后,农民有什么事儿不求你了,你有什么办法能让老百姓听我的? 这其实就是乡村治理的问题,还原专家学者的语言就是我如何建立一种乡村治理的秩序。她说李老师,您是专家,您有什么办法让我能够给老百姓发钱。农村里面的老人很可怜,年轻人都出去打工,在外面打工也挣不了多少钱给老人,老人又没人照顾,又没钱。李老师就开始讲他自己村庄的故事,在村子里做事最重要的一个方法就是讲故事,故事里有理念,有方法。他讲,他老家在东北,村里面做合作社,就是村社全要素股份合作社或者说夕阳红养老资金互助合作社。农民其实还有其他的组织,但养老资金互助合作社就这一个。

问:农民的其他组织是自发的吗?

答:对的,每年的"村晚"就是农民组织的文娱活动。外发促进内生嘛,就是你要改变一个社区,不是你要求,而是你要在这个地方待下去,成为他们自组织的成员,从社工的角度就是你得给农民组织赋权。这种组织是有的,这种潜力也是有的,你得让这个自组织成长。农民本来就有合作组织的需求,但是你得发现和培养它。把农民组织起来用不同的方法,或者是不同的理念去组织,有的人把人组织起来是为了把他们的主体性发挥出来,你的主体性就是你怎么认识自己的事情。

问:对于建立这样一个夕阳红养老资金互助合作社您有什么体悟和心得? 请您再给我详细讲讲。

答:很多人写合作社的文章,但是具体的实践过程和操作是两码事,科学和技术是两码事。很多人只知道科学和技术的联系,不知道科学和技术的区别,理论上清楚的,实践上不清楚,很多人是专家,你让他到农村去开会,把合作社建起来是两码事,这是两个领域,一个是理论,一个是行为。我们的合作社倒闭怎么办,怎么解散,我们的利益怎么分配,这都是在会上考虑完的。在农村有这么一群人在讨论自己的农村,规划自己的农村,充分地体现了主体性。还有,用什么钱? 用农民的钱,干什么事? 解决农民的事。我们农村有钱吗? 有钱,不是没有资金,是有资金的,你说城市里的钱是从哪儿来的,绝大部分是从农村来的。打比方讲,郝堂村农民存款 1.4 亿(元),如果没有郝堂村这种制度的安排,这 1.4 亿(元)到哪儿去了,到工商银行、农业银行、建设银行、商业银行里面去了,这里面的钱到哪儿去了呢? 用在发达地区的城市建设。它为什么不投到郝堂村呢? 因为农村没有人贷款。农民到银行贷款是很困难的。怎么解决呢? 建立适应于农村产权制度的金融制度。

我们社区本来是有这么多钱的,建立一个这样的制度不就好了吗。假如郝堂村的建设需要 1 000 万(元)的贷款,利息收入至少是 100 万元。我们治理最重要的就是重建共同体,这种共同体显然不是 2 000 年、5 000 年以前的组织,从井田制到封建社会土地制那种,要建立新的乡村社会制度。所有研究乡村治理的人无非是希望在一个社区建立一个好的社会秩序,好的社会秩序显然是有经济基础的。

我在郝堂认识了两个人,一个是英国的社会学家,他老跟我讲公共物品,他说北欧社会主义发展那么高的阶段,也涉及了这些东西,其实我们思考的问题没多大的差别,这是一个很厉害的问题,我发现人类在解决公共物品和经济基础的问题上没走多远。这个问题说得容易,但是做起来很难。

问:合作社运作过程中遇到过困难吗?

答:困难很多,在不同的阶段有不同的问题,当初的困难、运行中的困难和现在的困难是不一样的。现在的困难就是现在在村子里遇到的,十年了,困难也不同了。要回到当初建立合作社的时候去研究现在的困难,现在的困难问题是什么呢,就是风险的问题、理事长的问题,还有村子里关系的问题。因为郝堂作为一个乡村实验,它是一个系统工程,在我们这个国家,在一个乡村去做实验是不容易的。我们这个国家允许地方有主体性及按照某种社会科学来做乡村实验,你要对中国乡村百年的历史有所了解。当时郝堂能这么做的原因有一个,因为当时信阳是河南省农村综合改革发展试验区,在政府的主导下,这个试验也有不足的地方,就是地方思考问题不清楚,要做农村改革先做什么、后做什么,轻重缓急是什么未必清楚,因为在中国对农村问题有比较深入思考的人少,而且没有形成共识。郝堂有好的背景,在郝堂不是问题的事在其他地方就是问题,当时李老师在湖北做实验的时候,就被认为是非法集资,在郝堂就不存在这个问题。什么叫非法集资? 就是以高额的利润来诱导。他说我做村社全要素股份合作社,做农民资金互助合作社,是在社区内封闭运行成员制,不惜对外放贷形成固定回报,这是我们的规则。别人说你是非法集资,你自己心里得有数、有想法。其实最大的问题是你做村社全要素股份合作社就在内置上,它内置在哪儿呢? 它是村社一体的,它是村和会计合算、产权制度安排相匹配的金融制度安排。在乡可以做吗,不可以,没办法做,因为我们现在的农村土地产权是村集体所有的,是在这个层面上来做的。这个问题带来的困难就有很多。做金融是需要人才的,人才从哪里来,在城市化狂飙突进的过程中,要素在不断地向城市集中的时候没人才,这是最大的一个问题,且不说领导支持不支持。得有人,得(是)为大家伙儿、为社区未来发展负责任操心的人,既得会做金融又得会做贡献,那样的人不得了啊。这个困难,说实话还有和村支联委的关系,在开始做村庄实验的时候,有一个问题就是,党委政府都支持,但是在农村做这些的时候都会出现问题。假如是老师 A 在做的话呢,那么(大家)就会认为(这)是老师 A 的事,而不是村里的事,跟个人魅力有关系。农民们有时候分不清是组织的事还是个人的事,它在当初发展的时候是需要靠个人魅力的,靠能人强人来推动,但是往往被能人强人好人所局限,结果就是老师 A 发起的就是老师 A 的事,和村里关系不大,这也是一个困难。现在的问题就是乡村的公共需求,就是道路、水利,像一条几十公里^①的道路。

(二)部分村民访谈摘录

1. 村民 A

问:您是本村的对吧? 一直待在这个村子里面没出去吗?

答:出去过了,是 2014 年回来的。开始搞开发的时候我们都不在家,儿媳回来的时候看到我们这里的人比较多。那时候我在外边打工,就要求回家盖房子。开始的时候我们都没打算盖房子,一直都在外面。最后她觉得家里边优惠比较多,就回来盖房子、经营生意,也挣到钱了。

问:那您觉得他们是怎么发展起来的啊?

答:一开始他们搞的时候没有钱嘛,他们可以去贷款,限制多少年还,他们做生意的肯定能还嘛。

问:那您觉得对您的生活有什么影响?

答:反正家里搞开发(我)肯定特别高兴。管他挣(得)到钱挣不到钱,在家里一家人在一起很舒坦。

问:请问您知道那边的那个夕阳红(养老资金互助合作社)吗? 周围有人参加过吗?

答:没有参加过,没到那个年龄。反正(等)我到年龄,就交钱到那里边去,去拿那个分红嘛。

问:那您觉得弄这个东西合不合理呢?

答:肯定合理啊,对咱村里啊、对老年人有利啊。

问:您感觉,我们这边为什么富起来啊?

答:感谢领导带我们开发旅游啊,不搞(旅游)我们怎么富起来啊。

2. 村民 B

问:请问您是这个村的吗?

答:是的,但是我们是另外的一个组的,我们那边偏僻些,没有这个中心组发展得好。

问:您能和我们讲一下郝堂村的发展历程吗?

答:这个发展是对我们有好处的。我们过去也是非常困难的,养一些东西,我们变(卖)点钱,还没有现在的这种水泥路,都是坑坑洼洼的那种路。现在我们的生活比过去强一点。

问:那请问您的孩子回来了吗?

答:回来了。

问:你们是什么时候加入的这个互助合作社的?

答:七年之前,2011 年的时候。

问:您觉得您的村子里怎么发展呢?

答:就是靠这边带起来嘛,水泥路都修好了,一起发展呗。

---

① 1 公里等于 1 千米。

问:请问你们这边有没有这种规划好的建房呢?

答:没有。这边没有多少人来,想盖楼都盖不起来,想做生意也做不起来,路也都不怎么好走。

问:您觉得年终分红的时候,制度合不合理?

答:挺合理的,分红的时候(村民)都是高高兴兴的,开始的时候是八百(元),后面的时候就少一点。

问:您了解夕阳红(养老资金互助合作社)的具体的东西吗?

答:就是夕阳红(养老资金互助合作社)那边每年能有分红嘛。

问:请问您家的孩子会选择将钱存到夕阳红(养老资金互助合作社)里面吗?

答:没有,存不了钱,就没有多少钱,年年打工挣不了钱。

问:您的孩子平常回来吗?

答:(我孩子平常)回来,就在市区那边工作。

3. 村民 C

问:您好,请问您是本村的村民吗?

答:是的。

问:请问您家里有几口人啊?

答:四口人。

问:是一直住在这里的吗? 出去过吗?

答:是的,(我)一直都住在这里。

问:郝堂村现在发展得这么好,您应该都见证了这里的发展历史吧? 您能说说这里是什么时候发展起来的吗?

答:大约 2011 年吧。

问:您能说一下我们这边以前是什么样子的吗?

答:以前村子里全都是老年人,哪有什么年轻人在家啊。有些年轻人一年都回不了一次家。而且村里面都是些破房子、泥土路,一到下雨的时候路就不能走了,哪里能像这样有这么好的水泥路啊。

问:您家的主要的收入来源是什么?

答:做这些小生意啊。家里人都在家,开开心心的,挺好的。

问:就您了解,这个互助合作社存在什么问题吗?

答:这个我们一点儿都不了解,也说不出来有什么问题。

好的,谢谢您,不耽误您做生意了,我们就先走了。

4. 村民 D

问:您好,我是来自南京的一位大学生。我听说我们这个村子发展得特别好,所以想来学习一下,能耽误您几分钟时间问您几个问题吗?

答:你问吧。

问:请问您是本村人吗?

答:不是,我是隔壁村的。

问:您一直都在这里卖水果吗?

答:是的,郝堂村这边人要多一点嘛。

问:您觉得郝堂村跟您的村子有什么区别吗?

答:区别肯定是有的啊,比如说这边发展得比我们那边更好一点呗。

问:您知道那边的夕阳红养老资金互助合作社吗?

答:知道的。

问:您了解这个互助合作社吗?

答:不怎么了解,我刚刚不是说了嘛,我是隔壁村的,我就知道,老人交 2 000 块钱,每年能拿到不少的钱。

好的,谢谢您啊,就不耽误您做生意了。

5. 村民 E

问:您好,我是来自南京的大学生。我听说这个村子发展得特别好,所以我们是来参观学习一下的,我能问您几个问题吗?

答:坐吧,你问吧。

问:好的,谢谢您。请问,您是本村的村民吗?

答:是的。

问:请问您一直都待在家里吗? 出去过吗?

答:没有出去,我一直都待在家里,做点小生意什么的。

问:您在家那么多年,应该见证了郝堂村的发展历程吧,您能跟我们讲讲郝堂村是什么时候发展起来的吗?

答:这个真不好说,那要看你想问什么了。这边大概是 2009 年建立了那个村口的互助合作社,然后从 2011 年吧,生活就开始慢慢好起来的。

问:请问您觉得郝堂村有什么变化?

答:跟以前比变化很大,卫生搞干净了,路也修了,房子也盖起来了,年轻人也都回来了,我们在屋里只管挣钱了。

问:我看村子里很是干净,村子里的卫生都是怎么搞的啊?

答:一开始的时候,李昌平老师到我们村子里,说要帮我们发展,但是必须要把村里的垃圾打扫干净,给了三个月的时间。那时候我们就挨家挨户做动员,打扫卫生,等到李昌平再来的时候,就开始搞建设了。

6. 村民 F

问:叔叔,看这村子里有不少卖龙虾的,您这一个月能赚不少吧?

答:还行,大概一个月能赚五六千(元)。

问:叔叔,您看这背后正在装修的房子,这个村子里,房子都改建了吗?

答:当时,是王书记帮我们改建房子的,但是只限于郝堂村中心组。我们比较偏远一点的地方,相比于这边,还是很贫困。政策目前还不太普及。

问:叔叔,您觉得,是什么让村民们都开始改建房子了?

答:郝堂村的现状,感觉大多数都是旅游业带来的。旅游业的发展带来了很多游客,这边的生意,像餐饮业都发展得很好,我们相比以前赚得也多一点。

问:叔叔,这边游客挺多的啊,是不是也是近几年才改善的?

答:这边的生态环境很好,田园风格,适合旅游,适合居住。

问:您家有老人吗?

答:我们家没有老人了,前两年走了。

问:您听说过村子里的夕阳红养老资金互助合作社吗?

答:听说过,听说过,就在村口。

问:您家老人在世时,有参加互助合作社吗?

答:有啊,这个夕阳红就是为老人设计的,老人过世后,就没有从中受惠了。

问:那您应该知道,如何加入互助合作社咯?

答:老人需要先缴纳 2 000 元入社,入社了之后……

问:入社了之后呢? 有钱拿吗?

答:当然有钱拿,每年有几百块钱分红。前几年 800 块钱左右,这两年 500 块钱左右。

问:那这些福利,只针对老人吗?

答:也不是,其他人也可以。

问:这具体指的什么? 其他人可以干吗?

答:其他人可以存钱啊,没钱用可以贷款。

问:是不是存钱利息比商业银行高啊? 大家都在这边存钱。

答:嗯,还行,高了一个点。

问:那大家为啥不去商业银行贷款呢? 贷款利息低吗?

答:不是,比商业银行要高一点。

问:大家为什么愿意在这边贷款?

答:商业银行借钱不好借啊,有折扣啥的,没有关系不好办啊。

三、访谈提纲

访谈提纲面向人群为合作社主要负责人以及村"两委",提纲如下:

(1)贵村的村社全要素股份合作社如何经营和营利?

(2)如何保证资金互助社管理的公正性?

(3)如何对大宗的资金管理运营进行有效的监督? 如果出现问题,如何解决?

(4)如何能够让村民到村社全要素股份合作社抵押贷款?

(5)贵村是如何处理村民的土地产权问题的?

(6)农业产业链闭环及闭环供应的金融链条怎么形成?

(7)土地流转后是否存在纠纷? 流转以后是如何统筹规划满足所有参与土地流转者的需求的?

(8)目前国家正在进行土地确权、登记、颁证工作,这些会给农村土地流转带来哪些影响?

（9）全要素股份合作社建立起的小闭环的环境治理和生态建设的经济发展形态是由众多社会专家人士、村庄和政府共同打造的,那么在推广过程中应该如何协调各参与主体?

（10）您认为农村应该是以农业为基础的,那么,农业如何发展? 是走大农场形式吗?

四、调查问卷

问卷编号_____

关于村社全要素股份合作社的调查问卷

您好! 我们是大学生,正在进行一项关于村社全要素股份合作社的情况的调查研究,恳请您用几分钟时间帮忙填答这份问卷。本问卷实行匿名制,所有数据只用于统计分析,请您放心填写。题目选项无对错之分,请您按自己的实际情况填写。谢谢您的帮助!

（一）被访人基本状况

1. 您的性别

A. 男　　　　　　　　B. 女

2. 您的年龄

A. 25 岁以下　　　B. 25～<45 岁　　　C. 45～<65 岁　　　D. 不小于 65 岁

3. 村里成立村社全要素股份合作社之前家庭月收入

A. 低于 1 000 元　　　　　　　　B. 1 000～<3 000 元

C. 3 000～<5 000 元　　　　　　D. 不低于 5 000 元

4. 村里成立村社全要素股份合作社之后家庭月收入

A. 低于 1 000 元　　　　　　　　B. 1 000～<3 000 元

C. 3 000 元　　　　　　　　　　D. 不低于 5 000 元

5. 您家主要收入来源是(可多选)

A. 在家务农　　　B. 在外务工　　　C. 政府补助

D. 个体自营　　　E. 村内建设　　　F. 其他

（二）被访人与村社全要素股份合作社的情况调查

1. 您或者您的家人有参加村社全要素股份合作社的吗?

A. 有　　　　　　　　B. 没有　　　　　　　C. 不知道

2. 是什么原因促使您或者您的家人加入村社全要素股份合作社? （可多选）

A. 资金短缺　　　　　　　　　B. 大家都加入了

C. 为了投资方便　　　　　　　D. 政府支持

E. 没有加入　　　　　　　　　F. 其他原因

3. 如果您需要进行贷款,是否更愿意从村社全要素股份合作社中进行贷款?

A. 是　　　　　　　　B. 否

（三）被访人对村内村社全要素股份合作社的看法

1. 您认为建立村社全要素股份合作社是否有必要?

A. 有必要,能发展农村的经济,提高村民们的生活水平

B. 没必要,顺其自然,慢慢发展

C. 不太关心,无所谓建立与否

2. 您认为村子近几年发生的变化与村里村社全要素股份合作社的建立关系大吗?

A. 有很大关系　　B. 有一点关系　　C. 完全没有关系

3. 您认为村社全要素股份合作社的运作和发展与下列哪些因素有关?(可多选)

A. 县、乡政府的支持　　　　　B. 村民自发的努力与发展

C. 党的政策好　　　　　　　D. 村干部组织得好

E. 其他(具体说明)

4. 您认为有必要对村社全要素股份合作社的资金来源、使用、流向等进行监督吗?

A. 没有必要,村民之间互相信任

B. 有必要,有利于村社全要素股份合作社健康发展

C. 无所谓,都可以

5. 您认为,从哪些渠道可以对村社全要素股份合作社进行有效监督?(可多选)

A. 村民监督

B. 村社全要素股份合作社工作人员互相监督

C. 村"两委"进行监督

D. 政府介入进行监督

再次感谢您的配合!

第三节　"从'凋敝'到'振兴':内置金融推动乡村振兴的路径研究——以河南信阳郝堂村为例"调研资料

一、调研记录

(一)L 同学调研实录

郝堂村是一个山清水秀的好地方。在郝堂村调研的这几天,我不仅佩服于当地人把郝堂村变成这样一个世外桃源,更惊异于其乡村振兴的内在奥秘。它像一个小齿轮,转动另一个大齿轮,拉动传送带,再慢慢牵扯着整个郝堂村落的复兴和繁荣,它就是内置金融。

调研主要分为村民的访谈和为村庄振兴做贡献的决策者、干部的访谈。郝堂村村民好客,也乐于与我们交谈。一旦我们说明来意,他们便立刻让我们坐下聊。和村民们谈论我们不会用内置金融等生涩的东西,我们会谈村里面荷花田的流转,谈街头的夕阳红养老资金互助合作社,谈板栗,谈茶叶,谈他们记忆中郝堂村从灰蒙蒙走向光明的日子。互助合作社是和很多老人息息相关的事,从前年满 60 周岁的老人可以参与互助合作社入股分红,现在年满 65 周岁的老人可以入股分红,入股的费用是 2 000 元钱。养老金互助合作

社成立之初,短短几个月,2 000 元就可以获得 400 多元的分红,这是令人惊喜的,对于老人讲,这着实是一笔不小的补贴,互助合作社最高峰的时候,一个人可以分到 800 多元的分红,远高于银行的利息收益,对老人来讲是一种宽慰、一种期盼。互助合作社的利润来源是放贷,此处放贷也只针对本村的村民,若互助合作社内存款有很多剩余,则由互助合作社创始人(七位乡贤)想办法贷出去。即使贷给外村村民也要由本村村民贷,本村村民再借给外村村民,所以,原则上,内置金融依然是一个封闭的体系。品质不良、道德不佳者不贷,这就客观上促进了乡里乡间和美团结,家庭和谐友爱,兄友弟恭,烘托了整个村落团结友爱的文化氛围。贷款者最重要的是以林权证作为保证,贷款最多十万元,而家家户户的林子可得值十多万元,所以不怕他不还,即便他不还,林子可以马上在村里面挂出去,以贷款金额卖出,补贴空缺资金。从互助合作社成立至今,没有一笔坏账。村民们贷款可以置办产业,可以生产发展。一直到现在,农村人在银行贷款是非常烦琐的,互助合作社很好地缓解了这个问题,以更加优惠的价格服务于村民,村民们有了资金,也就有了发展的契机,很好地推动了村落的发展振兴。普通村民未满足入股要求也无贷款需要,可以在里面存款,所得利润比银行高出一个点。

互助合作社由村干部牵头,是一个发钱可以得利的组织,客观上使村民们相信村干部的管理。这就好比掌握了财权,同样拥有了治权、事权,互助合作社使村民凝聚起来,方便了日后村里政策的推动。这一个小小的支点,撬动了郝堂村的振兴。

村里面的荷花田是土地流转,被集体收走后开发的杰作,为郝堂村的旅游打造了一张亮丽的名片。几个出租的村民田地拼在一起,种了一片一片的荷花,村里面再把土地承包出去,所获得的收益补贴村民,一亩 500 元左右,多的作为村庄建设资金。

村民团结,村干部献力,村建设者献智,如此这般便有了这样一片最美乡村。我在村庄调研的这些天,也是自我成长的时间。我看到了许多为村庄奉献的人,郝堂村小学的校长、协作者协会的佳佳姐……他们的笑脸是最美的。

(二)Z 同学调研实录

我们在信阳郝堂村里调研了整整五天四夜。在这几天里,我们不仅学到了很多,也慢慢从"张不开嘴,迈不开腿"变为大大方方地"唠嗑"。我们的改变不仅仅是学术上的,我们的整个人生都会画上一笔浓烈的色彩。这几天之内,整个郝堂村的路上都留下了我们的足迹,我们和许许多多的村民进行过友好的交谈。我们和农家乐的老板交谈过,也和路边卖莲蓬的奶奶们、大叔们交谈过,还和那些要去赶集市的村民交谈过。我们体验了农民的生活点滴,这些都是比较好的农村生活。他们的人生经历和对村子的看法,对我们调研的课题来说是巨大的财富,使我们对于乡村的治理更加有兴趣。

这些财富改变的不仅是我们对于农村的一些想法、看法,还有我们对于整个中国农村的想法、看法。我们也对村社内置金融"前线"的工作者们——胡静书记、曹书记、禹书记、袁老板都做了访谈,从他们的讲话中我们明确地认识到了我们研究的课题对于中国农村的重要程度,也了解了整个内置金融的由内到外的具体结构和历程。我们不仅学到了课题的相关知识,还感受到农村的人文情怀。期间,我们参观了郝堂的宏伟小学,对杨校长和在村里工作了十年之久的姜佳佳也做了访谈,生态的建设和对农村振兴的热诚深深地感动着我们。

（三）C 同学调研实录

参与这个实践活动可以说是一个偶然的机会，但也可以说是一个必然的结果。当初杨老师在班级里面提到这件事的时候，我隐隐感觉到要做些什么。在大学的生涯里有的人甘于平凡，有的人想尝试一些自己从未想过的一些事情，参与这次的实践活动就是我从未想过的事情。

实践的前一天晚上，我收拾好了需要携带的行李，将一些准备工作完成，怀着期待、激动的心情迎来了第二天的早晨。到达郝堂村的第一天，我们参观了郝堂村，了解了其地理情况，了解了郝堂村大概的建筑构造，为接下来的郝堂之行奠定了基础。村里小学的厕所是由我国台湾的著名设计师谢英俊设计的，可以说是全国第一个公共式的尿粪分集式厕所。我们进去观摩了一下，它和普通的厕所不同，是一个轻钢结构的厕所，通过对尿、粪进行分离，消除了异味，也不会对土壤产生二次污染，还能节约用水，可以把收集的粪便制作成有机肥料，用于给菜地施肥，更重要的是从小培养了孩子们的生态环保意识。我认为农村最需要的就是对生态的保护意识，这样的设计贴近了建设美丽农村的理念。小学的校长是一个很温和的人，很有气质，她调笑说她是厕所的校长，我们听了不由得笑了。

第二天我们去找了胡书记。与胡书记聊天的过程中，我们知道了内置金融的可行条件有两个：一是乡贤的支持，二是为老人服务的情怀。在我们看来，老一辈的人有这种情怀是很正常的，他们想要为自己的村子做些什么，毕竟这是他们的家乡。此外，我们也通过胡书记了解到夕阳红养老资金互助合作社解决了小额贷款问题、老人养老问题，凝聚了人心，推动了村庄的发展，从总体上来说，没有合作社就没有现在的郝堂村。

合作社的功能是巨大的，尤其是在农村里，它对于老人起到了很好的作用，对于老人的照顾偏多，把老人的权利提高到年轻人之上。正如监事长所说的那样，在合作社里，如果老人想要入社，他的子女不同意也是没用的。合作社把老人的权利"放大"，一切由老人自己做主，从一定的程度上缓解了当代社会对老人的权利不重视的现象。

另外，关于贷款问题，在合作社内部贷款比在银行贷款方便，因为对于农民来说在银行贷款所需要的手续偏多，在急需用钱的时候银行的贷款速度远远比不上在合作社贷款的速度，因此合作社也为农民贷款带来了方便。

（四）X 同学调研实录

"纸上得来终觉浅，绝知此事要躬行"。从书本上所学习到的毕竟是别人的看法、别人的想法，只有真正地实践过，我们才能了解到研究对象的本质，了解到别人所未曾发觉的问题。我们在河南信阳郝堂村所进行的调研活动，不仅是对前期内置金融理论学习的一种验证，也是我们在不断发现新的问题、不断试图解决问题的过程。

在本次的调研中，我成长了很多。在郝堂村里，我多次同郝堂村的村干部和村民们交谈，掌握了较为丰富的访谈技巧；在知识储备上，我掌握了部分关于郝堂村内置金融的知识；在团队里，我学会了在同一目标下与团队成员齐心协力，共同奋斗。

在我们的共同努力下，我们顺利地完成了本次的调研，我们的团队成员都是非常优秀的。在本次调研活动中我们学习到了很多，但是以后我们还需要不断地深化理论学习，毕竟我们在理论方面还存在非常大的空白。

二、访谈记录

（一）部分合作社发起人访谈摘录

1.胡书记（郝堂村）访谈摘录

问：您觉得村社全要素股份合作社能够在郝堂村发展并取得成功的原因有哪些？

答：我们做村社全要素股份合作社可行的条件一是有非常好的乡贤，二是我们都有为老人服务的情怀，这就是一开始它能够被实施起来的条件。

问：您觉得郝堂村以村社全要素股份合作社为依托建立起来的资金互助合作社给村庄带来了哪些变化？或者说，您觉得它发挥了哪些作用？

答：资金互助合作社的作用有很多。一是解决了小额贷款的问题，二是帮助解决了老人的养老问题，三是凝聚了人心，四是推动了村庄的经济发展，没有资金互助合作社可能就没有郝堂的今天。

问：合作社运作到现在，有没有产生过什么矛盾或阻碍？比如合作社和社员之间，社员和社员之间，甚至是村庄内部和外部环境之间。

答：我们资金互助合作社是村民自愿参与，也有退出机制。我们资金互助合作社做到现在，最大的问题就是不给认定、模糊地认定。（有关部门）觉得这个很好但是又不去支持。我们前期第一次去工商部门注册，那时候政府很支持，最后职能部门不给注册。最后没办法，我们通过政府协调，免费企业登记，是非盈利企业性质，算是不太正当的方法。

问：合作社是如何运作的？尤其是资金利息管理和风险管理这一块儿。

答：我们资金收取的利息分配是这样的，40%是用于养老，30%是作为公积金，15%是管理费，还有15%用于风险管理。

问：资金如何贷出去，从而获取一定的收益呢？

答：外村人是不能贷款的，只能本村的人贷款，由老人进行担保。可以用房产证、土地使用证、林权证来进行抵押贷款，另外还需要入社的两个老人担保，贷款超过5万元由发起人担保，这是"三保险"。我们做得比较规范，现在还没有死账、坏账，在这方面我们管理得比较好。我们这边的山林都可以转让，本村的老百姓肯定要，外部的人想要是没有用的。我们把钱贷给村委会，村委会拿着钱搞土地流转，我们不参与。抵押的地还能种，但是换不起钱就要收费。贷款是要问贷款的用处，要对它跟踪，对信誉不好的人不贷款。

问：现在申请贷款的人多吗？

答：现在贷款的人不多了，年轻人挣的钱多了。信用体系是银行做的，它也不给农民贷款，不好贷款。在我们这贷款呢，只要你人缘好，老人给你签字，5分钟就拿到钱了。从长远来看，我因为现在年纪大了，也不想做了。要是我做就肯定要做大，现在我能保持原地踏步走就已经很满意了。今年合作社有276个老人，去年是分400多元，今年分200多元。

问：您觉得，近几年村庄因为这个合作社产生了哪些变化？

答：我作为村支干部有变化，改变了在老百姓心目中的形象。做合作社好，老百姓有钱了,我也收获很多,第一是老百姓心中有我,老百姓见到我都十分高兴。第二是领导眼中有我,2015年的全国劳模评选,市里就评我是全国劳模。这是我的一个成长的过程。村民们在精神面貌上有了一些变化。我们搞一些活动,给他们演节目,老人们都非常高兴。给他们做下体检,把大家凝聚在一块,他们都非常高兴,脸上都是笑容。老年人生活得快乐,当子女的也快乐。我们资金互助合作社也给养老中心的瘫痪的老人进行服务,那些年轻人看到我们来帮他们服侍老人,脸上也挂不住,就说我们的老人我们自己服侍,现在就形成这样良好的习惯。

2. 曹书记(郝堂村)访谈摘录

曹书记对该村庄内置金融发展情况做了介绍,文字如下。

基本上村干部都是一开始就参与(内置金融)的,我们是从2009年开始的。

按我们开始预期的发展,现在发展得很好了。现在的毛病就是,毕竟这是村社内部金融,不能太大,因为它不是银行金融机构,(只是)服务于我们郝堂村内部,所以呢,我们限制资金量,群众的存款不需要太多,量大(的话)管理是个问题,贷取也是个问题。

我们发展期间,它发挥了重要作用,城乡发展方方面面都需要钱。对内,它解决了资金使用的困难,提高老人的威信,给老人一份福利。要限制规模、规避风险,在我们村庄内部,老人的风险小,因为这就牵扯到每个地方的风俗习惯了。咱们正常的我找你借钱,找你贷款,都有可能没钱还,但是在我们这个地方不怕,因为(贷款)都是老人的钱,(从道德层面来讲)不怕你欠老人的钱。合作社运作到现在市场良好,没有一笔失控或者贷款丢失的情况,相当于运转得非常好了。

前两年,合作社是在我们地方政府的支持下在工商注册的,注册两年以后,现在工商不给注册了,因为银监不批,所以现在民政部门也不给(合作社)年检了。现在(合作社)相当于还是民政监管,但是不按它的秩序它也不给我们完善手续,因为我们挂靠的是民政部门,但是(合作社)又有资金,又牵扯到金融,是需要工商部门颁执照、银监委来批的,可是工商不颁执照,银监委不批。现在的情况就是发展规模不能太大,发展规模太大,风险就大,另外还不能对外。从法律角度,又没有严格的法律措施,(合作社)处于实验阶段。贷款的金额限制在10万块钱以内,(如果贷款申请人)诚信度低、把贷款用于不正当途径,就不贷(给他)。

往后不会没有合作社,因为村庄在发展阶段,这个社会一直往前进步,就需要一部分资金。我感觉三四百万(元)在我们村庄内部运作可以,但是要是三四千万(元),那(么)风险就比较大了。(合作社)只做服务于群众的十万八万(元)的小额贷款,因为村民富了,他们都还得起。

一个(目标)是养老,一个(目标)是促进村庄发展建设。虽然大部分村民赚到钱了,但是挣到钱后需要"滚雪球",越挣越多,就还会有一部分需要(贷款)的。合作社成立的最初就是为了服务村庄建设,服务村民。

合作社把40%的利息分给老人,60%除正常开支以外作为积累,积累到一定程度用于公益事业。(合作社)算是村庄内部的小银行。

乡村尽量把钱都贷出去,贷款出去的越多,利润就越多,贷出去还不回来就让发起人还钱。它服务于村庄建设,对外边(的人)不贷,外边(的人)想贷就必须要村内的这个发起人担保。村内贷不出去的钱由村内发起人贷出去,发起人必须考察好这个人的能力、经济能力、诚信,尽量规避往外贷。对村庄内的田地、茶园、老宅基地,我们合作社租过来,再对外经营。在规划中合作社不但提高了老人的收入,它还凝聚了人心,而且老人地位提高了,子女孝敬老人了,对民事调解、邻里和谐也有很大帮助。

能让村民获利是发展的重点目标,大的方向不会变。但是村庄的管理不规范,跟不上,这是我们现在需要考虑的问题。村干部只管理村民的事,要全力打造旅游景点,完善基础设施,处置闲置的土地以及果园之类的,增加养老投入,跟领导沟通。道路规划不足,大的基础设施建设方面还是需要政府的。道路还有一公里多修通。18 个村民组,现在发展旅游的有五六个组,全域的乡水游对周边的影响很大,我们明确了在村庄的投资方向。村里的入社要求 70 年不变,老人的股份是 2 000 块钱,其他人也可以在合作社里存款,存款的利润高于银行一个点。协作者、青年组,还有我们的夕阳红文艺团队、村民共同组织的长街宴,还有爱心组织捐献饮料之类,都是村民自发组织的。村庄建设起来是对村民做实事,不仅照顾了老人,也促进了村庄的建设发展。我们的村庄建设中有专家组、施工队、村民自发加入,村庄有了活力。

(二)部分村民访谈摘录

1. 村民 A

问:叔叔,您家开餐馆的呀?

答:对呀,你们要吃饭吗? 还没开张。

问:那叔叔,你们什么时候开张呀? 游客都出来了。

答:中午、晚上开张。我们不做早饭的。

问:叔叔,这两栋房子都是你们家的呀?

答:对,都是准备开旅馆的,给游客们住宿的。

问:叔叔,你们是一直在这边开饭馆吗?

答:不是,之前在外地打工,2010 年回来的,就开了餐馆,现在正准备扩建房子,经营宾馆住宿。

问:哇,叔叔,2010 年,您就嗅到了商机啊! 不愧是厉害的商人啊。叔叔,您这就相当于当地的乡贤了呀?

答:不不,和乡贤没法比,他们都是为村子里做好事的。

问:叔叔,您 2010 年回来的时候,这里的房子就那么漂亮了吗?

答:没有,没有,之前,这里的房子都是老房子,我回来的时候,还没有改建呢。

问:叔叔,你们旺季能赚多少?

答:旺季一个月能赚一万多(元)吧,淡季就不行了,个把千吧。

问:叔叔,那你为什么回来呀,家里有老人吗?

答:家里有老人的。

问:你们听说过村口的养老资金互助合作社吗?

答:听说过。

问：您家老人加入夕阳红养老资金互助合作社了吗？

答：现在爸爸妈妈还没到 60 岁。

问：您家里没有去领过钱吗？没有参加过分红吗？

答：领过钱，家里爷爷奶奶在世的时候，去领过钱。

问：为什么不在世，就不能分红了呢？

答：老人过世了，就没有股份了，就变成存款了，只能拿取利息了。

问：您家老人在世时，一年能拿多少钱啊？

答：去年拿了差不多 450 元，最多的时候，可以拿到 800 元。

问：这样的话，几年就能回本了，做长远投资，不是很好吗？

答：可以啊，但每年分红都是差不多的啊，而且一个人只能买一股。

问：你们还挺满意目前的养老资金互助合作社吧？

答：挺好的，挺满意的。

2. 村民 B

问：叔叔，您是卖莲子的吗？生意看着很好呀，一个月能赚多少钱呀？

答：一个月工资大概 5 000（元），如果遇上节假日或者寒暑假，生意会好一点，钱赚得会多一点，生活品质会好一点。

问：叔叔，您觉得是什么在推动整个村子的发展呢？

答：郝堂村的发展很大的原因是当地文化的发展，例如，当地的庄子学院。此外，还有近年来旅游文化的发展，生意越来越红火。

问：叔叔家的地是自己家种的，还是承包给村里的？

答：我们家的地，是自己种的，没有承包给村里。

问：叔叔，您是一直在家里发展吗？还是之前在外地打工，后来回来的？

答：前几年，是与朋友在市区里打工的。就在 2012 年左右，发现本村发展得越来越好，便返乡，回来发展。

问：您是怎么看待村里的互助合作社的？

答：互助合作社对于村里的老人具有福利性质，每年能给老人分红，老人有钱了，就能买点东西吃，也就不需要儿女花钱了。

3. 村民 C

问：阿姨，这个石凉粉是当地特产吗？看着这条巷子，很多家在卖呀。

答：是的是的，这个是信阳特产。很好吃的，你们可以尝一下。

问：阿姨啊，你们家好多桌子啊，生意不错吧？

答：还行，还行，能赚一点钱。

问：阿姨，这家餐馆，看着不新了呀，什么时候建的呀？

答：我们是 2011—2012 年建的。

问：那时候正赶上村子里新建设吧？

答：村子里那几年一直搞建设，我们也就是那个时候改建房子的。

问：那您本来不在当地发展吗？

答:我儿子本来在湖南打工的,这几年回来了。

问:是什么原因让您儿子从外地回来的呢?

答:家里日子比以前好过了,回家,家里还有老人要赡养呢。

问:那您家里,老人还好啊?

答:家里老人挺好的。

问:家里老人参加村子里的互助合作社了吗?

答:有啊,两个老人都参加了。

问:都领钱了吧?

答:领钱了,每年都会分红的。

问:去年,在村口,有一个长街宴,您去了吗?

答:去了去了。有人在那发钱的。

问:是谁在那分钱的呀? 乡贤们吗?

答:嗯,那些人,好人啊,每年都会在那边分钱的。

4. 村民 D

村民 D 是一名卖莲蓬、冰棍的阿姨。

问:阿姨,这个岸芷轩是用来干什么的? 这个房子怪漂亮的。

答:这个是台湾设计师设计的,是用来看看书、喝喝茶的。

问:阿姨,您这边可比别的地儿凉快多了,这边生意也好一点吧?

答:不好啊,现在星期一,没什么人。

问:阿姨,您是这边人吗?

答:我是这个村子的,不过在这个村子边上一点。我是来这边做生意的。

问:这边生意好做一点啊? 看着好多人过来这边。

答:这边是我们村发展得最好的,旅游的人也多,人来人往,都会买点莲子消消暑。

问:阿姨,您家有老人吗?

答:我们家没有老人了,我丈夫这边两个老人还健在。

问:你们本村的养老资金互助合作社,您应该听说过吧?

答:这个,谁不知道啊,这个是专门为老人设计的,很多老人都可以去拿钱的。

问:那您家老人去拿过钱吗?

答:我们老人去过啊,拿得不太多,不过够两个老人吃吃喝喝的了。

问:看您卖莲蓬,是不是每个人家都能去那一大片荷花池里采摘啊?

答:这个不是哦,我们都是承包某一块的,等到有收成之后,我们可以去那边采摘,拿出来卖。

问:是不是你们还有林权证啊?

答:是啊。

问:你们的林权证可以卖吗?

答:这个谁卖啊,大家都不卖这个的。

问:阿姨,您知道您家老人是怎么入社的吗?

答:就是先交 2 000 块钱,就相当于买了一只股,每年等着分红。

问:那可以不交钱,直接拿林权证抵押吗?

答:这个暂时还没有,大家都是直接拿 2 000 块钱入社的。

问:阿姨,您觉得这镇子上的发展,谁的功劳更大一点,是当地政府,还是旅游业的发展?

答:都有啊,没有他们,就没有现在的我们啊。现在生活也变得好了,比以前好多了。

5. 村民 E

问:奶奶,您参加夕阳红养老资金互助合作社了吗?就是村口那个。

答:参加了。一年差不多能拿 600 块钱吧。

问:奶奶,去年和前年,在那边的长街宴,您去了吗?

答:去了呀,很多人啊,都排着队拿钱呢。我们村子里很多老人都加入了。(合作社)是个好东西,给我们送钱,送吃的东西,还给我们检查身体,多好啊。

问:这边老人们活得多幸福啊,您自己觉得在这村子里生活怎么样啊?

答:这边环境好,有山有水,空气也清新啊!

三、访谈提纲

访谈提纲面向人群为养老资金互助合作社主要负责人以及村"两委",提纲如下。

(1)您觉得目前的内置金融合作社发展、建设得如何?

(2)您知道咱们村在村庄内置金融合作社建立之前的状况是怎样的吗?

(3)您认为在土地流转过程中会发生土地纠纷的问题吗?如果会发生,具体原因是什么呢?

(4)您知道养老资金互助合作社的盈利是从哪些方面获得的吗?

(5)您觉得郝堂村近年来最大的变化是什么?

(6)您认为这些发展的改变对您有什么样的影响?

(7)您对现在乡村的治理有什么想法吗?

(8)村里的资金互助合作社只有这一种类型吗?还有其他类型的合作社吗?

(9)村民需要有哪些条件才可以进入合作社?

(10)村民贷款程序具体是怎样的?

(11)合作社分红的具体规则是怎样的?

四、调查问卷

问卷编号 _____

关于内置金融合作社调查问卷

您好!我们是大学生,正在进行一项关于村庄内置金融合作社的情况的调查研究,恳请您用几分钟时间帮忙填答这份问卷。本问卷实行匿名制,所有数据只用于统计分析,请您放心填写。题目选项无对错之分,请您按自己的实际情况填写。谢谢您的帮助!

一、被访人基本状况

1. 您的性别

A. 男　　　　　　　B. 女

2. 您的年龄

A. 小于 25 岁　　　　　　　　　B. 25～<45 岁

C. 45～<65 岁　　　　　　　　　D. 不小于 65 岁

3. 村里成立内置金融合作社之前家庭月收入

A. 低于 1 000 元　　　　　　　　B. 1 000～<3 000 元

C. 3 000～<5 000 元　　　　　　　D. 超过 5 000 元

4. 村里成立内置金融合作社之后家庭月收入

A. 低于 1 000 元　　　　　　　　B. 1 000～<3 000 元

C. 3 000～<5 000 元　　　　　　　D. 超过 5 000 元

5. 您家的主要收入来源是(可多选)

A. 在家务农　　　B. 在外务工　　　C. 政府补助

D. 个体自营　　　E. 村内建设　　　F. 其他

二、被访人与内置金融合作社的情况调查

1. 您或者您的家人有参加内置金融合作社的吗?

A. 有　　　　　　　B. 没有　　　　　　C. 不知道

2. 是什么原因促使您或者您的家人加入内置金融合作社? (可多选)

A. 资金短缺　　　　　　　　B. 大家都加入了

C. 为了投资方便　　　　　　D. 政府支持

E. 没有加入　　　　　　　　F. 其他原因

3. 如果您需要进行贷款,是否更愿意从内置金融合作社中进行贷款?

A. 是　　　　　　　　　　　B. 否

三、被访人对村内内置金融合作社的看法

1. 您认为建立内置金融合作社是否有必要?

A. 有必要,能发展农村的经济,提高村民们的生活水平

B. 没必要,顺其自然,慢慢发展

C. 不太关心,无所谓建立与否

2. 您认为村子近几年发生的变化与村里内置金融合作社的建立关系大吗?

A. 有很大关系　　　B. 有一点关系　　　C. 完全没有关系

3. 您认为村里的内置金融合作社的运行和发展与下列哪些因素有关?(可多选)

A. 县、乡政府的支持　　　　　B. 村民自发的努力与发展

C. 党的政策好　　　　　　　　D. 村干部组织得好

E. 其他(具体说明)

4. 您认为有必要对内置金融合作社的资金来源、使用流向等进行监督吗?

8122878

A. 没有必要,村民之间互相信任

B. 有必要,有利于内置金融合作社健康发展

C. 无所谓,都可以

5. 您认为从哪些渠道可以对内置金融合作社进行有效监督?(可多选)

A. 村民监督

B. 内置金融合作社工作人员互相监督

C. 村"两委"进行监督

D. 政府介入进行监督

再次感谢您的配合!

五、合作社章程

(一)合作社会员大会主要行使下列职权

(1)审议、修改本社章程和各项规章制度。

(2)选举和罢免理事长、理事、监事长或者监事会成员。

(3)审议本社的发展规划和年度业务经营计划。

(4)审议批准年度财务预算和决算方案。

(5)审议批准年度盈余分配方案和亏损处理方案。

(6)审议批准理事会、执行监事或者监事会提交的年度业务报告。

(7)决定重大财产处置、对外投资、对外担保和生产经营活动中的其他重大事项。

(8)对合并、分立、解散、清算和对外联合等作出决议。

(9)决定聘用经营管理人员和专业技术人员的数量、资格、报酬和任期。

(10)听取理事长或者理事会关于会员变动情况的报告。

(11)决定其他重大事项。

(二)会员大会主要行使下列职权

(1)管理本社的资产和财务,保障本社的财产安全。

(2)处理监事会成员提出的问题,接收并回复社员建议。

(3)决定会员入会、退会、继承、除名、奖励、处分等事项。

(三)理事长是合作社的法定代表人,任期3年,可连选连任,主要行使下列职权

(1)负责本社的经营管理工作。

(2)制定年度经营计划和预算、决算报告,提交社员大会审议。

(3)召集和主持会员大会、会员代表大会,召集并主持理事会议。

(4)签署本社成员出资证明(股金证)。

(5)提出除会计外的所有参与本社日常经营管理人员的聘请和解聘计划,报理事会批准后录用或解聘。签署聘任或者解聘本社经理、财务人员和其他专业技术人员的文件。

(6)组织实施会员(或代表)大会和理事会决议,检查决议实施情况。

(7)定期向监事会、理事会报送财务报告和报告重大经营活动。

（8）代表本社签订合同,处理和协调对外关系等。

（四）监事会行使下列职权

（1）监督理事会对会员大会决议和本社章程的执行情况。

（2）监督检查本社的生产经营业务值,负责本社财务审核监察工作。

（3）监督理事长或者理事会成员或经理履行职责的情况。

（4）向会员大会提出年度监察报告。

（5）向理事长或者理事会提出工作质询和改进工作的建议。

（6）提议召开临时成员大会或代表大会。

（7）收集会员的意见和建议。

（五）夕阳红养老资金互助合作社的资金来源

（1）老年会员资格股金:每人2 000元。

（2）发起人公益股金:每人2万元,共14万元。

（3）政府、社会团体和自然人（外村人）的社会服务资金:其中平桥区科技局10万元,河北大学中国乡村建设研究中心5万元。

（4）资金来源包括每年从盈余中提计的公积金、风险金等。

（5）资金来源包括在核准的业务范围内开展活动或服务的收入。

（6）资金来源包括其他合法收入。

（六）夕阳红养老资金互助合作社的贷款规定

（1）贷款对象:本村村民,且必须是将贷款用于合法生意。

（2）贷款抵押:财产抵押,包括承包地、林地、水面、房屋等。

（3）贷款流程:① 贷款人向理事、理事会或者老年会员5人小组提交书面申请;② 理事会或老年会员5人小组对贷款申请讨论并考察,其中老年会员5人小组是主要审批小组,负责70%以上的常规贷款指标;③ 老年会员5人小组中至少4人同意并签字后报理事长,如无纸漏,理事长签字同意即可发放贷款。

（4）贷款回收:贷款审批人（含老年会员5人小组）负责贷款的跟踪管理和到期回收。

（七）夕阳红养老资金互助合作社的利息分配

关于利润分配,章程规定:合作社通过借贷取得的30%的收益将作为养老金在年终一次性发放给老年会员,另外40%作为积累资金,15%作为管理费,15%作为风险基金,发起人不分配利息。

（八）夕阳红养老资金互助合作社的风险控制

风险控制是夕阳红养老资金互助合作社各方面工作的重中之重。为了控制风险,合作社采取了以下几方面措施。

1. 贷款申请人资格认定

贷款申请人只能是本村人,且申请人的资金用途必须是合法的,将资金风险牢牢控制在村内,因为只有本村村民的信用状况才为合作社成员所了解,合作社审批小组才能做出合理评价。合作社明确规定,"在银行有贷款不贷,吸毒不贷,赌博不贷,家庭不和睦不贷,信誉、口碑不好不贷"。

2. 贷款额度设置

对于贷款额度方面有一定的限制。村民每人每次最多可贷款 10 万元,贷款期限为一年,每三个月结息一次,期末还本付息。并且贷款额度也会随着村庄的不断发展而有相应的提高。

3. 贷款抵押

合作社的贷款必须有相应的抵押,主要包括两个方面。一方面是财产抵押,包括承包地、林地、水面、房屋等。财产抵押都是以实物作为抵押,同贷款额度的设置共同保证合作社即使在村民违约的风险下也仍然能够确保资金不会损失。一般情况下,合作社贷款额度的设置与村民的抵押物价值相同。另一方面是有相应数量的老年会员担保。这种情况适用于 2 万元以下的担保。这种担保是间接财产抵押。村庄是一个"熟人社会",因此贷款申请人能够凭借自己的名誉向合作社申请贷款。但是贷款申请人还需要找到相应数量的老年会员,让其作为担保人。这些相信贷款申请人并为之进行担保的老年会员则以自己在合作社中的存款作为实质性抵押,从而使贷款申请人从合作社中顺利获得贷款。在这种情况下,贷款的申请更为严格,对申请人的还款能力要求也更高,并且还有财产抵押,合作社的风险也就相应更小。

参考文献

[1] 〔苏〕弗拉基米尔·伊里奇·列宁. 列宁全集:第五十五卷[M]. 中共中央马克思恩格斯列宁斯大林著作编译局,编译. 2版. 北京:人民出版社,2017:127.

[2] 毛泽东. 毛泽东选集:第一卷[M]. 北京:人民出版社,1991:110.

[3] 毛泽东. 毛泽东选集:第一卷[M]. 北京:人民出版社,1991:13.

[4] 毛泽东. 毛泽东选集:第二卷[M]. 北京:人民出版社,1991:126.

[5] 毛泽东. 毛泽东选集:第一卷[M]. 北京:人民出版社,1991:187.

[6] 毛泽东. 毛泽东选集:第一卷[M]. 北京:人民出版社,1991:115.

[7] 中共中央文献研究室. 毛泽东传(1949—1976)[M]. 北京:中央文献出版社,2003:471.

[8] 中共中央党史研究室. 中国共产党历史大事记(1919.5—2009.9)[M]. 北京:中共党史出版社,2010:292.

[9] 中共中央文献研究室. 邓小平年谱(一九七五——一九九七)[M]. 北京:中央文献出版社,2004:805.

[10] 邓小平. 邓小平文选:第三卷[M]. 北京:人民出版社,1994:28.

[11] 江泽民. 江泽民文选:第二卷[M]. 北京:人民出版社,2006:45.

[12] 江泽民. 江泽民文选:第三卷[M]. 北京:人民出版社,2006:329.

[13] 习近平. 习近平谈治国理政:第一卷[M]. 北京:外文出版社,2014:432.

[14] 习近平. 谈谈调查研究[J]. 西部金融,2012(1):4-7.

[15] 习近平. 干在实处 走在前列:推进浙江新发展与思考和实践[M]. 北京:中共中央党校出版社,2006:446.

[16] 习近平. 坚持实事求是的思想路线[N]. 学习时报,2012-05-28(001).

[17] 习近平. 之江新语[M]. 杭州:浙江人民出版社,2007:32.

[18] 江泽民. 江泽民文选:第一卷[M]. 北京:人民出版社,2006:306-309.

[19] 胡锦涛. 胡锦涛文选:第二卷[M]. 北京:人民出版社,2016:524-525.

[20] 中央党校采访实录编辑室. 习近平在正定[M]. 北京:中共中央党校出版社,2019:4.

[21] 中央党校采访实录编辑室. 习近平在正定[M]. 北京:中共中央党校出版社,2019:134.

[22] 费孝通. 美好社会与美美与共:费孝通对现时代的思考[M]. 北京:生活·读书·新知三联书店,2019:415.

[23] 郑杭生,李迎生. 中国社会学史新编[M]. 北京:高等教育出版社,2000:149.

[24] 费孝通. 费孝通文集:第二卷[M]. 北京:群言出版社,1999:214-218.

[25] 崔效辉. 现代化视野中的梁漱溟乡村建设理论[M]. 杭州:浙江大学出版社,2013:40.

[26] 善峰．梁漱溟社会改造构想研究[M]．济南：山东大学出版社，1996：299．

[27] 梁漱溟．乡村建设理论[M]．北京：中华书局，2018：833．

[28] 贺雪峰．乡村治理的社会基础：转型期乡村社会性质研究[M]．北京：中国社会科学出版社，2003：234．

[29] 苏力．送法下乡：中国基层司法制度研究[M]．北京：中国政法大学出版社，2000：68．

[30] 贺雪峰．乡村治理研究的进展[J]．贵州社会科学，2007（6）：4-8．

[31] 贺雪峰．新乡土中国[M]．北京：北京大学出版社，2013：92．

[32] 贺雪峰．个案调查与区域比较：农村政策基础研究的进路[J]．华中科技大学学报（社会科学版），2007（1）：112-119．

[33] 吴毅．村治变迁中的权威与秩序[M]．北京：中国社会科学出版社，2002：176．

[34] 陈登原．国史旧闻[M]．北京：中华书局，2000：29．

[35] 金太军．村庄治理与权力结构[M]．广州：广东人民出版社，2008：20．

[36] 贺雪峰．新乡土中国：转型期乡村社会调查笔记[M]．桂林：广西师范大学出版社，2003：156．

[37] 林继富．民间叙事传统与村落文化共同体建构[M]．北京：中国社会科学出版社，2012：18．

[38] 〔德〕乌尔里希•贝克．风险社会[M]．何博闻，译．南京：译林出版社，2004：13．

[39] 〔美〕道格拉斯•C．诺思．经济史中的结构与变迁[M]．上海：上海三联书店，上海人民出版社，1994：5．

[40] 薛澜，彭宗超，张强．公共管理与中国发展：公共管理学科发展的回顾与前瞻[J]．管理世界，2002（2）：43-56，153．

[41] 沈勇，王有强．国外公共管理实践教育：模式、特点及借鉴[J]．学位与研究生教育，2006（4）：72-76．

[42] 娄成武，杜宝贵．中美MPA教育课程体系与教学内容比较分析[J]．比较教育研究，2002（2）：16-20．

[43] 徐自强，张静洁，尹雷．公共管理类专业案例大赛嵌入型人才培养模式探索[J]．当代教育理论与实践，2019，11（4）：70-79．

[44] 谢矜，王有强．清华大学公共管理学院的人才培养模式探索[J]．中国大学教学，2018（7）：42-49．

[45] 马静，刘千亦，王春．公共管理类专业"混合式"实践教学体系构建研究[J]．陕西教育（高教），2022（1）：32-33．

[46] 左昌盛，后小仙，沈洪澜．基于一流专业建设的公共管理实践教学体系的构建[J]．工业和信息化教育，2021（7）：84-89．

[47] 徐勇，吴毅，贺雪峰，等．村治研究的共识与策略[J]．浙江学刊，2002（1）：26-32．

[48] 张厚安．三个面向，理论务农：社会科学研究的反思性转换——华中师范大学中国农村问题研究中心20年回顾[J]．华中师范大学学报（人文社会科学版），2001（1）：11-15．

[49] 邵倩.《黄河边的中国》调查方法研究[J]. 传播力研究,2018,2(18):219.

[50] 曹锦清. 问题意识与调查研究[J]. 社会学评论,2014,2(5):3-9.

[51] 闫小沛,张雪萍. 城镇化进程中的乡村文化转型:文化变迁与文化重构——基于物质文化、制度文化与精神文化层面[J]. 华中师范大学研究生学报,2014(1):32-35.

[52] 周小华,张伟. 福建乡村生态文化建设研究[J]. 国家林业局管理干部学院学报,2014(1):23-28.

[53] 陈润羊. 新农村模式分类述评及其对西部新农村经济与环境协同发展的启示[J]. 开发研究,2011(6):41-44.

[54] 徐勇. 挣脱土地束缚之后的乡村困境及应对:农村人口流动与乡村治理的一项相关性分析[J]. 华中师范大学学报(人文社会科学版),2000(2):5-11.

[55] 郎友兴. 走向总体性治理:村政的现状与乡村治理的走向[J]. 华中师范大学学报(人文社会科学版),2015,54(2):11-19.

[56] 张大维. 优势治理:政府主导、农民主体与乡村振兴路径[J]. 山东社会科学,2018(11):66-72.

[57] 肖滨,方木欢. 以扩充民主实现乡村"善治":基于广东省下围村实施村民代表议事制度的研究[J]. 中共浙江省委党校学报,2016,32(5):5-13,1.

[58] 卢福营. 近郊村落的城镇化:水平与类型——以浙江省9个近郊村落为例[J]. 华中农业大学学报(社会科学版),2013(6):17-25.

[59] 纪晓岚,朱逸. 经营性治理:新集体化时代的村庄治理模式及其自在逻辑[J]. 西北师大学报(社会科学版),2013,50(2):93-100.

[60] 董志勇,李成明. 国内国际双循环新发展格局:历史溯源、逻辑阐释与政策导向[J]. 中共中央党校(国家行政学院)学报,2020,24(5):47-55.

[61] 张永亮. "双循环"新发展格局:事关全局的系统性深层次变革[J]. 价格理论与实践,2020(7):4-7,12.

[62] 李恕佳. 一个重大决策:加快构建新发展格局[N]. 河北日报,2020-11-04(008).

[63] 王在全. "双循环"新发展格局下的干部作为[J]. 人民论坛,2020(30):38-41.

[64] 蒲清平,杨聪林. 构建"双循环"新发展格局的现实逻辑、实施路径与时代价值[J]. 重庆大学学报(社会科学版),2020,26(6):24-34.

[65] 陈晓莉,徐曦. 统一战线在农村社会管理中的整合协调作用[J]. 重庆社会主义学院学报,2012,15(2):15-18.

[66] 卢福营. 遭遇社会分化的乡村治理[J]. 学习与探索,2007(5):1-7,2.

[67] 苑丰,金太军. 从"权力的文化网络"到"资源的文化网络":一个乡村振兴视角下的分析框架[J]. 河南大学学报(社会科学版),2019,59(2):41-48.

[68] 李昌平. 乡村振兴最核心的任务是增加农民收入[J]. 人民论坛,2018(21):29.

[69] 王曙光,张棋尧. 制度变革拓宽农村金融发展新空间[J]. 中国农村金融,2013(23):15-17.

[70] 李昌平. "内置金融"在村社共同体中的作用:郝堂实验的启示[J]. 银行家,2013(8):108-112.

[71] 杨华锋．社会治理协同创新的郝堂试验及其可持续性[J]．北京师范大学学报（社会科学版），2015（6）：13-22.

[72] 郝栋．郝堂村：把农村建设得更像农村——河南信阳郝堂村的可持续发展乡村实验[J]．学术评论，2015（1）：34-39.

[73] 李朝锋，张骋．观察农村发展的四个阶段：以资金要素为角度[J]．社会科学辑刊，2011（6）：158-162.

[74] 井润田，孙璇．实证主义 vs. 诠释主义：两种经典案例研究范式的比较与启示[J]．管理世界，2021,37（3）：198-216,13.

[75] 国务院应对新型冠状病毒感染肺炎疫情联防联控机制．国务院应对新型冠状病毒感染肺炎疫情联防联控机制关于印发企事业单位复工复产疫情防控措施指南的通知[J]．中华人民共和国国务院公报，2020（7）：21-23.

[76] 杜绮文．参与调查法[EB/OL]．[2006-03-01]．https：//zhidao. baidu. com/question/2083388932826595468. html.

[77] 共产党员网．中共十九届中央政治局会议[EB/OL]．[2020-07-30]．http：//www. 12371. cn/2020/07/30/ARTI1596107225760939. shtml.

[78] 国家统计局．2019 年农民工监测调查报告[J]．建筑，2020（11）：28-31.

[79] 刘先琴，王胜昔．"为官一任，造福一方，遂了平生意"：河南大力弘扬焦裕禄精神有力支撑克难攻坚崛起振兴[N]．光明日报，2017-06-28（01）.

[80] 圆市民下乡梦：树林召镇第一宗农村产权交易达成[EB/OL]．https：//www. sohu. com/a/414198791_612996.

[81] 中共中央文献研究室．邓小平年谱（一九七五——一九九七）[M]．北京：中央文献出版社，2004：1350.

[82] 中共中央文献研究室．毛泽东传（1949—1976）[M]．北京：中央文献出版社，2003：484-485.

[83] 中共中央文献研究室．毛泽东传（1949—1976）[M]．北京：中央文献出版社，2003：485.

[84] 石仲泉．关于"三个代表"重要思想的研究[J]．毛泽东思想研究，2003,20（3）：1-10.

[85] 习近平．之江新语[M]．杭州：浙江人民出版社，2007：1.

[86] 毛泽东．毛泽东选集：第一卷[M]．北京：人民出版社，1991：111-112.

[87] 毛泽东．毛泽东选集：第一卷[M]．北京：人民出版社，1991：109.

[88] 胡锦涛．胡锦涛文选：第二卷[M]．北京：人民出版社，2016：656.

[89] 中央党校采访实录编辑室．习近平在正定[M]．北京：中共中央党校出版社，2019：11.

[90] 中央党校采访实录编辑室．习近平在正定[M]．北京：中共中央党校出版社，2019：75.

[91] 中央党校采访实录编辑室．习近平在宁德[M]．北京：中共中央党校出版社，2020：15.

[92] 习近平．习近平谈治国理政：第一卷 [M]．北京：外文出版社，2014：433．

[93] 毛泽东．毛泽东选集：第一卷 [M]．北京：人民出版社，1991：15-18．

[94] 黄宗智．认识中国：走向从实践出发的社会科学 [J]．中国社会科学，2005（1）：83-93，207．

[95] 任放．近三十年中国近代史研究视角的转换：以乡村史研究为中心 [J]．史学月刊，2011（4）：27-40．

附　录

第一部分　实验教学日志

学　　期:

实验课程:

教师姓名:

指导专业:

指导班级:

填写说明

1. 本日志供教师实验教学使用。
2. 指导教师必须认真填写。
3. 填写内容将作为考核教师教学工作的依据。
4. 教学结束后应将日志交给所在院系实验室,由院系实验室保存。

实验项目列表

序号	实验项目名称	指导教师	备注

实验教学日志

时间	年　月　日	地点	
应到学生数		实到学生数	
实验项目名称			
实验类型	□ 验证性实验　　□ 演示性实验 □ 设计性实验　　□ 综合性实验		
实验教学软件与 环境要求			
实验目的 及要求			
实验内容			
实验过程中存在 的主要问题			
改进实验教学的 意见和建议			

实验教学总结

教师签名：

年　月　日

第二部分　中央一号文件梳理

对改革开放以来,以"三农"为主题的中央一号文件的梳理如附录表 2-1 所示。

附录表 2-1　改革开放以来,以"三农"为主题的中央一号文件

年份	政策名称	关键词
1982	《全国农村工作会议纪要》	包产到户合法性
1983	《当前农村经济政策的若干问题》	放活农村工商业
1984	《关于 1984 年农村工作的通知》	发展农村商品生产
1985	《关于进一步活跃农村经济的十项政策》	取消统购统销
1986	《关于 1986 年农村工作的部署》	增加农业投入,调整工农城乡关系
2004	《中共中央 国务院关于促进农民增加收入若干政策的意见》	促进农民增收
2005	《中共中央 国务院关于进一步加强农村工作提高农业综合生产能力若干政策的意见》	提高农业综合生产能力
2006	《中共中央 国务院关于推进社会主义新农村建设的若干意见》	社会主义新农村建设
2007	《中共中央 国务院关于积极发展现代农业扎实推进社会主义新农村建设的若干意见》	发展现代农业
2008	《中共中央 国务院关于切实加强农业基础建设进一步促进农业发展农民增收的若干意见》	加强农业基础建设,加大"三农"投入
2009	《中共中央 国务院关于 2009 年促进农业稳定发展农民持续增收的若干意见》	促进农业稳定发展,农民持续增收
2010	《中共中央 国务院关于加大统筹城乡发展力度进一步夯实农业农村发展基础的若干意见》	在统筹城乡发展中加大强农惠农力度
2011	《中共中央 国务院关于加快水利改革发展的决定》	水利改革
2012	《中共中央 国务院关于加快推进农业科技创新持续增强农产品供给保障能力的若干意见》	农业科技创新
2013	《中共中央 国务院关于加快发展现代农业进一步增强农村发展活力的若干意见》	增强农村发展活力,发展现代农业
2014	《中共中央 国务院关于全面深化农村改革加快推进农业现代化的若干意见》	全面深化农村改革
2015	《中共中央 国务院关于加大改革创新力度加快农业现代化建设的若干意见》	农业现代化,认识新常态,适应新常态,引领新常态
2016	《中共中央 国务院关于落实发展新理念加快农业现代化实现全面小康目标的若干意见》	农业现代化,用发展新理念破解"三农"新难题

年份	政策名称	关键词
2017	《中共中央 国务院关于深入推进农业供给侧结构性改革加快培育农业农村发展新动能的若干意见》	深入推进农业供给侧结构性改革
2018	《中共中央 国务院关于实施乡村振兴战略的意见》	对乡村振兴进行战略部署
2019	《中共中央 国务院关于坚持农业农村优先发展做好"三农"工作的若干意见》	坚持农业农村优先发展,农业供给侧改革
2020	《中共中央 国务院关于抓好"三农"领域重点工作 确保如期实现全面小康的意见》	脱贫攻坚
2021	《中共中央 国务院关于全面推进乡村振兴加快农业农村现代化的意见》	两个"决不能",两个"开好局起好步",一个"全面加强"
2022	《中共中央 国务院关于做好2022年全面推进乡村振兴重点工作的意见》	两条底线、三项重点、一个加强
2023	《中共中央 国务院关于做好2023年全面推进乡村振兴重点工作的意见》	全面落实乡村振兴责任制,加快建设农业强国

第三部分　竞赛基本情况和相关要求

目前学生可以参加的竞赛多种多样,我们以比赛最终作品的形式大致将比赛分成学术科技作品竞赛、创新创业竞赛、虚拟仿真竞赛和考试类竞赛。前两类竞赛是本书关注的重点内容,因为其具有较高的一致性,所以可以采取以点及面的方式对其进行介绍。而后两类竞赛根据平台的不同或科目的不同各具特色,在此不便过多地介绍。人文社科领域的学术科技作品竞赛一般以论文、调研报告、案例分析的形式作为最终作品,创新创业竞赛作品以创业计划书的形式展现出来。

创新创业竞赛众多,涉及多个领域,涵盖了大学的几乎所有专业,目前来看中国"互联网＋"大学生创新创业大赛凭借其大规模、高规格已然成为创新创业大赛中最为关键的一项竞赛。"创青春"全国大学生创业大赛发源于原有的"挑战杯"中国大学生创业计划竞赛,每两年举办一次,也颇有含金量。如今各省、高校、行业协会都在积极举办创新创业大赛,如广东的"众创杯"创新创业大赛、电子商务领域的"三创赛"、"创客中国"中小企业创新创业大赛。2014 年,李克强总理提出了"大众创业、万众创新"的号召,同年原有的"挑战杯"中国大学生创业计划竞赛改为"创青春"全国大学生创业大赛。2015 年,在高校创新创业教育改革的大背景下,首届中国"互联网＋"大学生创新创业大赛正式举办。之后的创新创业比赛如雨后春笋般纷纷涌现出来,下面就以中国"互联网＋"大学生创新创业大赛为例介绍相关创新创业大赛的基本情况和要求。

一、中国"互联网＋"大学生创新创业大赛

(一)基本特点

1. 规格高

2015 年,李克强总理亲自批示举办该大赛。2017 年,习近平总书记回信开启了大赛的红旅赛道,国务院副总理刘延东亲自在现场给予指导。孙春兰出席 2018 年大赛的闭幕式并做重要指示。可见大赛受到国家领导人的高度重视,受到国家的大力支持。从大赛最初由国家十余个部委共同举办来看,这项赛事无疑是大学生可以参加的规格最高的创新创业类赛事。

2. 覆盖面广

2015 年,共有 1 878 个学校共计 20 万人参加首届大赛。第七届大赛中,共有 4 347 个学校带来的 228 万个项目,总计报名人数 956 万,做到了内地院校参赛全覆盖、教育全学段参赛全覆盖、世界百强大学参赛基本全覆盖。

3. 成效显

自青年红色之旅赛道开通以来,多个团体踊跃报名,服务社会。仅第七届大赛就有 181 万名学生对接 105 万农户、2.1 万企业,共签订 3 万余项合作协议,带来了巨大的社会效益和经济效益。

4. 创新性强

"互联网+"大学生创新创业大赛中涌现了拥有极强创新能力的项目，其中不乏我们熟知的产品，例如，开创了共享经济先河的"ofo 共享单车"便是第二届大赛中的产品，广为运动爱好者所喜爱的 Insta360 全景相机也来自这项大赛。大赛还覆盖了大数据、云计算、物联网等一众高精尖项目，具有极强的创新性。

5. 预期好

"互联网+"大学生创新创业大赛并不是指项目中必须有互联网的元素，而是我们身处于互联网的环境当中，应当采用"互联网+"思维去积极地推动行业整合，更新迭代。比赛中经过层层选拔出来的项目很容易适应如今"互联网+"的商业模式，众多的企业专家参与到比赛中来，使得项目落地更加容易。例如，杭州光栢智能科技有限公司就从"互联网+"大学生创新创业大赛发展起来，逐渐成为一家独角兽企业。

"互联网+"大学生创新创业大赛的主要任务可以总结为：一是以赛促教，探索人才培养新途径；二是以赛促学，培养创新创业生力军；三是以赛促创，搭建成果转化新平台。

（二）相关要求

我们以第八届中国"互联网+"大学生创新创业大赛为例，介绍大赛的主要内容。

1. 参赛时间

2022 年 4—7 月，参赛队伍需要完成组队，并在大学生创新创业服务网上提交相关材料。所有地区均从 4 月 15 日开始报名，不同地区报名截止的时间有所不同，具体以各学校报名截止时间为准，但都不能晚于 7 月 31 日。

2022 年 6—8 月，初复赛阶段，该阶段涉及校级初复赛和省级初复赛，8 月 15 日前所有省级复赛完成，向全国总决赛提供附有排名的名单。

2022 年 10 月，举办全国总决赛。通过网评、会评最终择优进入总决赛现场。

2. 参赛类型

本次大赛主要设置了高教主赛道、青年红色筑梦之旅赛道、职教赛道、萌芽赛道、产业命题赛道，大学生群体能够参与的赛道主要为高教主赛道、青年红色筑梦之旅赛道和职教赛道。

高教主赛道是比赛的核心赛道。第八届"互联网+"大学生创新创业大赛的主赛道相比前几届有了较大的变动，目的是实现更全面、更创新的要求。主赛道涉及的参赛项目广，主要分为四类。

（1）新工科项目：该类项目包括大数据、人工智能、云计算、智能制造、区块链、机器人工程、虚拟现实、网络空间安全、工业自动化、新材料等领域。

（2）新医科项目：该类项目包括现代医疗技术、智能医疗设备、新药研发、健康康养、食药保健、智能医学、生物技术、生物材料等领域。

（3）新农科项目：该类项目包括现代种植、智慧农业、智能农机装备、农业大数据、食品营养、休闲农业、森林康养、生态修复、农业碳汇等领域。

（4）新文科项目：该类项目包括文化教育、数字经济、金融科技、财经、法务、融媒体、翻译、休闲、旅游、动漫、文创设计开发、电子商务、物流、体育、非物质文化遗产保护、社会工作、家政服务、养老服务等领域。

青年红色筑梦之旅赛道简称红旅赛道,主要聚焦新农村、新农业、新农民、新生态的建设,推动思政教育、专业教育与创新创业相结合,推动乡村振兴建设,使得农业农村现代化迈出新步伐。

职教赛道以大学职业教育领域创新创业改革为主,分为三个主要参赛类型。① 创新组:以技术、工艺或者商业模式为核心优势;② 商业类:以商业运营潜力或实效为核心优势;③ 工匠类:以体现敬业、精益、专注、创新的工匠精神为核心优势。

3. 赛道解析

(1)高教主赛道:以团队为单位,每个团队需有 3～15 名成员,并且报名参赛的成员是实际参与到项目中来的,为项目的核心成员,不得借用他人的项目参赛。按照参赛学校所在地划分,将项目分为中国大陆参赛项目、中国港澳台参赛项目、国际参赛项目;根据参赛成员学历的不同分为本科生组和研究生组;根据项目的进度不同则分成了创意组、初创组、成长组。

创意组主要要求有较好的创意或者原型的服务模式,并且在大赛下发日之前并未进行工商登记注册。本科生组中所有成员均为全日制在校本专科生,不可以把学校的科研成果转换成参赛项目(科研成果完成人、所有人中有排名第一的参赛申报人除外)。创意组主要突出创新的思维,在项目的萌芽期,有了好的想法即可参赛。

初创组指的是参赛项目已经进行了工商登记,但未满三年的。申报人必须是公司法定代表人且是在校生或毕业未满五年,所持公司股份不少于 1/3,团队成员的总股份不少于 51%。初创组相比于创意组更多的是考察项目的落地能力和落地效果。

成长组是指参赛项目已经进行了工商登记,超过三年,申报人必须是公司法定代表人且是在校生或毕业未满五年,所持公司股份不低于 10%,团队成员的总股份不得少于 1/3。可见成长组相比于初创组更加强调公司的发展能力,鼓励公司积极进行融资。

高教主赛道中国大陆赛区本次设置金奖 150 个、银奖 350 个、铜奖 1 000 个,还设置了最佳创意奖、最佳带动就业奖、最具商业价值奖等。

(2)青年红色筑梦之旅赛道:以团队为单位参赛,团队成员为 3～15 人,是团队的核心成员,不得借用他人项目。这个赛道分为公益组、创意组、创业组。

公益组是指不以营利为目的的项目和机构,为了弘扬公益精神,在公益领域能够有好多产品、创意或服务模式的。申报主体可以为未注册成立公益组织。

创意组是指基于学科和专业背景及相关资源,解决农业农村和城乡社区发展面临的主要问题,助力乡村振兴和社区治理,推动经济价值和社会价值共同发展的,项目必须是未注册成为公益组织或进行工商注册的。

创业组是指运用商业手段解决农业农村或城乡社区发展面临的问题,助力乡村振兴和社区治理,实现经济价值和社会价值的共同发展,推动共同富裕。参赛项目必须完成工商注册登记,且学生为法定代表人,其股权不得少于 10%,参赛成员的股权不得少于 30%。

该赛道设置金奖 50 个、银奖 100 个、铜奖 350 个,还设置了乡村振兴奖和最佳公益单项奖。

(3)职教赛道:职业院校和国家开放大学(仅学历教育)学生可以报名参赛,以团队为单位报名参赛。允许跨校组建团队,每个团队的参赛成员不少于 3 人,须为项目的实际成员。参赛团队所报参赛创业项目须为本团队策划或经营的项目,不得借用他人的项目参赛。该比赛只分为两个组别:创意组和创业组。

创意组:要求具有好的创意和产品原型、服务模式或针对生产加工工艺进行创新的改良技术,并且未进行工商登记注册。申报人必须为项目负责人,且为职业院校全日制在校生或国家开放大学学历教育在读生。

创业组:要求已经完成工商注册登记不满五年,申报人必须为企业法人且是在读生或毕业未满五年的毕业生,股权不得少于 1/3,团队的股权不得少于 51%。

4. 评审标准

(1)高教主赛道中创意组的评审标准见附录表 3-1。

附录表 3-1　高教主赛道创意组的评审标准

评审要点	评审内容	分值
教育维度	1. 项目应弘扬正确的价值观,体现家国情怀,恪守伦理规范,有助于培育创新创业精神 2. 项目符合将专业知识与商业知识有效结合并转化为商业价值或社会价值的创新创业基本过程和基本逻辑,展现创新创业教育对创业者基本素养和认知的塑造力 3. 体现团队对创新创业所需知识(专业知识、商业知识、行业知识等)与技能(计划、组织、领导、控制、创新等)的娴熟掌握与应用,展现创新创业教育提升创业者综合能力的效力 4. 项目充分体现团队解决复杂问题的综合能力和高级思维,体现项目成长对团队成员创新创业精神、意识、能力的锻炼和提升作用 5. 项目能充分体现院校在新工科、新医科、新农科、新文科建设方面取得的成果,体现院校在项目的培育、孵化等方面的支持情况,体现多学科交叉、专创融合、产学研协同创新、产教融合等模式在项目的产生与执行中的重要作用	30
创新维度	1. 项目遵循从创意到研发、试制、生产、进入市场的创新一般过程,进而实现从创意向实践、从基础研究向应用研发的跨越 2. 团队能够基于学科专业知识并运用各类创新的理念和范式,满足社会和市场的实际需求 3. 项目能够从产品创新、工艺流程创新、服务创新、商业模式创新等方面着手开展创新创业实践,并产生一定数量和质量的创新成果以体现团队的创新能力	20
团队维度	1. 团队的组成原则与过程是否科学合理,团队是否具有支撑项目成长的知识、技术和经验,是否有明确的使命、愿景 2. 团队的组织构架、人员配置、分工协作、能力结构、专业结构、合作机制、激励制度等的合理性情况 3. 团队与项目关系的真实性、紧密性情况,对项目的各项投入情况,创立创业企业的可能性 4. 支撑项目发展的合作伙伴等外部资源的使用以及与项目的关系	20

评审要点	评审内容	分值
商业维度	1. 充分了解所在产业(行业)的产业规模、增长速度、竞争格局、产业趋势、产业政策等情况,形成完备、深刻的产业认知 2. 项目具有明确的目标市场定位,对目标市场的特征、需求等情况有清晰的了解,并据此制订合理的营销、运营、财务等计划,设计出完整、创新、可行的商业模式,展现团队的商业思维 3. 项目落地执行情况,项目对促进区域经济发展、产业转型升级的情况,已有盈利能力或盈利潜力	20
社会价值维度	1. 项目直接提供就业岗位的数量和质量 2. 项目间接带动就业的能力和规模 3. 项目对社会文明、生态文明、民生福祉等方面的积极推动作用	10

高教主赛道中初创组、成长组的评审标准见附录表 3-2。

附录表 3-2　高教主赛道初创组、成长组的评审标准

评审要点	评审内容	分值
教育维度	1. 项目应弘扬正确的价值观,体现家国情怀,恪守伦理规范,有助于培育创新创业精神 2. 项目符合将专业知识与商业知识有效结合并转化为商业价值或社会价值的创新创业基本过程和基本逻辑,展现创新创业教育对创业者基本素养和认知的塑造力 3. 体现团队对创新创业所需知识(专业知识、商业知识、行业知识等)与技能(计划、组织、领导、控制、创新等)的娴熟掌握与应用,展现创新创业教育提升创业者综合能力的效力 4. 项目充分体现团队解决复杂问题的综合能力和高级思维,体现项目成长对团队成员创新创业精神、意识、能力的锻炼和提升作用 5. 项目能充分体现院校在新工科、新医科、新农科、新文科建设方面取得的成果,体现院校在项目的培育、孵化等方面的支持情况,体现多学科交叉、专创融合、产学研协同创新、产教融合等模式在项目的产生与执行中的重要作用	20
商业维度	1. 充分掌握所在产业(行业)的产业规模、增长速度、竞争格局、产业趋势、产业政策等情况;具有明确的目标市场定位,充分掌握目标市场的特征、需求等情况;具有完整、创新、可行的商业模式 2. 经营绩效方面,重点考察项目存续时间、营业收入(合同订单)现状、企业利润、持续盈利能力、市场份额、客户(用户)情况、税收上缴情况、投入与产出比等 3. 经营管理方面,是否有清晰的企业发展目标;是否有完备的研发、生产、运营、营销等制度和体系;是否采用先进、科学的管理方法,以确保企业具有较强的竞争力 4. 成长性方面,是否有清晰、有效、全方位的企业发展战略,并拥有可靠的内外部资源(人才、资金、技术等方面)实现企业战略,以建立企业的持续竞争优势 5. 现金流及融资方面,关注项目融资情况、获取资金渠道情况、企业经营的现金流情况、融资需求及资金使用是否合理 6. 项目促进区域经济发展、产业转型升级的情况	30

评审要点	评审内容	分值
团队维度	1. 团队的组成原则与过程是否科学合理,团队是否具有独特的支撑项目成长的知识、技能、经验以及成熟的外部资源网络,是否有明确的使命、愿景 2. 公司是否具有合理的组织构架、清晰的指挥链、科学的决策机制,是否有合理的岗位设置、分工协作、专业能力结构,是否有良好的内部沟通机制,是否有合理的股权结构、激励制度等 3. 团队对项目的各项投入情况及团队成员的稳定性 4. 支撑公司发展的合作伙伴等外部资源的使用以及与公司的关系	20
创新维度	1. 项目遵循从创意到研发、试制、生产、进入市场的创新一般过程,进而实现从创意向实践、从基础研发向应用研发的跨越 2. 团队能够基于专业知识并运用各类创新的理念和范式,满足社会和市场的实际需求 3. 项目能够从产品创新、工艺流程创新、服务创新、商业模式创新等方面着手开展创新实践,产生一定数量和质量的创新成果,获得相应的市场回报 4. 项目能够从创新战略、创新流程、创新组织、创新制度与文化等方面进行设计协同,对创新进行有效管理,进而保持公司的竞争力	20
社会价值维度	1. 项目直接提供就业岗位的数量和质量 2. 项目间接带动就业的能力和规模 3. 项目对社会文明、生态文明、民生福祉等方面的积极推动作用	10

（2）青年红色筑梦之旅赛道中公益组的评审标准见附录表 3-3。

附录表 3-3 青年红色筑梦之旅赛道公益组的评审标准

评审要点	评审内容	分值
教育维度	1. 项目应弘扬正确的价值观,体现家国情怀,恪守伦理规范,有助于培育创新创业精神 2. 项目体现团队扎根中国大地了解国情、民情,遵循发现问题、分析问题、解决问题的基本规律,将所学专业知识、技能和方法应用于解决各类社会问题,展现创新创业教育对创业者基本素养和认知的塑造力和提升创业者综合能力的效力 3. 项目充分体现团队解决复杂问题的综合能力和高级思维;体现项目成长对团队成员创新创业精神、意识、能力的锻炼和提升作用 4. 项目能充分体现院校在新工科、新医科、新农科、新文科建设方面取得的成果,项目充分体现专业教育、思政教育、创新创业教育的有机融合,体现院校在项目的培育、孵化等方面的支持情况	30
公益维度	1. 项目以社会价值为导向,以谋求公共利益为目的,以解决社会问题为使命,不以营利为目标,有一定公益成果 2. 在公益服务领域具有较好的关于创意、产品或服务模式的创业计划和实践,追求社会效益的最大化	10

评审要点	评审内容	分值
团队维度	1. 团队的组成原则与过程是否科学合理,是否具有从事公益创业所需的知识、技术和经验,是否有明确的使命愿景 2. 团队内部的组织构架、人员配置、分工协作、能力结构、专业结构、激励制度的合理性情况,团队外部服务支撑体系是否完备(如志愿者团队),是否具有一定规模、实施有效管理使其发挥重要作用 3. 团队与项目关系的真实性、紧密性情况,团队对项目的各项投入情况,团队的延续性或接替性情况 4. 支撑项目发展的合作伙伴等外部资源的使用以及与项目的关系	20
发展维度	1. 项目通过吸纳捐赠、获取政府资助、自营收等方式确保持续生存能力情况 2. 团队基于一定的产品、服务、模式,通过高效管理、资源整合、活动策划等运营手段,确保项目影响力与实效性 3. 项目对促进就业、教育、医疗、养老、环境保护与生态建设等方面的效果 4. 项目的模式可复制、可推广、具有示范效应 5. 项目对带动大学生到农村、城乡社区从事社会服务就业创业的情况	20
创新维度	1. 团队能够基于科学严谨的创新过程,遵循创新规律,运用各类创新的理念和范式,满足社会实际需求 2. 项目能够从产品创新、服务创新等方面着手开展公益创业实践,并产生一定数量和质量的创新成果 3. 鼓励将高校科研成果运用到公益创业中,以解决相应的社会问题	20
必要条件	参加由学校、省市或全国组织的"青年红色筑梦之旅"活动	

青年筑梦红色之旅赛道中创意组的评审标准见附录表3-4。

附录表3-4 青年筑梦红色之旅赛道创意组的评审标准

评审要点	评审内容	分值
教育维度	1. 项目应弘扬正确的价值观,体现家国情怀,恪守伦理规范,有助于培育创新创业精神 2. 项目体现团队扎根中国大地了解国情、民情,遵循发现问题、分析问题、解决问题的基本规律,将所学专业知识、技能和方法应用于乡村振兴和农业农村现代化、城乡社区发展,展现创新创业教育对创业者基本素养和认知的塑造和提升创业者综合能力的效力 3. 项目充分体现团队解决复杂问题的综合能力和高级思维,体现项目成长对团队成员创新创业精神、意识、能力的锻炼和提升作用 4. 项目能充分体现院校在新工科、新医科、新农科、新文科建设方面取得的成果,项目充分体现专业教育、思政教育、创新创业教育的有机融合,体现院校在项目的培育、孵化等方面的支持情况	30
团队维度	1. 团队的组成原则与过程是否科学合理,团队是否具有支撑项目成长的知识、技术和经验,是否有明确的使命愿景 2. 团队的组织构架、人员配置、分工协作、能力结构、专业结构、合作机制、激励制度等的合理性情况 3. 团队与项目关系的真实性、紧密性情况,对项目的各项投入情况,创立创业企业的可能性 4. 支撑项目发展的合作伙伴等外部资源的使用以及与项目的关系	20

续表

评审要点	评审内容	分值
发展维度	1. 充分了解乡村振兴、农业农村现代化、城乡社区发展的内容和要求,了解其中的痛点、难点,进而形成对所要解决问题完备的认知 2. 在服务乡村振兴、农业农村现代化、城乡社区发展等方面有较好的创意、产品或服务模式,追求经济效益和社会效益的平衡 3. 项目对推动乡村振兴、农业农村现代化、城乡社区发展等方面的贡献度 4. 项目的持续生存能力,模式可复制、可推广、具有示范效应等	20
创新维度	1. 团队能够基于科学严谨的创新过程,遵循创新规律,运用各类创新的理念和范式,解决乡村振兴、农业农村现代化、城乡社区发展中遇到的各类问题 2. 项目能够从产品创新、服务创新等方面着手开展创新创业实践,并产生一定数量和质量的创新成果 3. 鼓励将院校科研成果和文创成果在乡村或社区进行产业转化落地与实践应用 4. 鼓励组织模式或商业模式创新,鼓励资源整合优化创新	20
社会价值维度	1. 项目直接提供就业岗位的数量和质量 2. 项目间接带动就业的能力和规模 3. 项目对社会文明、生态文明、民生福祉等方面的积极推动作用	10
必要条件	参加由学校、省市或全国组织的"青年红色筑梦之旅"活动	

青年红色筑梦之旅赛道中创业组的评审标准见附录表 3-5。

附录表 3-5 青年红色筑梦之旅赛道创业组的评审标准

评审要点	评审内容	分值
教育维度	1. 项目应弘扬正确的价值观,体现家国情怀,恪守伦理规范,有助于培育创新创业精神 2. 项目体现团队扎根中国大地了解国情、民情,遵循发现问题、分析问题、解决问题的基本规律,将所学专业知识、技能和方法应用于乡村振兴和农业农村现代化实践,展现创新创业教育对创业者基本素养和认知的塑造力和提升创业者综合能力的效力 3. 项目充分体现团队解决复杂问题的综合能力和高级思维,体现项目成长对团队成员创新创业精神、意识、能力的锻炼和提升作用 4. 项目能充分体现院校在新工科、新医科、新农科、新文科建设方面取得的成果,项目充分体现专业教育、思政教育、创新创业教育的有机融合,体现院校在项目的培育、孵化等方面的支持情况	20
团队维度	1. 团队的组成原则与过程是否科学合理,团队成员的教育和工作背景、创新能力、价值观念、分工协作和能力互补情况,是否有明确的使命、愿景 2. 公司是否具有合理的组织构架、清晰的指挥链、科学的决策机制,是否有合理的岗位设置、分工协作、专业能力结构,是否有良好的内部沟通机制,是否有合理的股权结构、激励制度 3. 团队对项目的各项投入情况及团队成员的稳定性 4. 支撑公司发展的合作伙伴等外部资源的使用以及与公司的关系	20

评审要点	评审内容	分值
发展维度	1. 充分了解乡村振兴、农业农村现代化、城乡社区发展的内容和要求,了解其中的痛点、难点,进而形成对所要解决问题完备的认知 2. 在服务乡村振兴、农业农村现代化、城乡社区发展等方面有较好的产品或服务模式,追求经济效益和社会效益的平衡 3. 项目通过商业方式推动乡村振兴、农业农村现代化、城乡社区发展等方面的贡献度 4. 项目的持续生存能力,模式可复制、可推广、具有示范效应等	30
创新维度	1. 团队能够基于科学严谨的创新过程,遵循创新规律,运用各类创新的理念和范式,解决乡村振兴、农业农村现代化、城乡社区发展中遇到的各类问题 2. 项目能够从产品创新、服务创新、组织创新等方面着手开展创新创业实践,并产生一定数量和质量的创新成果,获得相应的市场回报 3. 鼓励将院校科研成果和文创成果在乡村或社区进行产业转化落地与实践应用	20
社会价值维度	1. 项目直接提供就业岗位的数量和质量 2. 项目间接带动就业的能力和规模 3. 项目对社会文明、生态文明、民生福祉等方面的积极推动作用	10
必要条件	参加由学校、省市或全国组织的"青年红色筑梦之旅"活动	

（3）职教赛道中创意组的评审标准见附录表 3-6。

附录表 3-6　职教赛道创意组的评审标准

评审要点	评审内容	分值
教育维度	1. 项目应弘扬正确的价值观,体现家国情怀,恪守伦理规范,有助于培育创新创业精神 2. 项目符合将专业知识与商业知识有效结合并转化为商业价值或社会价值的创新创业基本过程和基本逻辑,展现创新创业教育对创业者基本素养和认知的塑造力 3. 体现团队对创新创业所需知识(专业知识、商业知识、行业知识等)与技能(计划、组织、领导、控制、创新等)的娴熟掌握与应用,展现创新创业教育提升创业者综合能力的效力 4. 项目充分体现团队解决复杂问题的综合能力和高级思维,体现项目成长对团队成员创新创业精神、意识、能力的锻炼和提升作用 5. 项目能充分体现院校在职业教育建设方面取得的成果,体现院校在项目的培育、孵化等方面的支持情况,体现多学科交叉、专创融合、产学研协同创新、产教融合等模式在项目的产生与执行中的重要作用	30
创新维度	1. 具有原始创意、创造性 2. 具有面向培养"大国工匠"与能工巧匠的创意与创新 3. 项目体现产教融合模式创新、校企合作模式创新、工学一体模式创新 4. 鼓励面向职业和岗位的创意及创新,侧重于加工工艺创新、实用技术创新、产品(技术)改良、应用性优化、民生类创意等	20

续表

评审要点	评审内容	分值
团队维度	1. 团队的组成原则与过程是否科学合理,团队是否具有支撑项目成长的知识、技术和经验,是否有明确的使命、愿景 2. 团队的组织构架、人员配置、分工协作、能力结构、专业结构、合作机制、激励制度等的合理性 3. 团队与项目关系的真实性、紧密性情况,对项目的各项投入情况,创立创业企业的可能性 4. 支撑项目发展的合作伙伴等外部资源的使用以及与项目的关系	20
商业维度	1. 充分了解所在产业(行业)的产业规模、增长速度、竞争格局、产业趋势、产业政策等情况,形成完备、深刻的产业认知 2. 项目具有明确的目标市场定位,对目标市场的特征、需求等情况有清晰的了解,并据此制订合理的营销、运营、财务等计划,设计出完整、创新、可行的商业模式,展现团队的商业思维 3. 其他:项目落地执行情况,项目促进区域经济发展、产业转型升级的情况,已有盈利能力或盈利潜力	20
社会价值维度	1. 项目直接提供就业岗位的数量和质量 2. 项目间接带动就业的能力和规模 3. 项目对社会文明、生态文明、民生福祉等方面的积极推动作用	10

职教赛道中创业组的评审标准见附录表 3-7。

附录表 3-7 职教赛道创业组的评审标准

评审要点	评审内容	分值
教育维度	1. 项目应弘扬正确的价值观,体现家国情怀,恪守伦理规范,有助于培育创新创业精神 2. 项目符合将专业知识与商业知识有效结合并转化为商业价值或社会价值的创新创业基本过程和基本逻辑,展现创新创业教育对创业者基本素养和认知的塑造力 3. 体现团队对创新创业所需知识(专业知识、商业知识、行业知识等)与技能(计划、组织、领导、控制、创新等)的娴熟掌握与应用,展现创新创业教育提升创业者综合能力的效力 4. 项目充分体现团队解决复杂问题的综合能力和高级思维,体现项目成长对团队成员创新创业精神、意识、能力的锻炼和提升作用 5. 项目能充分体现院校在职业教育建设方面取得的成果,体现院校在项目的培育、孵化等方面的支持情况,体现多学科交叉、专创融合、产学研协同创新、产教融合等模式在项目的产生与执行中的重要作用	20

续表

评审要点	评审内容	分值
商业维度	1. 充分掌握所在产业（行业）的产业规模、增长速度、竞争格局、产业趋势、产业政策等情况；具有明确的目标市场定位，充分掌握目标市场的特征、需求等情况；具有完整、创新、可行的商业模式 2. 经营绩效方面，重点考察项目存续时间、营业收入（合同订单）现状、企业利润、持续盈利能力、市场份额、客户（用户）情况、税收上缴、投入与产出比等情况 3. 经营管理方面，是否有清晰的企业发展目标；是否有完备的研发、生产、运营、营销等制度和体系；是否采用先进、科学的管理方法，以确保企业具有较强的竞争力 4. 成长性方面，是否有清晰、有效、全方位的企业发展战略，并拥有可靠的内外部资源（人才、资金、技术等方面）实现企业战略，以建立企业的持续竞争优势 5. 现金流及融资方面，关注项目融资情况、获取资金渠道情况、企业经营的现金流情况、融资需求及资金使用情况是否合理 6. 项目促进区域经济发展、产业转型升级的情况	30
团队维度	1. 团队的组成原则与过程是否科学合理，团队是否具有独特的支撑项目成长的知识、技能、经验以及成熟的外部资源网络，是否有明确的使命、愿景 2. 公司是否具有合理的组织构架、清晰的指挥链、科学的决策机制，是否有合理的岗位设置、分工协作、专业能力结构，是否有良好的内部沟通机制，是否有合理的股权结构、激励制度等 3. 团队对项目的各项投入情况及团队成员的稳定性 4. 支撑公司发展的合作伙伴等外部资源的使用以及与公司的关系	20
创新维度	1. 具有原始创意、创造性 2. 具有面向培养"大国工匠"与能工巧匠的创意与创新 3. 项目体现产教融合模式创新、校企合作模式创新、工学一体模式创新 4. 鼓励面向职业和岗位的创意及创新，侧重于加工工艺创新、实用技术创新、产品（技术）改良、应用性优化、民生类创意等	20
社会价值维度	1. 项目直接提供就业岗位的数量和质量 2. 项目间接带动就业的能力和规模 3. 项目对社会文明、生态文明、民生福祉等方面的积极推动作用	10

二、"挑战杯"全国大学生课外学术科技作品竞赛

大学生科研竞赛活动是在紧密结合课堂教学的基础上，以竞赛的形式来激发学生理论联系实际和独立工作的能力。科研竞赛具有探索性、创造性和科学性，因此，开展科研竞赛活动，有助于培养大学生严谨求实的学习态度和勇于探索、积极进取的科学精神。科研竞赛在引导高校注重学生创新能力、协作精神、理论联系实际能力、动手能力的培养，在倡导素质教育，提高学生的创新能力和对实际问题的解决能力等方面有着推动作用。科研竞赛的种类较多，涉及各个领域，如"挑战杯"全国大学生课外学术科技作品竞赛、中国研究生公共管理案例大赛、全国大学生社会调查技能大赛、江苏省高校公共管理案例分析大赛、"求是杯"全国公共管理案例大赛、中国公共政策案例分析大赛、全国社会公共安全案例大赛、全国大学生城市治理案例挑战大赛、中国大学生公共关系策划创业大赛。下面

以"挑战杯"全国大学生课外学术科技作品竞赛为例来具体介绍一下科研竞赛的基本概况与要求。

（一）基本概况

1. 竞赛的起源

"挑战杯"全国大学生课外学术科技作品竞赛是一项全国性的竞赛活动，简称"大挑"。该竞赛创办于1986年，由教育部、共青团中央、中国科学技术协会、中华全国学生联合会、省级人民政府主办，承办高校为国内著名大学。"挑战杯"系列竞赛被誉为中国大学生学术科技"奥林匹克"，是国内大学生最关注、最热门的全国性竞赛，也是全国最具有代表性、权威性、示范性、导向性的大学生竞赛。该竞赛旨在全面展示我国高校育人成果，引导广大在校学生崇尚科学、追求真知、勤奋学习、迎接挑战，培养跨世纪创新人才。该竞赛自1989年以来已分别在清华大学、浙江大学、上海交通大学、武汉大学、华南理工大学、重庆大学和西安交通大学等成功地举办，已形成校级、省级、全国的三级赛事。参赛学生首先参加校内及省内的作品选拔赛，优秀作品报送全国组委会参赛。党和国家领导人对竞赛活动十分关注。1993年，江泽民为"挑战杯"题写了杯名。1995年，李岚清为第四届竞赛题词。

2. 竞赛的发展

截至2021年，"挑战杯"全国大学生课外学术科技作品竞赛已经成功举办了十七届，其中，第一届竞赛于1989年在清华大学举行。1988年，清华大学首次设立校内"挑战杯"竞赛。次年，在国家教委的支持下，清华大学等34所高校和中华全国学生联合会、中国科学技术协会及部分媒体联合举办了首届"挑战杯"大学生课外科技活动成果展览暨技术交流会。李鹏、聂荣臻等为首届竞赛题词。清华大学获得"挑战杯"。第二届竞赛于1991年在浙江大学举行，由共青团中央、中华全国学生联合会、中国科学技术协会主办。"挑战杯"全国大学生课外学术科技作品竞赛的名称正式确定并沿用至今。这届竞赛初步建立了选拔、申报、评审的竞赛机制，确立组委会和评委会各自独立运作的竞赛机构，形成了两年一届、高校承办的组织方式。上海交通大学获得"挑战杯"。第三届竞赛于1993年在上海交通大学举行。竞赛开幕前夕，江泽民亲笔为竞赛题写杯名，使竞赛的影响更加广泛。通过这届竞赛的举办，竞赛的各项机制得到进一步完善和加强。北京大学获得"挑战杯"。第四届竞赛于1995年在武汉大学举行。李岚清为这届竞赛题词，周光召、朱光亚等100名著名科学家为大赛寄语勉励。复旦大学获得"挑战杯"。第五届竞赛于1997年在南京理工大学举行。邹家华为这届竞赛题词。香港大学生首次组团参与竞赛活动。清华大学获得"挑战杯"。第六届竞赛于1999年在重庆大学举行。重庆市政府成为主办方之一，这是省级政府首次参与赛事主办。香港地区9所高校的40件作品直接进入终审决赛。竞赛协议项目43个，转让总金额超过1亿元，转让金额超过前五届转让金额的总和。第七届竞赛于2001年在西安交通大学举行。这是"挑战杯"竞赛首次在西北地区举行终审决赛。西安外事学院成为第一所参加"挑战杯"竞赛的民办高校。这届竞赛首次实现了内地（大陆）和港澳台大学生的同台竞技交流。第八届竞赛于2003年在华南理工大学举行。来自中国以及新加坡等地高校的师生代表及企业界、新闻界人士近万人参加了开幕式。共有 18 件参赛作品成功转让,总成交额达到 1 300 万元。其中单件作品最高成交额为 800 万元。清华大学获得"挑战杯"。第九届竞赛于 2005 年在复旦大学举行。这届竞赛成为前九届竞赛中参赛高校最多、参赛作品最多的一届,共有 1 107 件入围复赛。台湾地区高校首次正式组团参赛。设立飞利浦科技多米诺大赛,其成为国内大学生校际首次多米诺正规赛事。首次以公开答辩的方式进行最后的评审。复旦大学获得"挑战杯"。第十届竞赛于 2007 年在南开大学举办,来自国内外的 300 多所高校 3 000 多名师生参加了决赛。东南大学夺得第十届"挑战杯"。大赛向全国大学生发出"努力成为推动创新型国家建设的生力军"的倡议。决赛期间,举办了学生学术科技作品展、创新型人才培养系列论坛、天津滨海新区开发开放报告会、学生科技成果转化洽谈会、港澳台高校学生座谈会。109 位两院院士在内的 161 位海内外知名人士为竞赛题词。第十一届竞赛于 2009 年在北京航空航天大学举办。这届竞赛有 1 106 件作品(其中,文科 616 件,理科 490 件)进入终审决赛,入围高校达 432 个。信息化是这届竞赛的特点之一,组委会邀请专家组开发竞赛官方网站,完善全国大学生科技成果信息服务平台,第一次引入网络申报、网络评审的机制,全程实现网络信息化服务。第十二届竞赛于 2011 年在大连理工大学举办。这届竞赛自 2011 年 3 月启动以来,相继开展了校级、省级、全国级竞赛,并首次采用了逐级报备制度。截至 2011 年 6 月底,共有 1 900 多所高校的近 5 万件作品实现了网络报备。经全国评委会预审、复审,最终有来自 305 个高校的 1 252 件作品进入终审决赛。港澳地区 12 所大学的 55 件作品也参加了竞赛。

在过去的时间里,竞赛组织形式日趋成熟,作品质量不断提高,竞赛致力于培养大学生勇于创新、迎接挑战的精神,培养跨世纪创新人才。由于"挑战杯"竞赛活动在较高层次上展示了我国各高校的育人成果和推动了高校与社会间的交流,已成为高校学生课余科技文化活动中的一项主导性活动,成为高校与社会交流与合作的重要窗口,成为促进高校科技成果向现实生产力转化的有效方式,成为培养高素质跨世纪人才的重要途径,也是企业界接触和物色科技英才、引进科技成果、宣传企业、树立企业良好形象的最佳机会,从而越来越受到广大学生的欢迎和各高校的重视,也越来越在社会上产生广泛而良好的影响,其声誉远播至欧美发达国家。

(二)竞赛的参赛事宜

1.参赛条件与要求

(1)凡在举办竞赛终审决赛的当年 6 月 1 日以前正式注册的全日制非成人教育的各类高等院校在校专科生、本科生、硕士研究生(不含在职研究生)都可申报作品参赛。

(2)申报参赛的作品必须是距竞赛终审决赛当年 6 月 1 日前两年内完成的学生课外学术科技或社会实践活动成果,可分为个人作品和集体作品。申报个人作品的,申报者必须承担申报作品 60% 以上的研究工作,作品鉴定证书、专利证书及发表的有关作品上的署名均应为第一作者,合作者必须是学生且不得超过 2 人;凡作者超过 3 人的项目或者不超过 3 人,但无法区分第一作者的项目,均须申报集体作品。集体作品的作者必须均为学生。凡有合作者的个人作品或集体作品,均按学历最高的作者划分至本专科生或硕士研究生类进行评审。增加作品自查环节,申报学校签订承诺书,承诺作品符合"挑战杯"竞赛申报作品的要求,接受竞赛组委会检查。本校硕博连读生(直博生)若在决赛当年6月1日以前未通过博士资格考试,可以按硕士研究生学历申报作品;若学校没有实行资格考试制度,前两年可以按硕士学历申报作品。本硕博连读生,按照四年、二年分别对应本科、硕士研究生申报,后续则不可申报。毕业设计和课程设计(论文)、学年论文和学位论文、国际竞赛中获奖的作品、获国家级奖励成果(含本竞赛主办单位参与举办的其他全国性竞赛的获奖作品)等均不在申报范围之列。

(3)申报参赛的作品分为自然科学类学术论文、哲学社会科学类社会调查报告和学术论文、科技发明制作。自然科学类学术论文的作者限本专科生。哲学社会科学类支持围绕发展成就、文明文化、美丽中国、民生福祉、中国之治和战"疫"行动形成社会调查报告,也可以按照哲学、经济、社会、法律、教育、管理学科报送社会调查报告和学术论文。科技发明制作类分为A、B类:A类指科技含量较高、制作投入较大的作品;B类指投入较少,为生产技术或社会生活带来便利的小发明、小制作等。

(4)参赛作品涉及下列内容时,必须由申报者提供有关部门的证明材料,否则不予评审:① 动植物新品种的发现或培育,须由省级以上农科部门或科研院所开具证明;② 对国家保护动植物的研究,须由省级以上林业部门开具证明,证明该项研究的过程中未产生对所研究的动植物繁衍、生长不利的影响;③ 新药物的研究须有卫生行政部门授权机构的鉴定证明;④ 医疗卫生研究须通过专家鉴定,并最好附有在公开发行的专业性杂志上发表过的文章;⑤ 涉及燃气用具等与人民生命财产安全有关用具的研究,须有国家相应行政部门授权机构的认定证明。

(5)参赛作品必须于申报前将作品项目名称、参赛学生和指导教师等关键信息在学校官方网站主页上进行不少于5天的公示,并将公示截图随作品一同报送。多个学校学生合作申报的项目,须注明学生、学校信息并在学生所在学校均进行公示。

(6)参赛作品必须由两名具有高级专业技术职称的指导教师(或教研组)推荐,经本校学籍管理、教务、科研管理部门审核确认。每件作品可由不超过3名教师指导完成。作品完成全国竞赛申报后,作品题目、作者、指导教师等关键信息不得变动。

(7)每个学校选送参加竞赛的作品总数不得超过6件,每人限报1件,研究生的作品不得超过作品总数的1/2,如研究生的作品数超过比例要求,违反规定,取消该校所有研究生作品的参赛资格且不得补报,但如学校只招收研究生,或只有1件作品参加全国竞赛,不受作品比例限制。参赛作品须经过本省份组织协调委员会进行资格及形式审查和本省份评审委员会初步评定,方可上报全国组委会办公室。各省(区、市)和新疆生产建设兵团选送全国竞赛的作品数额由主办单位统一确定。每所发起学校可直接报送3件作品(含在6件作品之中)参加全国竞赛。每所优秀组织奖或进步显著奖获得学校可直接报送1件作品(含在6件作品之中)参加全国竞赛。直通全国竞赛渠道不做累加。

2. 竞赛流程与参赛方式

(1)竞赛流程:"挑战杯"全国大学生课外学术科技作品竞赛是大学里一项非常重要的竞赛,整个比赛过程有着严格的流程与规则。一般来说,竞赛可以分为校内选拔赛、省内选拔赛以及全国赛,每个阶段又会经历初赛、复赛。校内选拔赛一般在 3～4 月举行,省内选拔赛在 5～6 月举行,全国赛在 10～11 月举行。

（2）参赛方式:高等学校在校学生申报自然科学类学术论文、哲学社会科学类社会调查报告和学术论文、科技发明制作竞赛,聘请专家评定出具有较高学术水平、实际应用价值和创新意义的优秀作品,给予奖励,组织学术交流和科技成果的展览、转让活动。

3. 竞赛规则

规则依据《"挑战杯"全国大学生课外学术科技作品竞赛章程》制定,全国评审委员会依据本规则制定评审细则。

（1）全国评审委员会的组成如下。

全国评审委员会由主办单位聘请的具有高级职称的 40 名左右自然科学类专家和 20 名左右社会科学类专家组成。

全国评审委员会设主任一名,常务副主任二名,副主任若干名,秘书长一名。下设若干专业组,各班设组长一至二名。

全国评审委员会下设由秘书长领导的秘书处,负责对参赛作品分类、统计、送阅和评审的组织服务工作。

全国评审委员会成员名单在终审完毕之前保密,在终审结束后可以公布。

全国评审委员会在向全国组织委员会报告终审结果后解散。

（2）评审工作的基本原则如下。

参赛作品分自然科学类学术论文、哲学社会科学类社会调查报告和学术论文、科技发明制作。自然科学类学术论文的作者限本科生、专科生。哲学社会科学类社会调查报告和学术论文限定在哲学、经济、社会、法律、教育、管理六个学科内。

评审过程中综合考虑作品的科学性、先进性、现实意义等方面因素。

省评委会评审工作分预审、复审和终审(答辩)三个环节。预审作品的 80% 左右进入复审,对自然科学类学术论文、哲学社会科学类社会调查报告和学术论文、科技发明制作作品依据类别分别进行评审。各设特等奖、一等奖、二等奖、三等奖。各等次奖分别约占进入复审的作品总数的 3%、8%、24% 和 65%。科技发明制作类中 A 类和 B 类作品分别按上述比例设奖,特等奖和一等奖须经过终审答辩环节产生。

评审注意本(专)科生、硕士研究生、博士研究生在学识水平和科研能力上的差异,三个学历层次作者的作品各等奖的获奖比例与其进入复审的比例基本一致。

涉及需由有关部门出具证明材料的参赛作品,须按章程第三章第十九条的规定严格把关。

评审实行保密制度。在评审工作结束之前,任何评委不得以任何方式对外宣布、泄露评审情况和结果。

省评委会的评审工作按《评审实施细则》规定执行。

（3）评审程序如下。

各校参赛协调小组负责初评,省组委会秘书处负责对参赛作品进行前期资格及形式审查,对不合格的作品取消参赛资格。省评委会负责省级竞赛的预审、复审、终审(答辩)

并提出获奖名单。

终审期间,评委在省组委会安排的专门时间集体到展厅对作者提出问辩,并审看发明制作类作品的实物。每个评委须至少向自己负责评审作品的作者询问一次。

评委可以对所评审的作品的资格质疑,并提出质疑理由、证据或线索。受到评委质疑的作品,将被提交到省级竞赛作品资格评判委员会,由该委员会按程序评定其参赛资格。

省评委会主任应于终审开始前主持召开省评委会全体会议,听取省组委会对竞赛活动情况的通报。

后 记

调研和竞赛是提高大学生的能力和素质的重要手段,调研更是社会科学类专业学生在信息时代需要掌握的一项基本技能。本教材是国内第一本指导、训练大学生调研和竞赛的教材,旨在创新专业人才培养机制、改变大学课堂长期"重理论、轻实践""重讲授、轻实训"的教学方式,形成"以赛促学"的人才培养方式,实现理论知识和实践知识的良性转换,培养大学生的实践能力、创新能力和科研能力,激发大学生的创新精神、科学精神和社会责任感。

本教材的主要内容有六章。第一章为学科竞赛与调查研究,介绍从选题到搜集资料,再到产出成果的全过程;第二章为调研理论与调研设计,介绍调研的理论、实践以及如何进行调研设计;第三章为实地调研与资料处理,介绍实地调研的过程和资料的处理及分析方法;第四章为大学生调研训练与竞赛指导课程,为课程建设、本教材的应用和推广提供思路,引导大学生积极展开竞赛准备与实践;第五章为获奖作品范例,包括近五年教材编写组成员指导和参与的国家级和省级获奖作品;第六章为获奖作品的相关调研资料。

具体分工如下。

第一章　学科竞赛与调查研究:赵军锋、张海涛。

第二章　调研理论与调研设计:苑丰、张岳琪、陈庭萱。

第三章　实地调研与资料处理:张淑缘、储东升、李源。

第四章　大学生调研训练与竞赛指导课程:赵军锋。

第六章　获奖作品的相关调研资料:杨祖翰、孙玥。

感谢南京审计大学公共管理学院金太军教授、叶战备教授、金晶教授、汪建昌教授以及南京大学何成祥博士给予的支持和帮助;同时,感谢中国乡建院院长李昌平教授以及南京审计大学党委书记晏维龙、副校长周方舒、校团委书记杨放敏、校团委办公室主任唐利等对于调研的帮助;还要感谢参与调研和资料整理的乔佳男、施雨、薛力鹏、卢芬、李宣霖、卢佳盈、陈留杏、倪尔坡、吕李馨、刘嘉枫、谢烨等同学。本教材编写过程中,引用了诸多学者的研究成果与相关文献,竞赛作品也得到了相关领域内专家、学者的点评与指导,在此一并表示感谢!

由于本教材具有某种开创性和探索性,加之编者水平有限,书中如有不妥之处,恳请读者批评指正!

赵军锋　苑　丰

2023 年 1 月